Des armes et des âmes

Du même auteur

Éditions Téqui
Parrain, marraine, 2022.

Éditions Salvator
Voyage au pays de ton âme, 2021
Le café du padre, 2019

Éditions des Béatitudes
Dieu dans les tranchées, 2018
La charité inventive, 2017
Bonheur, Joie, Miséricorde, 2016
Mal de mère, 2014
L'autre combat, 2013
Les cloches sonnent aussi à Kaboul, 2011
Jésus, l'Église et les pauvres, 2010

Éditions Médiaspaul
Saint Vincent de Paul, l'amour est un feu, 2010
Saint Vincent de Paul, une pensée par jour, 2007
Saint Vincent de Paul par ses écrits, 2002

Éditions Édicausse
Saint Jean-Gabriel Perboyre, une semence d'éternité (réédition), 2022

Père Jean-Yves Ducourneau

Des armes et des âmes

Pierre TÉQUI *éditeur*
8 rue de Mézières 75006 Paris
www.editionstequi.com

ISBN : 978-2-7403-2488-2

Préface
Des armes « au dehors » et des âmes « en dedans »

Il n'est pas facile dans un livre de rapprocher deux mondes si différents, celui des « âmes » et celui des « armes » ! Et en écrivant « deux mondes si différents », il serait presque possible de dire « deux mondes si opposés » ! En effet, tout semble opposer les apôtres de la paix et les hommes de la guerre, notamment quand ils sont engagés dans les conflits, et les différences entre ces deux communautés sont loin d'être négligeables !

La première d'entre elles est celle de la hiérarchie ! Les armées, en effet, se caractérisent par leur structure hiérarchique ; à cet égard, il n'est pas inutile de rappeler cette formule, à la fois sobre, claire, immuable et tellement pertinente, qui est prononcée chaque fois qu'un officier reçoit un commandement : « Vous reconnaîtrez désormais pour votre chef le capitaine (ou le colonel…) ici présent et vous lui obéirez en tout ce qu'il vous commandera pour le bien du service, l'exécution des règlements militaires, l'observation des lois et le succès des armes de la France. » Cette formule magnifique reprend avec beaucoup d'intelligence ce qui était écrit dans l'ancien règlement, à savoir que « la discipline faisait la force principale des armées » ! Tout y est dit et sobrement écrit ! Or l'aumônier est certes soumis à une hiérarchie, celle de l'aumônerie militaire, mais il est seul dans la vie quotidienne et personne ne viendra lui dire ce qu'il doit faire chaque jour. En outre, il n'appartient pas à la structure de commandement de la formation au sein de laquelle il est affecté, et même plus que cela, il n'a pas à intervenir ou à interférer dans les ordres qui sont quotidiennement donnés et qui font vivre et fonctionner la formation militaire où il est affecté !

La deuxième différence concerne la mission ! Celle des armées est claire, il s'agit de s'entraîner, à temps et à contre temps, à faire la guerre, ou, pour reprendre une expression aujourd'hui en vigueur dans les armées, à « gagner la guerre avant la guerre » ! Et la guerre se justifie par le fait que, lorsque la force n'est plus au droit, c'est le droit de la force qui l'emporte ! Le soldat doit donc s'entraîner pour devenir et rester le plus fort ! Et s'il lui arrive d'être en première ligne et au contact de l'ennemi, il doit manœuvrer pour rester le plus fort, pour vaincre l'ennemi qui lui a été désigné, quitte à le tuer pour éviter de l'être soi-même ! Cette logique, certes extrême, n'est vraiment pas dans la logique de l'Évangile, quand le Christ demande de tendre la joue droite quand quelqu'un nous frappe sur la joue gauche…

Une autre différence repose sur la compassion ! Comme l'écrivait magistralement Clausewitz, « dans une chose aussi grave que la guerre, les erreurs dues à la bonté d'âme sont la pire des choses » ; et j'avais l'habitude de dire à mes subordonnées, engagés en opération : « Attention à ne pas faire de sentiments, car j'en connais un qui n'en fera jamais, ni avec vous ni avec vos soldats, c'est l'ennemi ! » Le combat, en effet, est un monde cruel et sans concession, où toute faiblesse est systématiquement exploitée par l'adversaire ! Il s'agit donc pour le chef, quel que soit son niveau, de faire preuve d'une exigence sans faille, où la compassion n'a pas sa place… Et pour reprendre une phrase du Christ, il ne s'agit donc pas « d'être doux et humble de cœur », car le combat est un lieu d'exigence, et même d'exigence extrême, qui ne laisse pas de place à la compassion !

La tactique constitue aussi une différence majeure. Comme le disait Foch, « la réalité du champ de bataille est que l'on n'y étudie pas ; simplement, on fait ce que l'on peut pour appliquer ce que l'on sait. Dès lors, pour y pouvoir un peu, il faut savoir beaucoup et bien » ! La tactique, en effet, n'est pas une science exacte, car l'adversaire est là pour démonter votre propre manœuvre et, comme on le dit souvent de façon un peu humoristique, la première victime de la bataille est le plan d'opérations ! Or, la tactique et *a fortiori* la stratégie ne sont vraiment pas les domaines de prédilection de l'aumônier, et même heureusement ! D'aucuns pourront évoquer tel ou tel aumônier qui, au cours de la libération de la France ou en Indochine, a dû assumer temporairement le commandement d'une troupe, car tous les officiers avaient été tués ou blessés, mais ce sont bien des exceptions qui ne font que confirmer la règle que la tactique n'est pas l'affaire de nos aumôniers…

Il serait possible de prolonger cette liste des sujets de divergences entre le temporel et le spirituel, mais il semble préférable de s'interroger sur les domaines qui peuvent réunir ces deux mondes que tout semble devoir opposer ! À cet égard, une observation préalable s'impose, à savoir que la présence d'aumôniers dans les armées – toutes religions confondues – est prévue par la loi, ce qui contredit les défenseurs d'une laïcité exacerbée qui s'apparenterait à de l'athéisme ! En outre, le monde militaire est bien la seule profession où la présence de l'aumônier est connue et reconnue, et où elle ne pose pas de problème. Dans les autres milieux et dans les autres professions, où des aumôniers sont légalement présents, comme l'éducation nationale, les prisons et le milieu hospitalier, leur pertinence se justifie par leur présence et leur action, uniquement auprès des élèves, des prisonniers ou des malades ; en revanche, au sein des armées, ils sont aumôniers au service de tous, et au nom de leur propre culte !

Parmi les points communs, il faut d'abord reconnaître que ces deux mondes ont une terminologie commune qui révèle de forts points communs. On entre dans ces deux mondes par vocation, ce qui sous-entend que l'on répond à un appel intérieur, alors que ce n'est pas le cas dans de nombreux autres métiers. Et cette vocation consiste avant tout à « servir », c'est-à-dire à faire passer un intérêt supérieur – qu'il s'agisse de Dieu ou de la Patrie – avant son propre intérêt et même avant sa propre vie ! Là aussi, cette volonté de servir, surtout aujourd'hui dans un monde hédoniste, est relativement rare ! La conséquence de cette notion de service se retrouve dans l'abnégation, qui n'est que la suite logique de la volonté de servir, et non pas de « se servir » ou bien « d'être servi », car il s'agit de se placer volontairement en retrait par rapport à la communauté, ou à un intérêt supérieur, ou encore à son Dieu, ou à celui qui le représente.

Par ailleurs, ces deux mondes ont un autre point commun, particulièrement sensible, celui de côtoyer la mort ! Quelles que soient les circonstances, qu'il s'agisse du soldat ou du prêtre, tous les deux sont appelés à réfléchir à la mort, à l'envisager pour soi-même ou à l'accompagner quand il s'agit de celle d'un camarade ou d'un proche. Elle ne laisse personne indifférent ! Il faut savoir la regarder en face, ce qui oblige chacun à donner du sens à son engagement, que « l'on croie au Ciel, ou que l'on n'y croie pas ! » Et dans ces moments-là, il faut reconnaître que les communautés ne font plus qu'un, qu'il s'agisse de la famille de sang, des camarades de combat ou de l'aumônier !

Mais ce qui unit sans doute le plus ces deux communautés reste certainement le cadre qui régit leur vie et leur comportement ! Qu'il s'agisse du décalogue pour le prêtre ou du code d'honneur pour le soldat, les deux communautés ont en commun des valeurs propres, et même plus que des valeurs, des règles simples à respecter, soit individuellement, soit pour permettre la vie en commun. Ces règles conditionnent bien entendu la vie quotidienne, mais elles guident aussi chacun dans les moments critiques de la vie, et plus particulièrement au combat ! Et pour faciliter et même humaniser l'action de l'aumônier – ou du padre – dans ses différents contacts avec l'ensemble des soldats, quel que soit leur grade, on dit que le padre a les galons de la personne avec qui il parle…

Ainsi, plus qu'à chercher à opposer deux métiers, ou plutôt deux vocations différentes, il s'agit avant tout de les rendre complémentaires, car elles le sont parfaitement et même intimement. Comme l'écrit à plusieurs reprises le père Ducourneau, « la force des armes a besoin d'une force d'âme » ; ainsi, à l'instar de la sainteté, un comportement exemplaire « se vit dehors, mais se nourrit dedans » ! Et le sens donné à son engagement et à son action constitue bien toute la différence entre un soldat et un mercenaire ! C'est cette petite lumière qui doit le guider en permanence, dans la tempête, dans l'obscurité ou dans le brouillard de la guerre...

Général d'armée Bruno Dary
Président du Comité de la Flamme sous l'Arc de Triomphe
Gouverneur militaire de Paris de 2007 à 2012

Avant-propos
Un compte de faits...

Tout compte fait, cet essai pourrait aussi s'intituler *De fer et de feu* ou bien encore *Le soldat et le padre*[1]. Ce qui est écrit sur celui qui détient en ses mains l'arme de *fer* que lui confie la force militaire rejoint, d'une certaine manière, ce qui est dit sur celui qui reçoit du Ciel l'arme du *feu* spirituel. Fer du soldat et feu du padre se rencontrent sur les mêmes terrains de guerre, l'un étant sujet de l'autorité militaire et l'autre de l'autorité religieuse, le premier servant la Patrie et le second servant celui qui sert la Patrie.

Ceux qui portent les armes ont une âme. Il convient de le souligner face à ceux qui ne voient en lui qu'un *tueur.* Et c'est l'âme éduquée, parfois soignée, qui permet de bien utiliser l'*arme.* C'est ainsi que l'âme doit aussi être armée. Son arme *intime* est fondée sur une certaine éthique qu'il convient de cultiver. C'est la raison pour laquelle elle doit être instruite et nourrie de façon à ce que son instinct de survie attisé par des situations délicates nées d'une ambiance belliqueuse ne s'enferme pas sur lui-même et ne la détruise pas. La force militaire sait cela. Elle l'expé-

1. Le terme « padre » (ou « padré ») renvoie initialement à la Légion étrangère, à l'époque où, à ses « débuts », elle fut majoritairement composée de légionnaires hispanophones. Ceux-ci dénommèrent leur aumônier (catholique), qui était prêtre, le *padre,* en référence au *père*. Depuis, ce terme s'est généralisé, dans l'Armée, pour dénommer l'aumônier de culte catholique (parfois même s'il n'est pas prêtre), les aumôniers des autres cultes (protestant, musulman et israélite) ne recevant pas cette appellation, ni d'ailleurs les prêtres « civils », n'en déplaise à certains.

rimente depuis des siècles. Voilà pourquoi, outre le fait qu'elle cultive elle-même une partie de l'éducation de l'âme, sachant qu'elle ne possède pas toutes les cartes en main, elle fait appel *librement* à la *force religieuse* pour affiner cette formation existentielle.

Cet essai, tout modeste et incomplet qu'il soit, montre à tous ceux qui s'intéressent à la grandeur du soldat qu'il n'y a pas de dichotomie entre le métier militaire et la présence religieuse qui l'accompagne et le sert. Le *soldat de fer*, capable de sacrifier sa vie pour une mission qu'il reçoit, respectueux d'un drapeau et d'une Patrie qu'il vénère, soucieux du bien commun qui commence par la paix entre les peuples, sait pouvoir compter, en tout temps et en tous lieux, sur un *homme de feu* pour lui rappeler qu'il n'est en rien un mercenaire assoiffé de sang et avide de gains, mais un serviteur d'une cause et d'une mission reçue qui le dépassent.

La modestie de ce travail veut donc rejoindre ceux qui se sentent interpellés par la question de la grandeur du *feu* de l'âme au milieu du *fer* des *armes*. Dans ce monde où la guerre ne peut jamais être considérée comme une utopie ou comme un souvenir du passé qui n'est jamais dépassé, il est urgent de laisser le *feu* éduquer le *fer* – et au-delà de lui, les dirigeants qui se chargent d'envoyer des hommes sur le terrain hostile – afin que ce fer qui fait jaillir la mort soit toujours considéré comme l'ultime moyen d'une légitime défense *justifiée*.

Pour ce faire, d'une part, ce traité évoque la vocation du soldat, ce qui en fait sa grandeur et sa noblesse, et d'autre part, il met en lumière la vocation de celui qui sert le soldat au nom de sa foi, principalement la foi chrétienne, mais pas exclusivement.

Plus particulièrement, parce que celui qui l'a rédigé est un prêtre ayant servi aux Armées, dont l'expérience sur le terrain des opérations extérieures a quelque peu façonné la foi et l'humanité, cet essai veut parler, d'une manière singulière, à ceux qui s'intéressent, de près ou de loin, à la vocation chrétienne – et plus généralement *religieuse*[1] – de l'homme,

1. Entendons ici le fait que tout homme a en lui un appel à la transcendance divine qu'il convient de lui faire découvrir, nonobstant la diversité des chemins pour y arriver. Sans conteste, cet essai, écrit par un catholique, privilégie le chemin chrétien.

mais surtout à la façon de la vivre, concrètement, dans un monde où la violence peut paraître la grande gagnante des relations humaines.

Il est vrai que, d'une manière encore plus « ciblée », le lecteur trouvera ici le carburant qui fait vibrer le cœur, le corps et l'âme de l'aumônier militaire catholique. Certes, le lecteur pourra se sentir *largué* par les nombreux détails qui émanent de la description de sa mission, mais, en tant que prêtre moi-même, j'ai l'intime conviction que ces détails sont des choses essentielles qui expliquent, presque à eux seuls, le cœur de cette vie particulière.

Toutefois, ce livre n'a pas pour objectif d'être lu comme un traité apologétique d'évangélisation, quand bien même il présente des vérités de la foi chrétienne. Ainsi, le lecteur pourra être surpris d'entrer dans les « détails » religieux de cette vie de souteneur d'*âme* au sein du monde des porteurs d'*armes*. Cependant, s'il veut apprécier le lien intime qui existe entre le soldat et l'aumônier, de la même manière qu'il doit connaître ce qui construit un soldat, le lecteur doit aussi entrer dans la connaissance de l'édifice spirituel qui façonne un aumônier.

Loin d'être un conte de fées moderne, ce *compte de faits* entre un *soldat* et un *padre,* balançant entre le *feu* et le *fer,* devrait plutôt être chaotique, tant la religion n'a pas, aujourd'hui, une bonne presse dans nos sociétés occidentales. Le lecteur sait, en effet, que celles-ci sont marquées, d'une part, par un certain repli sur soi que l'on croit rassurant, et d'autre part, par un subjectivisme qui relativise tout au profit de l'individu. Pour couronner le tout, certains de nos contemporains ont une conception étriquée et faussée de la notion de laïcité[1].

Pourtant, une étroite relation existe. Certes, elle n'est plus semblable à celle qui était la norme sous l'Ancien Régime et que l'emblématique IIIe République a inscrite en encre pas forcément sympathique dans ses livres d'histoire.

Au-delà des idéaux pas toujours très… catholiques, cette relation, entre le soldat et le padre, a sans cesse été balisée de faits notables. Par-

1. Le général de Gaulle avait cette belle formule : « La République est laïque mais la France est chrétienne. »

fois même ces faits d'âmes ont permis de beaux faits d'*armes*, comme en témoigne, entre autres, le premier conflit mondial[1].

Entretenue depuis la base qui, parfois à la différence de la haute hiérarchie, a souvent compris sa pertinence humaine, cette relation de cœur à cœur a permis au soldat de garder son humanité dans des moments d'extrême détresse, et au padre – comme aussi au *pasteur* protestant soumis au même régime – de fortifier sa foi en un Dieu qui va jusqu'au plus profond de la bassesse humaine. Ce *compte de faits* n'est pas contestable.

Ainsi donc, au fil de l'histoire passée et présente, que ce fût dans les tranchées de la Grande Guerre, sous les bombardements de la Seconde Guerre mondiale, dans les marais boueux de l'Indochine ou les traîtres ruelles des villages d'Algérie, que ce fût dans les décombres du Liban ou dans le désert du Koweït, que ce fût encore dans les nuits bosniaques ou le froid kosovar, sur les pistes ivoiriennes et centrafricaines rougies de latérite, derrière les rochers afghans ou sur le sable malien ou burkinabé, cette relation entre l'*arme* et l'*âme* n'a jamais cessé. Elle est source d'un désir fructifiant d'unification de la personne. Elle conte à elle seule un compte de faits écrits entre *l'homme de fer et l'homme de feu* que la hiérarchie actuelle, faite des soldats de terrain d'hier, ne peut s'empêcher de nier, dans la mesure où elle-même en a été la bénéficiaire.

Vocation de l'un et vocation de l'autre se rejoignent sur le terrain de l'action militaire, c'est un fait qui compte. Chacun devient finalement complémentaire de l'autre. Chacun grandit de la grandeur de l'autre. Chacun s'enrichit du savoir de l'autre dispensé dans le cadre de la fraternité militaire que les uns et les autres défendent comme un trésor à ne pas perdre.

Ce traité, évoquant en filigrane la spiritualité du porteur de l'*arme*, comme celle du formateur de l'*âme*, montrant par là leur intime communion, est ici pour rendre hommage à l'un et à l'autre, rappelant, en cette modeste occasion, ce lien *vocationnel* étroit qui les unit toujours aujourd'hui, et les fait grandir, et l'un et l'autre, dans un *compte de faits* dont la dernière ligne n'est pas encore écrite.

1. Cf. mon livre *Dieu dans les tranchées* (Éditions des Béatitudes, 2018).

Introduction
La guerre n'est pas un jeu

Dans la conscience populaire qui prend les choses au premier degré sans activer l'utile principe de discernement, le soldat est celui qui porte une arme et qui, par conséquent, est capable de tuer, voire qui est formé, dirais-je formaté, pour tuer. Certaines personnes ne voient pas en lui autre chose que cette carapace bien casquée et superbement équipée, dont on ne distingue plus aucun des attributs humains si ce n'est celui de la marche. Les yeux sont masqués de lunettes noires balistiques, le dos est déformé par le chargement d'un sac dont on ignore le contenu, les mains sont gantées de gants coqués. Bref, le robot semble inhumain, tout droit sorti d'un jeu vidéo dans lequel danse la mort chaque seconde. Ainsi, certains de nos contemporains ne voient de cette forme presque inhumaine qu'une froide machine à tuer, sans âme et donc sans états d'âme.

Cependant, cette machine à tuer peut aussi être abattue. Elle n'est pas invulnérable; de nombreux témoignages nous le montrent[1]. De fait, elle n'est pas que l'assemblage d'une technologie avancée. Cette machine est un homme! Elle est faite de chair et de sang et est issue, non pas d'un laboratoire secret, mais de l'amour d'une famille bien

1. Cf. mon livre *Les cloches sonnent aussi à Kaboul* (Éditions des Béatitudes, 2011), et aussi *Paroles de soldats* d'Hubert Leroux et Antoine Sabbagh (Tallandier. 2015).

humaine. La machine n'est donc pas une machine. Son habillage de *fer* n'est justement qu'un habillage de *fer*.

Parallèlement, il semblerait que d'autres machines à tuer se soient développées, bien plus meurtrières que les machines individualisées que sont les combattants sans visages perceptibles. Ces machines-là ne tiennent pas debout. Elles volent, elles roulent, elles naviguent. Avions, hélicoptères, drones, engins blindés, sous-marins et porte-avions, il y en a pour tous les « goûts ». Le quidam peut alors avoir le sentiment d'un jeu vidéo grandeur nature, lorsqu'on lui dit que certains engins se pilotent par écran interposé et que les cibles ne sont que des points mouvants lumineux qu'il suffit d'éteindre. Ces machines de fer semblent se suffire à elles-mêmes tant elles sont sophistiquées.

La guerre, pour la plupart de nos contemporains, si elle est devenue une affaire « professionnelle », est surtout vue comme un combat de technicité où l'humain aurait disparu. De fait, lorsqu'une machine à tuer est détruite par l'adversaire, on a du mal à comprendre et on cherche « l'erreur[1] »... On s'aperçoit alors que dans cette machine étaient enfermés plusieurs hommes et on se redit que la guerre est bien humaine, trop humaine[2]...

Non, la guerre ne sera jamais simplement qu'une affaire de techniciens chevronnés arrimés à leur laboratoire de recherche, et attendant les résultats de leur expérimentation venue du terrain de la mort.

1. La théorie du « zéro mort » est une idéologie fictionnelle qui n'a pas de place dans la formation militaire, même si la machinerie moderne de la guerre et les équipements du combattant sont conçus pour épargner la vie humaine.

2. Voir, notamment, le film de Rachel Lang, *Mon légionnaire* (2021), principalement pour la quotidienneté de la vie militaire. Il est cependant regrettable que, dans ce film, comme dans beaucoup d'autres de ce style, il ne soit jamais fait mention de la présence des aumôniers, surtout lors des opérations extérieures où blessure et mort sont de la partie.

Ainsi, même si « l'Armée est devenue résolument technicienne[1] », la guerre sera toujours une affaire d'hommes. Elle est d'abord une affaire d'hommes politiques[2]. Parce qu'ils ne réussissent pas à s'entendre et se jalousent pour un bout de terrain, ils la déclenchent en engageant la vie d'autres êtres humains qui se sont mis en état de sacrifice potentiel, pour sauvegarder ce qu'ils croient être le bien commun de leur pays. Ceux-ci sont envoyés sur le magma du feu vrombissant, par ceux-là qui restent alors à regarder leurs cartes millimétrées sur les écrans vidéo de leur conseil de défense. Les uns comme les autres savent que le *risque zéro* n'existera jamais, car la mort *concrète* et sans retour de l'ennemi est le principe fondamental d'une guerre qui est toujours un combat de *fer* et de *sang*. La guerre suppose constamment un camp victorieux et un camp battu. C'est la triste réalité. Non, la guerre n'est pas un jeu vidéo où l'on pourrait se relever de la mort virtuelle… Elle se *joue* à balles réelles !

En ce sens, la guerre, même si sa finalité demeure l'installation d'une paix entre les belligérants, ne sera jamais « juste » car elle est potentiellement pourvoyeuse d'injustice, de malheur, d'exode, de blessure et *in fine* de mort. La guerre est issue du dévoiement de l'humanité. Dans la Bible, l'épître de saint Jacques nous le rappelle violemment : « D'où viennent les conflits, d'où viennent les combats parmi vous ?... Vous convoitez et ne possédez pas ; vous êtes meurtriers et jaloux, et ne pouvez réussir ; vous combattez et bataillez » (Jc 4, 1-2).

---

1. Général Jean-René Bachelet, *Pour une éthique du métier des armes*, Vuibert. Collection « Espace éthique », 2006, p. 17.
2. La source de la guerre n'est donc pas militaire mais bien politique. De plus, ce ne sont pas les militaires qui fabriquent et vendent des armes mais bien le monde politique. À cet égard, le jugement de l'Église est sans appel : « Si la production des armes est un grave désordre qui règne dans le monde actuel face aux vrais besoins des hommes et à l'emploi des moyens aptes à les satisfaire, il n'en est par autrement pour le commerce de ces armes. Et il faut ajouter qu'à propos de ce dernier le jugement moral est encore plus sévère » (Jean-Paul II, encyclique *La question sociale*, 1987, n° 24).

Même si, de nos jours, malgré le fait que la guerre *classique* existe toujours[1], l'image de la guerre a quelque peu changé dans les esprits. Elle apparaît bien plus diffuse qu'autrefois, en raison du terrorisme qui est un ennemi *invisible* et *sans frontières.* Pour autant, qu'elle soit *classique* ou *moderne,* elle est toujours pourvoyeuse de mort. C'est une certitude en tant qu'elle est née de l'endurcissement des cœurs.

Or la mort est bien autre chose que la destruction d'une machine sans âme, née de la technique humaine. La mort reste et restera toujours l'attribut du vivant. La machine ne meurt pas, elle devient hors d'usage. La machine *industrielle* n'est pas vivante, elle est seulement prévue pour être une technique fonctionnelle. Ainsi donc, si l'on parle de « mort », on évoque nécessairement le « vivant ». Or, le vivant, c'est l'homme!

L'homme en question, ici, est un être humain pourvu d'une âme, c'est un soldat. « Un soldat est un agrégat, un mélange de compétences, d'équipements et de façons de voir les choses à l'intérieur d'un emboîtement de structures... Il lui faut être fort physiquement pour supporter des charges lourdes... Il a surtout besoin d'avoir une armature morale particulière qui lui permette de surmonter deux interdits : mettre sa vie en danger et prendre celle des autres[2]. » Un soldat est donc pleinement homme, un vivant parmi les vivants, n'en déplaise à certains. Il a ses désirs, ses aspirations, sa culture, sa famille, son professionnalisme, ses faiblesses, ses idées et... sa foi. Il a sa vie... et il a sa mort, dont, comme beaucoup d'entre nous, il a peur. Le soldat a un corps, certes aguerri, il a un esprit, certes formé à se donner à une mission parfois dangereuse, et *in fine,* il a une âme, appelée à être

1. Comme le conflit russo-ukrainien par exemple qui, cependant, parce que l'une des parties en conflit ne reconnaît pas l'état de guerre mais prône une « opération de maintien de l'ordre », n'est pas né d'une déclaration de guerre officielle comme cela se faisait durant les deux conflits mondiaux du XXe siècle.

2. Michel Goya (colonel en retraite, docteur en histoire et enseignant), *Le soldat du XXe-XXIe siècle,* ouvrage collectif sous la direction du général François Lecointre, chef d'état-major des Armées, Folio-Gallimard, 2018, p. 282.

éduquée afin d'être réellement vivante, pour elle et pour les autres, ici, maintenant, et pour toujours en Dieu.

Oui, il y a des soldats qui ont une foi chrétienne, comme d'ailleurs, il existe des soldats juifs et musulmans, au milieu d'autres qui ne croient pas en Dieu ou ne croient qu'en eux. Les soldats chrétiens sont parfois interrogés par ceux qui n'ont aucune foi, ou même par « ceux du dehors » qui, ne connaissant pas le fondement du métier des armes, ne peuvent pas concevoir qu'un être humain, se réclamant chrétien, puisse avoir le *droit* de tuer son frère. Mais si le militaire, équipé comme une machine rendant son humanité quasi invisible, doit tuer, il ne le fait pas pour lui-même, il en reçoit l'ordre, pour justement protéger « ceux du dehors ». Cet ordre vient des instances politiques *généralement* élues de manière légale par un peuple. Pourquoi ceux qui les dirigent n'auraient-ils pas droit à la même question, dans la mesure où ils sont à l'origine des ordres belliqueux ? Ceux-là sont doublement responsables car, d'une part, ils déclenchent la guerre et, d'autre part, ils envoient des soldats pour la faire à leur place. Le soldat n'est que le dernier maillon de la chaîne de ce commandement pour lequel il n'est qu'un serviteur exécutant.

C'est la raison pour laquelle, nonobstant la faute initiale du déclencheur de guerre, le soldat doit entendre que sa mission est noble. « Le cœur de la vocation militaire n'est rien d'autre que la défense des siens[1] », rappelait saint Jean-Paul II. Ainsi, sans opposer *force d'arme* et *force d'âme*, cette excellence de vie porte haut le soldat pour qu'il soit plus grand que lui-même, lui qui se destine à servir son pays et ses intérêts, quitte à mourir pour cela.

Tout soldat vit cette abnégation. Mais peut-il la vivre sans idéal de vie ? Peut-il se dessaisir de lui-même s'il n'a pas en lui une certaine foi qui le pousse à se donner lui-même ? Lorsqu'il est chrétien – ou croyant – *l'homme de fer* doit ainsi pouvoir vivre légitimement sa foi.

---

1. Jean-Paul II, « Vocation militaire et vocation chrétienne », discours prononcé lors de l'audience réservée à des militaires italiens, le 2 avril 1989.

C'est pourquoi il a besoin à ses côtés d'un *homme de feu* qui va nourrir son âme. Avec lui, il va pouvoir apprécier que sa foi – si misérable soit-elle – est amour du plus faible pour lequel il peut *se sacrifier*. Oui, il est digne d'être, lui-même, aimé et soutenu. Oui, le soldat a le droit d'être chrétien et a le devoir d'être accompagné pour que sa foi ne chancelle pas sous les coups mortels des armes de fer. Et oui, il est digne de *vivre* !

Fort justement, qui peut évoquer d'une manière concrète le vivant sinon celui qui croit que la mort n'est pas la destination finale de l'homme ?...

Qui peut dire un mot sur la mort, même s'il est toujours difficile de savoir exactement ce qu'elle est, sinon celui qui croit qu'elle n'a pas le dernier mot de la vie ?

Qui peut porter le poids de la peur de la mort qui envahit parfois le soldat aux prises avec le risque d'être tué, sinon celui qui marche à ses côtés et qui connaît le même risque ?

Je me souviens d'un jeune soldat, lors d'une opération extérieure particulièrement dangereuse, qui demande à me parler sur sa peur de la mort et sur la crainte qu'il avait de ne pas pouvoir exercer sa mission en raison de cela. Il avait un certaine « honte » à me dire cela, pensant qu'il n'était pas « digne » de sa mission de soldat. Cherchant auprès de moi une parole de réconfort, je lui dis alors que sa réaction est normale mais qu'elle ne doit pas « le bouffer » car le risque serait encore plus grand pour lui et pour ses camarades qu'il exposerait au danger s'il devenait nécessaire d'aller vers lui au moment le plus périlleux. En ce qui me concerne, lui dis-je, je serai là « quand il le voudra » et ma prière le « portera ».

Dans le monde militaire, il existe singulièrement une catégorie de personnes capables de mettre un mot sur l'indicible, non pas en leur nom propre, mais au nom de Dieu. Ce n'est pas de l'ordre de l'orgueil mais de celui du service. Pour les chrétiens (catholiques, protestants et orthodoxes[1]), ce service est exigé, comme une mission, par Jésus, le Christ, Fils de Dieu. La foi chrétienne affirme que Jésus, consubstantiel au Père, est Dieu né de Dieu, souverain des univers, maître des temps et de l'histoire. C'est pourquoi les chrétiens professent que celui qui reçoit le titre de Seigneur est le Maître de la mort parce qu'il est le Maître de la vie.

Ces chrétiens, qui sont ainsi envoyés auprès des porteurs d'*armes* comme soutien de *l'âme*, sont appelés « *aumôniers militaires* ». Parmi eux se trouvent les « *aumôniers militaires catholiques*[2] », qui reçoivent, les prêtres notamment, l'appellation de *padre* que l'on a déjà évoquée.

Ils vivent une *vocation* particulière, celle d'être insérés dans le monde des soldats afin d'être *l'un des leurs* pour conforter la foi des croyants et ouvrir les non-croyants à la transcendance. Ils sont vêtus d'un uniforme comme eux, marchant avec les mêmes rangers, suivant une même discipline de vie quotidienne, partageant les mêmes rations de combat. Cependant, leur arme est différente. Le feu qui en sort n'est pas du même acabit. Il ne tue pas mais donne vie. Ces *hommes de feu*, les *padres* – puisqu'il s'agit bien d'eux – se sont laissé revêtir du casque de la justice divine et du bouclier de la lumière christique que Dieu leur a confiés, en les équipant du paquetage de soldat de la Providence.

Ainsi parés, ils ont reçu la charge d'une *mission* particulière d'Église qui consiste à être présents au sein du monde militaire et de ses soldats, les *hommes de fer*, faisant acte d'une *passion* de communier à cette vie particulière riche d'une fraternité reconnue au-delà de ses murs. Les

1. Il y a un prêtre orthodoxe détaché à la Légion étrangère, en raison du grand nombre de légionnaires originaires des pays de l'Est, dont la foi chrétienne est l'orthodoxie.
2. L'aumônier militaire – de tout culte – n'a ni grade ni rang dans la hiérarchie militaire bien qu'il soit doté du statut d'officier. Il n'a aucun pouvoir pour donner des ordres, sauf dans l'exercice de son ministère en ce qui concerne le personnel éventuellement mis à sa disposition. Déployé au sein d'une unité militaire, il s'informe de la vie militaire et y participe visiblement. Disciplinairement, il est subordonné au commandant de sa formation de rattachement. Pour son activité spécifique d'aumônerie, il est rattaché à sa direction religieuse.

padres sont là pour dire que le soldat a le droit d'être chrétien, même s'il dispose d'une arme. Cette arme ne fait pas de lui un mercenaire, car il apprend, de sa hiérarchie, à mesurer son emploi, en lien avec la mission qui lui sera donnée. L'arme de fer lui est confiée afin qu'il devienne un serviteur capable de protéger les plus faibles en risquant sa vie pour eux. Les padres, qui ont charge de son âme, lui rappellent ce bien-fondé.

Vivant pleinement en frères d'*armes*, sachant se mettre à tous les niveaux pour devenir frères de *larmes* lorsqu'il est nécessaire de réconforter ceux qui pleurent, les padres sont missionnés pour constituer, la grâce de Dieu aidant, la fraternité d'âmes qui est leur finalité.

Au fur et à mesure des pages qui vont maintenant défiler comme un petit soldat qui marche au pas, le lecteur comprendra que leur présence de *feu*, affective et effective, spirituelle et corporelle, certifie que là où il y a des hommes à accompagner – même habillés de *fer* –, il y a des esprits à éclairer et des âmes à soutenir…

PREMIÈRE PARTIE
UNE VOCATION…

« Il vaut mieux exposer nos soldats en opération extérieure que nos civils dans le métro parisien… »

Phrase entendue à Paris en lien avec le risque d'attentat suite au déclenchement de l'opération militaire en Afghanistan.

« C'est à ceci que désormais nous connaissons l'amour :
lui, Jésus, a donné sa vie pour nous ; nous aussi,
nous devons donner notre vie pour nos frères. »

(1 Jn 3, 16)

1
Une question de langage

L'Armée et l'Église sont deux institutions bien différentes. Chacune possède sa finalité propre. « L'Armée a été conçue pour faire la guerre[1]. » Quant à l'Église, elle est don de Dieu pour la paix des cœurs. Cependant, en regardant l'histoire de l'une et de l'autre, on peut y voir certaines convergences, notamment dans le langage. Cette constatation entraîne, *de facto,* l'obligation de dénoncer honnêtement les divergences qui vont avec, et qui sont liées à la façon dont est assumé ce langage chez l'une et chez l'autre.

Si l'on prend d'une manière superficielle le vocabulaire employé aussi bien par les soldats que par les catholiques[2], on entend les mots de vocation, de sacrifice suprême, de don de soi, de fraternité, de communauté, d'engagement, de loyauté… On met aussi en évidence le respect de l'autorité (celle de l'Armée est le chef, celle de l'Église, le Christ), la hiérarchie (*idem*), sans oublier le mot de mission, celle que l'on ne choisit pas mais que l'on reçoit, et aussi ce qui va avec, la discipline (ensemble de règles à l'Armée, et façon de vivre sa vie de foi comme disciple du Christ pour l'Église) et le règlement (les lois républicaines

1. Général Brice Houdet, « Le contrôle des foules », in *Le soldat du XXe-XXIe siècle*, *op. cit.*, p. 252

2. Cette convergence de langage n'est pas si remarquable avec les autres confessions.

pour les soldats et l'Évangile lu par la doctrine de l'Église pour les chrétiens). Il semblerait donc que le missionnaire envoyé par l'Église au sein de l'Armée arrive sur un terrain grandement favorable.

Penser cela est naïf. Il faut savoir compter sur la manière dont sont vécus ces concepts, et dans l'Armée et dans l'Église. Les divergences sont nombreuses et même légitimes. La première d'entre elles, sans doute la plus signifiante, est une certaine opposition de principe entre le pouvoir temporel vécu par l'Armée et le pouvoir spirituel qui meut l'Église, et généralement le fait religieux. De là découle certainement tout le reste, que ce soient les mœurs, la foi et le rapport à la violence, et même à la mort.

Le soldat n'est pas soumis, par l'Armée, à une vie « évangélique » marquée par la pauvreté et la chasteté, même s'il connaît l'obéissance au chef. Jadis, il était accusé par les bien-pensants catholiques d'être *débauché* ou *libertin.* On disait qu'un marin avait une fille dans chaque port… Ce comportement était – et est toujours – lié à une plus ou moins grande impiété et même un athéisme qui, en ces jours de déchristianisation[1] où nous sommes, ne manque pas de grandir. Cependant, il est bien évident que de nombreux soldats, de tous grades, sont chrétiens. Certains d'entre eux vivent profondément des valeurs évangéliques. D'autres encore peuvent faire de leur carrière militaire un vrai sacerdoce tant la rigueur à laquelle ils sont attachés peut renvoyer à une vie austère de moines. Il peut même arriver de croiser des militaires qui choisissent ainsi de vivre *sous les ordres,* à défaut de ne pas oser faire le pas pour vivre *dans les ordres.*

Enfin, le rapport à la violence, et donc à la mort, est différent entre l'Armée et l'Église. Même si des actes de violence ont pu être malheureusement commis par des gens d'Église, l'institution condamne la violence. Elle le fait en lien avec l'Évangile qui évoque, avec tout le Nouveau Testament, par quatre-vingt-dix fois, le mot de « *paix* ». Quant à l'Armée, chacun sait que, même si elle canalise la violence par

---

1. Cf. Chantal Delsol, *La fin de la chrétienté,* Cerf, 2021.

la discipline, la formation au combat et l'emploi mesuré des armes, le soldat est « préparé » pour donner la mort, tout en sachant qu'il peut la recevoir lui-même. Pour autant, cette violence-là, même si elle est un déchirement pour les soldats qui en sont les premières victimes dans le sens où ils ne la souhaitent pas, n'est en aucun cas une violence de mercenaire exempt de tout droit.

Cependant, la grâce de Dieu étant sans limites, il arrive que la sainteté frappe au cœur de certains soldats et qu'ils deviennent, par la suite, d'éminents hommes d'Église. Citons, par exemple, saint Ignace de Loyola, ancien capitaine de l'Armée espagnole qui fonda la Compagnie de Jésus, ou plus récemment, saint Charles de Foucauld, ancien officier français qui devint l'ermite martyr que l'on sait. En remontant bien plus loin, on peut évoquer saint Martin qui, ancien officier romain ayant partagé son manteau avec un pauvre, devint l'un des fondateurs du monachisme européen. Dans l'histoire de l'Armée, certains soldats, n'ayant jamais renoncé à servir l'État, ont été jusqu'à donner leur vie pour ne pas avoir à renoncer à leur foi en Christ, comme les soldats romains saint Maurice et saint Sébastien. Et que dire, bien plus proche de nous, du colonel de gendarmerie Arnaud Beltrame qui, ayant cheminé dans la foi chrétienne, s'est sacrifié pour libérer un otage pris dans un acte odieux de terrorisme[1] djihadiste.

Voilà donc le monde de *fer* dans lequel est envoyé le padre, *l'homme de feu*. Un monde paradoxal ! Un monde qui n'est pas idéal, même s'il est parsemé de règles qui façonnent le respect de tous, un monde qui n'est, pour autant, pas celui des *bisounours*. C'est aussi un monde qui n'a pas la parole de Dieu comme boussole de guidage, et un monde

1. Jean-Paul II définissait ainsi le terrorisme : « Une plaie douloureuse du monde d'aujourd'hui : le phénomène du terrorisme, entendu comme volonté de tuer et de détruire sans distinction les hommes et les biens, et de créer précisément un climat de terreur et d'insécurité, en y ajoutant souvent la prise d'otages. Même quand on avance, pour motiver cette pratique inhumaine, une idéologie, quelle qu'elle soit, ou la création d'une société meilleure, les actes de terrorisme ne sont jamais justifiables » (encyclique La question sociale, 1987, n° 24).

dont la finalité n'est pas le Ciel. Enfin, c'est un monde qui n'est pas là pour dérouler le tapis rouge à l'aumônier – quel que soit son culte de référence –, bien qu'il soit un monde dont chaque padre sait qu'il est aussi fait pour la Parole de Dieu.

Le lecteur sait bien que l'Armée, même si elle a un vocabulaire *ordonné* qui plaît aux aumôniers, ne vit pas selon des préceptes religieux, même si elle recèle en son sein des hommes et des femmes qui mettent Dieu en évidence dans leur vie. Pour autant, *tous* les soldats qui la composent, croyants ou non, et dont chacun connaît la grande sincérité dans l'engagement, sont faits à l'image et à la ressemblance de Dieu. C'est là la pensée du souteneur des *âmes* envoyé au milieu des porteurs d'*armes*. Déployé comme *force d'âme* au milieu de la *force d'arme*, le padre sera missionné pour être *l'un des leurs* afin de le leur faire savoir.

2
Le padre, un drôle de soldat

Loin de toute idée saugrenue de prosélytisme, la spécificité de cet essai est de cerner la vocation de l'aumônier catholique en lien avec celle du soldat, car il a été rédigé par un aumônier catholique. Ce traité, même s'il fait mention des autres cultes qui servent aussi le soldat, n'a pas l'outrecuidance de vouloir parler à leur place. À cet égard, ce « témoignage », comme tout témoignage, par essence partiel et limité, accepte d'être lui aussi « partiel et limité ».

À la fin du IIe siècle, dans l'épître à Diognète, on entend ceci : « Celui qui prend sur soi le fardeau de son prochain et qui, dans le domaine où il a quelque supériorité, veut en faire bénéficier un autre moins fortuné, celui qui donne libéralement à ceux qui en ont besoin les biens qu'il détient pour les avoir reçus de Dieu, devenant ainsi un dieu pour ceux qui les reçoivent, celui-là est un imitateur de Dieu[1]. » L'Église des premiers siècles a conscience que c'est en partant de Dieu que la mission commence et qu'elle revient à lui par l'imitation de son amour.

L'homme qui annonce la Parole de Dieu n'est qu'un instrument, un relais, un médiateur. Sa vocation est un appel et non un droit. L'envoyé n'est ni la source ni la finalité, bien qu'il soit l'objet – le récep-

1. Épître à Diognète X, 6, in *Les père apostoliques*, Foi Vivante/Le Cerf, 1991, p. 499.

tacle – de cette annonce dont le sujet, source et finalité, reste, pour un chrétien, le Christ, mort et ressuscité. « C'est lui que nous annonçons, avertissant chacun, instruisant chacun en toute sagesse, afin de rendre chacun parfait en Christ » (saint Paul aux Colossiens 1, 28).

Cette parole met déjà en évidence que tout ministère[1] d'Église n'appartient nullement à celui qui le sert. Dans son exigence de la charité, il n'existe qu'en communion avec Dieu, et non pas grâce aux talents de l'envoyé. Pour autant, celui qui porte l'Évangile doit rendre visible l'amour du Christ, sans lui faire obstacle ni être l'objet de scandale. Dans la Bible, l'épître de Paul à Tite le souligne :

> Il faut que l'épiscope [l'Ancien qui veille] soit irréprochable en sa qualité d'intendant de Dieu : ni arrogant, ni coléreux, ni buveur, ni batailleur ni avide des gains honteux. Il doit être hospitalier, ami du bien, pondéré, juste, saint, maître de soi, fermement attaché à la parole digne de foi, qui est conforme à l'enseignement. Ainsi sera-t-il capable d'exhorter dans la saine doctrine et de réfuter les contradicteurs (1, 7-9).

Bien entendu, l'envoyé reste un être de chair. Il n'est professionnel de rien, surtout pas de la foi dont il est juste un serviteur au milieu d'autres. Conscient de cette misère, il se laisse guider par l'Esprit Saint – la troisième personne de la Trinité céleste, avec le Père et le Fils –, qui sait ce qui est bon pour lui. Ainsi donc, il ne doit pas se mettre au-dessus des autres. L'envoyé n'est pas Dieu, seulement un « *imitateur de Dieu* ». L'originalité du chrétien – celui qui se réclame disciple du Christ – est de ne vouloir être qu'humain, en acceptant ce qu'il est sans jalouser celui ou celle dont il peut penser qu'il a plus de talents que lui.

C'est la force de l'Esprit Saint qui le conduit et le reconduit sans cesse, non sans lutte de toute sorte, à l'acceptation pleine et entière de sa nature humaine, conçue, créée et remodelée à l'image du Verbe fait chair, sans pour autant être consubstantiel à Dieu.

1. Le mot « ministère » renvoie à un office, une aide, une assistance, voire un service. Dans le langage chrétien primitif, il s'agissait du service de Dieu.

Ces mots de l'épître de Diognète, que le lecteur découvre sans doute, rejoignent donc les mots d'aujourd'hui, ceux qui définissent la mission chrétienne des envoyés de Dieu en ce monde. Parmi ces envoyés figurent ceux que l'on nomme les aumôniers militaires catholiques. Formant une aumônerie qui est érigée en Diocèse aux armées depuis 1986[1], ces aumôniers militaires catholiques peuvent avoir plusieurs statuts. En effet, en leur sein se trouvent des prêtres que les soldats appellent affectueusement les padres. Ils sont accompagnés d'aumôniers diacres, d'aumôniers religieux, mais également d'aumôniers laïcs, hommes et femmes[2]. Pour simplifier la lecture de notre propos, le terme de « padre » sera fréquemment employé pour évoquer *tous* les aumôniers militaires catholiques, prêtres, diacres, laïcs hommes et femmes[3].

Comme tous les diocèses de l'Église universelle, ces hommes et ces femmes, au ministère reconnu, sont sous la responsabilité d'un évêque. C'est ce dernier qui donne à chacun une mission spirituelle spécifique au sein du monde militaire.

---

1. Aumônerie qui existait déjà sous une autre forme dès le début du christianisme. Au nom de la « liberté de culte » garantie par la République française, et cela dans le cadre légal de la laïcité (qui n'est pas un athéisme), la loi de 1880 (abrogeant celle de 1874) institue les aumôneries d'État là où le culte est difficile et là où la blessure et la mort frappent, en hôpital, en prison, et aux armées. Pour l'Armée, notamment, cette loi prévoyait « qu'il sera attaché des ministres des différents cultes aux camps, forts détachés et autres garnisons placées hors de l'enceinte des villes, contenant un rassemblement de deux mille hommes au moins, et éloignés des églises paroissiales et des temples de plus de trois kilomètres, ainsi qu'aux hôpitaux et pénitenciers militaires… [De plus], en cas de mobilisation, des ministres des différents cultes seront attachés aux Armées, corps d'Armée et divisions en campagne ».
2. Les aumôniers militaires ont plusieurs statuts au sein de l'Armée. Certains ont le statut militaire et peuvent ainsi être projetés en opération extérieure ; d'autres sont des civils desservant une entité militaire, soit à temps complet, soit en complément de leurs autres charges. Il y a aussi le statut concordataire en lien avec l'Alsace-Lorraine. De même, il y a des aumôniers en réserve opérationnelle ou citoyenne.
3. En application du Droit canon (n° 517, § 2), il est possible de confier à un diacre ou un laïc une participation à la charge pastorale d'une aumônerie sous la responsabilité d'un prêtre, dit « modérateur ». Voir le chapitre 3 de la troisème partie.

C'est dans ce monde-là, le lecteur le sait bien, que l'on trouve les soldats qui, à la différence des mercenaires, se sont consacrés à une mission qu'ils reçoivent dans un cadre légal où n'existent aucun sous-entendu ni aucune recherche d'intérêt personnel. Ainsi, « être soldat, c'est connaître parfaitement son métier, pratiquer une authentique fraternité d'armes, cultiver une inébranlable force d'âme, en bref être prêt au combat ; mais sans haine, et sans passion autre que celle de l'amour de l'homme qu'on appelle humanisme[1] ». Voilà dans quel monde le padre est envoyé. Voilà cet humanisme[2] qu'il est appelé à sanctifier pour en faire un véritable christianisme mettant le Christ au centre de l'Histoire des hommes.

Vêtu comme un soldat sans arme[3], le padre est l'envoyé particulier, par l'Église, de ce Dieu des Armées qui accepte humblement d'être un Dieu désarmé[4] face à la haine. Il se laisse clouer par elle sur le bois d'une croix qui devient la véritable arme de l'amour triomphant, invisible aux yeux de chair mais totalement perceptible aux yeux de la foi dont, justement, le padre, homme de l'*âme*, a la charge d'attiser le feu bienfaisant dans les cœurs des porteurs d'*armes*.

Ainsi donc, en étroite collaboration avec le ministère des Armées, on trouve des aumôniers militaires desservant chacun des régiments, chacune des bases aériennes, chacun des bâtiments de la marine, mais aussi chaque groupement de gendarmerie[5].

---

1. Général Jean-René Bachelet, *Pour une éthique du métier des armes*, *op. cit.*, p. 106.
2. L'humaniste convaincu met l'homme au centre de l'Histoire, rien que l'homme et tout l'homme. En ce sens, il diverge du christianisme qui n'est pas un humanisme au sens strict, sauf si l'on considère que l'homme en question est le Christ incarné. Pour le chrétien, c'est le Christ qui reste le centre de l'Histoire et qui lui donne tout son sens, passé, actuel et à venir, tel que, finalement, notre calendrier le sous-entend..
3. Voir le chapitre 19 de cette paartie sur l'arme et le padre.
4. Référence au titre du livre du padre Richard Kalka, *Dieu désarmé, journal d'un curé de campagne*, Éditions LBM, 2012.
5. Rappelons utilement qu'il existe des aumôneries d'autres cultes : l'aumônerie protestante aux Armées, l'aumônerie israélite (créées en même temps que l'aumône-

Leur tâche pastorale qu'ils reçoivent de l'Église, via l'évêque du diocèse militaire que la République française appelle « l'aumônier militaire catholique en chef placé auprès du chef d'état-major des Armées », peut se décliner de la sorte :

Notre mission : servir la force d'âme :

Avec courage et abnégation, nos militaires sont confrontés au quotidien à la grande question de la mort, celle que l'on donne et celle que l'on risque de recevoir. Servir la force d'âme de nos Armées est ici crucial. Il s'agit d'assurer la cohérence du corps, de l'âme et de l'esprit, sans laquelle tout se disloque, les individus, les Armées, les nations. Nos padres, aumôniers militaires, accompagnent, écoutent, soutiennent... Qu'il s'agisse de l'éloignement des familles, des blessures physiques ou morales, des angoisses et des doutes, mais aussi des joies et des projets de vie des uns et des autres, dans les bases comme sur le front.

Ces phrases résument cette mission particulière dévolue au souteneur de l'âme qui trouve son écho dans la vie quotidienne des soldats, porteurs d'armes. À ce titre, chaque padre – et généralement tout aumônier de chaque culte – a intégré dans son esprit que, d'une part, les soldats « sont des serviteurs de la sécurité et de la liberté des peuples[1] », et d'autre part, lorsqu'ils sont confrontés à une violence toujours inhumaine, ils courent le risque de « perdre leur âme ».

Chaque aumônier catholique reste attaché à la mission évangélique qu'il reçoit. Il lui est lié comme les pampres à la vigne, en l'occurrence celle du Seigneur. C'est lui qui, par la médiation de l'Église, l'envoie

rie catholique) et, depuis 2005, l'aumônerie musulmane aux Armées. Aujourd'hui, un aumônier dessert souvent plusieurs entités militaires. Certaines d'entre elles sont regroupées dans ce qu'on appelle les *Bases de défense* qui, normalement, reçoivent chacune un aumônier de chaque culte.

1. *Catéchisme de l'Église catholique* (*CEC*), n° 2310.

sur les chemins, parfois bien caillouteux[1], de la vie militaire. C'est pourquoi cette définition – certes non exhaustive – de la tâche pastorale dévolue au padre demeure le fil conducteur de toute réflexion sur sa spiritualité, celle-ci ne pouvant que s'incarner visiblement de manière à ce que celle du soldat puisse, à son tour, vivre de cette *incarnation*.

1. Comme, il fut un temps, sur les cailloux afghans, ou plus récemment maliens.

3
Le padre et les vertus militaires

Dans le préambule du *Règlement de discipline générale militaire* est écrit ceci :

> L'esprit militaire qui procède de l'esprit civique, unit les membres des forces armées, développe en eux le sens de leurs responsabilités particulières et les incite à servir avec *loyauté* et *abnégation*. Il se manifeste par le *courage*, la *discipline* et la *solidarité*. Sa plus haute expression est le *sens de l'honneur* fondé sur le *respect* de soi-même et d'autrui, la fierté d'appartenir à une unité militaire et le *dévouement* à la Patrie[1].

Cette vision de la vie militaire est celle que chaque soldat est appelé à cultiver, non pour s'en glorifier, mais en vue du service rendu à ses concitoyens qui attendent de lui qu'il mette en œuvre sa mission de protection, le cas échéant. L'Armée est une entité de la Patrie. On retrouve en elle tout ce qui fait la vie d'une société.

Ceci étant acquis, comme chaque citoyen, tout aumônier militaire doit savoir que « l'Armée est une émanation de la communauté nationale : en tant qu'institution, elle en exprime fortement l'identité, la volonté et la souveraineté. En effet, dépositaire des armes de la France,

---

1. Les vertus militaires en italiques sont les vertus que l'on doit retrouver aussi chez le padre, et généralement chez tout aumônier militaire, nonobstant la différence de culte.

elle est délégataire de la force que l'autorité politique, représentant cette volonté nationale, estime devoir opposer aux violences qui pourraient menacer son intégrité, ses intérêts et ses engagements dans le monde[1] ». L'aumônier militaire pose ses pieds de missionnaire dans une structure bien précise qu'il est appelé à connaître et à servir. Le padre, quant à lui, se laisse porter par la tradition de l'Église qui, comme elle invite à aimer ses parents et sa famille, appelle de même à aimer sa Patrie d'une manière préférentielle. Il sert celle-ci en servant ses serviteurs que sont ses soldats.

S'imprégner d'un milieu, de ses valeurs et de ses vertus est la condition *sine qua non* lorsqu'on a la prétention de vouloir le connaître, l'aimer, le servir et *in fine* lui offrir les éléments nécessaires à sa sanctification. Cette certitude émane de Jésus lui-même qui, avant de poser une parole essentielle dans la synagogue de Nazareth, s'enracine dans le paysage, même si pour autant, rien n'est acquis pour lui, puisqu'à l'issue de sa prise de parole, on veut le lapider[2]. Pour autant, il n'y a pas d'autre chemin que prendre ce risque. À l'instar des aumôniers des autres cultes, le padre n'est pas plus attendu sur le chemin des soldats que le Christ le fut en son temps dans son propre milieu.

Ainsi donc, il convient, pour un padre qui a conscience du sérieux de sa mission et de son importance pour le soutien des âmes, tout en gardant en mémoire la « *grande question de la mort* », de communier aux valeurs et vertus militaires, à cette *fraternité d'armes* qui porte chaque militaire au-delà de lui-même. S'il veut, affectivement et effectivement[3], partager le quotidien de ses frères soldats, que ce soit « *dans*

---

1. Général Philippe Mercier (ancien chef d'état-major de l'Armée de terre), colloque sur « L'exercice du métier des armes dans l'Armée de terre », 4 janvier 1999.
2. Cf. Lc 4, 16-28.
3. Référence à saint Vincent de Paul (1580-1619), considéré comme le premier aumônier de la Marine, depuis sa nomination comme « aumônier réal des galères du roi », en 1619. Certes, il faut attendre Colbert et 1668 pour voir la création de la Marine royale au sens strict, mais cela n'empêche pas les marins de voir en ce prêtre l'archétype de l'aumônier. Cf. mon livre *Saint Vincent de Paul, l'amour est un feu*, Médiaspaul, 2010.

les bases comme sur le front », il doit s'intéresser à quelques importants aspects de la vocation du soldat, avec ses vertus et valeurs. Riche de cette proximité qui ne sera jamais un opportunisme courtois, il aura toute crédibilité pour participer à la *fraternité de larmes* qui se déploie dans les cœurs des soldats lorsque la douleur frappe.

Ces éléments de langage lui permettent d'apprécier qu'il existe une certaine similitude entre la vie du soldat et sa spiritualité de padre, l'une n'allant pas sans l'autre. C'est de cette affective et effective communion que naît la nécessaire *fraternité d'âmes* qui élève vers Dieu le soldat porteur de l'*arme* et le padre, souteneur de l'âme, ensemble.

*

Lors d'une opération menée au Liban, nous avons perdu un soldat de 27 ans, une quinzaine de jours avant notre retour en France. J'ai pu recueillir son dernier souffle, devant les yeux déjà emplis de larmes retenues de force. Le plus difficile fut de trouver les mots pour accompagner le travail de la mort. Parce que ce travail sournois de « notre sœur la mort[1] *» est déstabilisant, je suis resté démuni, même si j'ai pu invoquer d'une manière intime le soutien de la grâce de Dieu*[2]*. Ensuite, comme j'avais partagé la vie des artilleurs qui composaient le détachement, j'ai pris du temps pour faire jaillir la parole de douleur et adoucir la violence qui sourdait dans les cœurs de certains. Si je n'avais pas vécu au milieu des soldats et si j'étais resté dans ma sacristie, je n'aurais pas pu être crédible pour aider à vivre cette « fraternité d'âmes », aussi bien dans la prière que dans le soutien des âmes. À notre retour au régiment, le colonel m'a chaleureusement remercié*

1. Saint François d'Assise dans son *Cantique des Créatures.*

2. En partageant avec le padre Yannick Lallemand (auteur de la posface de cet essai) sur ce délicat sujet, j'ai pu comprendre que lui aussi a été troublé par la manière de réagir, notamment lorsqu'il accompagna les soldats mourants restés sous les décombres de l'immeuble Drakkar à Beyrouth, à la suite de l'attentat du 23 octobre 1983, ayant fait 58 victimes françaises. Ce sinistre jour, il y eut deux attentats, un contre les forces américaines puis un autre contre les forces françaises, faisant au total 305 morts.

et m'a remis un insigne numéroté de son régiment (qui n'était pas le mien) en me disant qu'avec ça, je suis artilleur d'honneur.

*

Ainsi donc, trois principales vertus forment le caractère militaire et lui permettent d'aborder la question de la mort, question intrinsèquement liée à la recherche de la victoire dans le combat. C'est pour cela que ces vertus, déjà mises en évidence dans le *Règlement de discipline générale militaire*, sont aussi bien intérieures qu'extérieures, autant dans l'esprit que dans le corps : *l'héroïsme, l'esprit de corps et la discipline militaire.*

Ces vertus doivent aussi, d'une certaine manière, habiter le padre, puisqu'il accepte de porter l'uniforme des soldats et donc d'être l'un des leurs, d'être avec eux et présent pour eux. Comme le soleil fait croître les plantes et les hommes, les vertus énoncées font croître le soldat. Étant reçues dans un esprit en formation, elles le nourrissent et lui donnent vie. Or l'aumônier, bien qu'il soit *aumônier militaire* et non pas *militaire aumônier*[1], c'est-à-dire qu'il n'est pas à l'Armée pour être champion de tir, participe à cette vie en acceptant lui aussi ces mêmes vertus qu'il reçoit dans son paquetage. On ne peut pas prétendre servir un milieu social donné sans apprendre sa vie, sans s'intéresser à ses traditions et son histoire, sans en partager ses joies et ses peines, et sans le respecter au point de vouloir lui apporter le Christ.

1. L'aumônier militaire n'est militaire que parce qu'il est aumônier et non l'inverse. Il ne porte pas un grade mais, bien qu'il soit intégré dans le corps des officiers, reçoit une mission « fonctionnelle » au service de l'Armée, au profit de tous les soldats, gradés ou non, sans oublier leurs familles, les soldats retraités, et même les personnels civils travaillant aux Armées. Comme il n'a pas de grade, il a la parole « libre » avec tous les militaires. Ceux-ci ont coutume de dire que le padre prend le grade de celui auquel il s'adresse. Certes, mais c'est plus subtile que ça : en fait, ceux qui s'adressent au padre (dans le cadre de sa mission) « perdent » leur grade. Ainsi, si autour de la table, se trouvent rassemblés un simple soldat, un sergent, un lieutenant, un colonel et un général, tous se trouvent « au même niveau » dans le partage, sans se départir du respect dû à chacun.

4
Le padre et les vertus spirituelles

Puisque sa vocation particulière d'Église enjoint le padre de « servir la force d'âme, en assurant la cohérence du corps, de l'âme et de l'esprit », il lui est nécessaire de rechercher à tout prix le principe même de cette cohérence en lui-même. Il ne faut aucune dichotomie entre son corps, son esprit et son âme. Saint Vincent de Paul[1] appelait cette vertu particulière la *simplicité* en opposition à la *duplicité.* Sans ce travail intérieur, il sera vain, pour lui, de prétendre donner des points de repère à celles et ceux qui lui sont confiés par l'Église. Ce travail, partant de la volonté humaine désireuse de suivre le Christ, le souteneur de l'*âme* des porteurs d'*armes* qu'est le padre ne peut le faire sans la grâce divine.

La grâce est la force que Dieu donne à ceux qui discernent que leur vie ne vaut la peine d'être vécue qu'en communion avec lui. Cette grâce, qui fait comprendre au chrétien que seul le Seigneur est l'idéal

1. Vincent de Paul (1581-1660) fut le fondateur de la Congrégation de la Mission (Lazaristes) et, avec sainte Louise de Marillac, de la Compagnie des Filles de la Charité. Il fonda aussi l'Œuvre des Enfants trouvés, qui devint l'embryon de l'Assistance publique. Comme on l'a dit en amont, il fut aussi « aumônier réal des galères du roi » et dépêcha, en 1636, des prêtres de sa communauté auprès des Armées (bataille de Corbie). Il reçut, des mains de Louis XIV, le soin d'organiser la vie spirituelle et sanitaire au sein de l'Hôtel des Invalides (pour les soldats blessés et désœuvrés).

de l'être humain, est une armure *prévenante*, dans la mesure où elle donne la force d'affronter les éventuelles difficultés. Elle est aussi bouclier *sanctifiant* puisqu'elle configure l'âme, l'esprit et le corps du disciple à son Seigneur, lui qui crée l'être humain à son image et à sa ressemblance. Enfin, elle est une épée *agissante,* car elle met en œuvre l'amour de Dieu en ce monde, à temps et à contre temps, parfois dans un combat sans merci avec les forces de mort qui veulent écraser la dignité humaine qu'il convient de toujours défendre.

Comment le padre pourrait-il se passer de ce don extraordinaire que Dieu lui tend par amour, sachant qu'il s'égarerait sans cela ? Comment, à partir de ce don accepté, le padre se laisse-t-il irriguer par la source divine afin d'avoir en lui une capacité missionnaire ? Comment les vertus théologales inhérentes à cette source bienfaisante de grâce, – ces vertus nommées foi, espérance et charité –, transforment-elles son terroir personnel, afin qu'il s'arrime aux quatre piliers de la vie missionnaire – valables aussi dans le monde des porteurs d'*armes* – vertus qui sont la *bonté, l'abnégation, la sérénité et la confiance* en la Providence ?

À cette fin, et pour illustrer la cohérence indispensable que le padre doit articuler entre son corps, son esprit et son âme, sans se départir du désir intime de communion avec le Christ, il sera pertinent, plus loin dans ce traité, de marquer un arrêt sur ces quatre piliers de toute vie missionnaire[1].

1. Voir dans la deuxième partie « Une mission », le chapitre 3 « Les quatre piliers de la vie missionnaire ».

5
Une mission de proximité

Pour déployer sa force d'âme au milieu de la force d'arme des soldats, en se faisant proche, étant *avec* eux, *pour* eux, mais pas tout à fait *comme* eux, le padre – comme tout autre aumônier – doit développer sa capacité à *l'accompagnement, à l'écoute et au soutien.*

Pour ce *compte de faits*, le lecteur ne sera pas surpris de constater qu'est mentionné dès à présent le sacrement de l'Eucharistie comme carburant vivifiant de la vie spirituelle de l'aumônier catholique. Nous l'avons dit en début d'ouvrage, nous entrons dans l'intimité de la vie du souteneur de l'âme pour mieux comprendre ce qui fait sa proximité avec le porteur de l'arme.

Ainsi donc, c'est à partir de ce sacrement chrétien qu'est l'Eucharistie – plus prosaïquement, la messe – que le disciple du Christ, *a fortiori* le missionnaire, apprend à aimer ceux vers lesquels il est envoyé.

> L'Eucharistie, sacrement de notre salut accompli par le Christ sur la Croix, est aussi un sacrifice de louange en action de grâce pour l'œuvre de la création. Dans le sacrifice eucharistique, toute la création aimée par Dieu est présentée au Père à travers la mort et la résurrection du Christ. Par le Christ, l'Église peut offrir le sacrifice de louange en action de grâce pour tout ce que Dieu a fait de bon, de beau, de juste dans la création et dans l'humanité[1].

1. *Catéchisme de l'Église catholique*, n° 1359.

Ce sacrement[1], source et sommet de *toute* vie chrétienne, certifie que le sacrifice salvifique est le signe indélébile de l'amour divin, inventif à l'infini, comme le disait encore saint Vincent de Paul. Aimer, aimer toujours, aimer jusqu'à se donner, parce qu'aimer c'est tout donner, comme l'écrivait sainte Thérèse de Lisieux[2]. C'est ce qu'a fait le Christ et que le padre doit rendre effectif.

Beaucoup de militaires, de tous grades, tiennent à l'Eucharistie, même parfois ceux qui ne sont pas catholiques mais qui voient en ce sacrement une rassurante présence de la divinité bienveillante.

À ce titre, je me souviens d'un jeune soldat musulman, un légionnaire, qui se plaisait à venir à la messe pour entendre les chants. Parfois, il chantait lui-même. Un jour, je lui demandai s'il n'était pas « choqué » de chanter le Christ ressuscité. Il me répondit qu'au-delà des mots, il rejoignait la toute-puissance du Dieu miséricordieux. Dieu écrit droit avec des lignes courbes… Leçon de foi pour moi…

Assurément, les soldats catholiques ont besoin du sacrement eucharistique pour soutenir leur âme et vivre ainsi leur vie de porteur d'*armes*. Cette constatation est toujours actuelle et n'est en rien un souvenir du passé[3]. Logiquement, il arrive même que la messe soit réclamée au padre, lorsqu'il leur semble qu'elle est trop rare. Ils ont raison.

---

1. Le mot *sacrement* renvoie au mot *signe*. Il s'agit donc, pour faire bref, d'une manifestation visible de l'amour de Dieu pour les hommes, un amour qui est sacré et que rien ne peut venir détruire.
2. Thérèse Martin, de son nom de religieuse Thérèse de l'Enfant-Jésus et de la Sainte-Face (1873-1897), a toujours eu une place importante au sein des Armées, notamment durant la Grande Guerre où elle a souvent été invoquée et priée, alors qu'elle n'était pas encore canonisée (déclarée sainte par l'Église). Aujourd'hui, elle est Docteur de l'Église, c'est-à-dire que ses écrits, dignes de foi, peuvent aider chacun à cheminer vers le Christ. Elle rappelle que « les plus belles pensées ne sont rien sans les œuvres », une phrase qui rejoint, d'une part, le soldat dans la mesure où il est capable de donner sa vie pour une cause qui le dépasse et, d'autre part, le padre qui est appelé à la proximité affective et effective avec le soldat et même au don de sa vie pour lui (sainte Thérèse, *Histoire d'une* âme, Éditions de l'Emmanuel, 2015, p. 320).
3. Cf. mon livre *Dieu dans les tranchées*, *op. cit.*

Par ailleurs, en aucune manière, sauf en cas de trouble dans le déroulement des activités militaires prévues, le soldat chrétien ne peut être privé de l'Eucharistie[1]. Quant au padre, il ne peut être empêché de la célébrer, au nom même de la liberté de culte dont il est le garant devant l'État. Pour rappel, l'article L 4121-2 du Code de la Défense précise que « tenant compte des contraintes exigeantes de la vie militaire, la pratique des cultes ne doit pas être entravée *sans motif objectif* ». Paradoxalement, un des plus grands *défenseurs* de la messe à l'Armée fut l'ancien aumônier en chef de l'aumônerie musulmane, qui déclarait dans le journal *Le Monde* : « Les messes relèvent de la tradition militaire. La France "Fille aînée de l'Église" a une histoire très forte avec le catholicisme, les Armées n'échappent pas à cela et c'est normal[2]. » Aurait-il compris, mieux que certains catholiques peut-être, qu'à partir de l'Eucharistie, l'Église reflète, dans le monde, la lumière qui ne vient pas d'elle mais de Dieu, un peu comme la lune qui ne brille que grâce à la lumière du soleil ?

Tout padre doit donc prendre en compte que c'est bien à partir de ce sacrement existentiel de vie spirituelle que les soldats chrétiens, et les autres entraînés par eux, peuvent vivre leur vie de serviteur d'une Patrie, et apprendre à *aimer*[3] ceux qui pourraient être un jour leurs ennemis.

---

1. Cette affirmation rejoint aussi les autres cultes qui ne doivent pas être empêchés d'exercice, dans la mesure où cela ne gène pas la vie militaire qui reste prioritaire. Pour autant, lorsque le culte est prévu et organisé en conformité avec la vie militaire, il ne convient pas à l'autorité militaire de monter une activité qui empêcherait l'exercice légal du culte. Ce serait une entorse à la liberté de culte prévue par la Constitution républicaine.
2. Abdelkader Arbi, ancien aumônier en chef du culte musulman, *Le Monde*, 4 juin 2018.
3. Dans le sens de « respecter » leur dignité d'être humain. Souvent, la guerre essaie de « déshumaniser » l'adversaire. C'était notamment le cas durant la Grande Guerre où le Kaiser était affublé du nombre 666, symbole de la bête malfaisante. On niait parfois l'existence de l'âme des soldats ennemis, vus alors comme les soldats du Diable. En ce sens, le soldat chrétien doit être un exemple, lui qui a entendu Jésus lui dire : « Aimez vos ennemis et priez pour ceux qui vous persécutent » (Mt 5, 44). Pour autant, il ne s'agit pas d'exercer une certaine naïveté sur la perception

Bien entendu, avant de vouloir aimer le prochain, le padre, comme tout chrétien, doit d'abord apprendre à s'aimer lui-même, sans s'enorgueillir, en demandant à Dieu les dons nécessaires pour sortir de ses craintes humaines liées au caractère qui burine la personnalité.

Cette crainte, qui peut entraîner une morbide sous-estime de soi, est parfois liée à la différence de statut dans l'Église entre prêtre et laïc, entre ceux qui croient posséder un pouvoir et d'autres qui évoquent un service. Dans l'aumônerie militaire, qui est un service d'Église, cela peut se traduire par croire que le statut est uniquement hiérarchique et entraîner, à tort, une conception stérile d'infériorité, et, par voie de conséquence, une blessure de l'amour de soi.

Or, comment prétendre accompagner, écouter et soutenir si le padre lui-même se sent lésé dans sa mission ?

S'il veut être soutien de l'âme du porteur de l'arme, ce qui est concrètement son chemin de mission, le padre doit se détacher de lui-même et de cette contingence matérielle qui le cloue au sol et l'empêche de s'élever vers le Royaume céleste. Pour ce faire, il doit, dans un monde où la mort rôde et frappe souvent d'une manière violente, accepter d'abord, d'une manière pleine et entière, sans jalousie aucune envers les autres aumôniers, la joie de l'appel que le Christ lui offre d'aller porter sa Bonne Nouvelle. Il reçoit cette joie fertile selon ce qu'il est. Il a la charge de la faire fructifier dans les âmes des porteurs d'armes qui vivent parfois au contact de la violence, malgré qu'elles ne soient pas faites pour elle.

---

de l'ennemi mais de ne pas entrer sur un chemin de violence qui serait mu par la vengeance, vice qui n'a pas de fin.

6
Honneur, Patrie, entre autres choses…

Comme le souligne avec conviction l'ancien chef d'état-major de l'Armée de terre, le général Irastorza, « l'Armée de la France est aujourd'hui laïque et républicaine, mais la religion est profondément ancrée dans la vie militaire. […] Notre Armée ne réfute pas la longue tradition qui l'a unie à l'ordre religieux, bien plus, elle l'assume et l'intègre dans tout ce qui la structure[1] ». Il semblerait donc que, naturellement, les aumôniers devraient trouver facilement leur place dans cette famille militaire et que chacun d'entre eux puisse vivre en son sein, d'une manière apaisée, sa spiritualité missionnaire.

Ce n'est pas si simple, même si la théorie de la pertinence de la présence du corps des aumôniers – de tous cultes – est aujourd'hui affirmée et soulignée, malgré de temps à autre des accrocs qui la mettent en doute.

L'aumônier militaire catholique – majoritaire au sein des aumôneries, et historiquement le premier en place – doit donc, pour vivre cette pertinence, montrer en quoi elle a du sens et de l'histoire. Même si, au fil des siècles, certains esprits anticléricaux se sont essayés à détruire la présence religieuse au sein des Armées, elle est toujours là, montrant

1. Général Elrick Irastorza, revue *Inflexions*, janvier-mars 2009, n° 10, p. 61 et 64.

par là son efficience et sa pertinence pour le bien des soldats, de *tous* les soldats.

Ainsi donc, l'aumônier catholique, pour ne parler que de lui, témoigne, par sa présence physique, que sa mission spirituelle est toujours d'actualité, malgré le fait sociétal de la perte du religieux « classique » chez nos contemporains, ou plus exactement la cacophonie des croyances liées souvent à l'émotionnel individuel qui envahit le débat collectif. À ce titre, le témoignage militaire et spirituel des anciens padres est encore riche d'enseignement.

Le padre François Casta est un de ces valeureux anciens dont il convient de ne pas oublier la beauté de son abnégation. Lui qui a connu le conflit de la Seconde Guerre mondiale, celui de l'Indochine et enfin celui de l'Algérie, demeure pour les padres d'aujourd'hui, et même pour les soldats eux-mêmes, un exemple de dévouement. Il convient, ici encore, de lui rendre un hommage appuyé.

Un de ses chefs militaires disait de lui : « Courage, force physique, générosité, souffrances partagées sans jamais se plaindre. Il était vraiment *l'un des nôtres*[1]. » Ce portrait du padre par un soldat montre la pertinente communion de vie que doit avoir tout aumônier, et cela, quelle que soit sa confession de foi. Quelle que soit sa façon de déployer la *force d'âme* au sein de la *force d'arme*, le padre aide le soldat à accomplir sa mission d'honneur au profit de la Patrie en étant une présence aimante à ses côtés.

Pour peu qu'il s'intéresse à la vie de nos soldats, le lecteur a vu que, sur les drapeaux et étendards de l'Armée, figurent, écrits en lettres d'or, mais surtout en lettres du sang de nos valeureux anciens, les mots « *Honneur* » et « *Patrie* ». D'un côté est donc mentionné le cœur de la déontologie militaire et, de l'autre, le pays qui, rien qu'en le nommant, définit les valeurs pour lesquelles le soldat s'engage. Si l'*Honneur* du soldat est l'application des devoirs liés au grade qu'il occupe, la *Patrie*,

1. François Casta, *Homme de Dieu, homme de guerre*, L'esprit du Livre, 2009, p. 34.

quant à elle, est le cadre dans lequel et au profit duquel se déploie cette application.

Ces notions d'*Honneur* et *Patrie*, sous-entendant les notions d'*âme* et d'*arme*, nourrissent la vie militaire. Elles sont inséparables de l'état de soldat. À la suite du père Casta et d'autres valeureux aumôniers[1], comme le père Doncœur, le père Lenoir[2], le père Jégo[3], le père Péninou[4], ou plus récemment, le père Glantenet[5] et le père Lallemand[6], dont les qualités indéniables furent reconnues par la France, ces notions doivent aussi animer le padre d'aujourd'hui. Elles doivent le motiver pour qu'il élabore depuis son âme une géniale spiritualité du *crapahut*[7] qui rejoigne *concrètement* la vie militaire, s'il veut entendre à son profit ce que les soldats disaient du père Casta : « *Il est l'un des nôtres.* »

---

1. En citant les noms de quelques-uns des plus éminents aumôniers catholiques, je ne souhaite pas occulter le souvenir des aumôniers des autres cultes auxquels il convient également de rendre hommage.
2. Cf. mon livre *Dieu dans les tranchées*, *op. cit.*
3. Grace à cet aumônier qui, lui aussi, a vécu la Seconde Guerre mondiale, les parachutistes ont un saint patron en la personne de l'archange saint Michel. Lire *Père Jégo, un prêtre, un para, une légende* par le padre Richard Kalka (officier de la Légion d'honneur), 2020 (chez l'auteur).
4. Père Henri Péninou, *Réflexions sur les devoirs du soldat : notre vie chrétienne en Algérie* (1959), Presses Universitaires de la Méditerranée, 1999.
5. Le padre André Glantenet (décédé en 2014), ancien aumônier du 2e REP de Calvi, fut blessé à Nouméa le 24 janvier 2002, diocèse dans lequel il s'était retiré comme aumônier de prison, tout en servant l'Armée. Ancien sous-officier, il fut mon parrain de promotion lors de ma remise du galon de sergent. Il est chevalier de la Légion d'honneur.
6. Le padre Yannick Lallemand fut, pendant longtemps, aumônier à la Légion étrangère. Il a notamment sauté sur Kolwezi (région du Katanga, dans l'ancien Zaïre), en 1978, avec le 2e REP. Il était également présent lors de l'attentat du Drakkar, à Beyrouth, en 1983. Il est ommandeur de la Légion d'honneur.
7. Le mot « crapahut » est issu de l'argot militaire. Il serait le dérivé de l'appareil de gymnastique le *crapaud*, appelé aussi le *crapaü*, qui est une forme de trapèze. Ce terme, après avoir désigné le moniteur de gymnastique militaire qui usait de son sifflet, fut ensuite popularisé pour signifier les marches et manœuvres pénibles. Il a donné le verbe *crapahuter*.

À partir de ces deux notions d'*Honneur* et de *Patrie*, que bon nombre d'aumôniers ont vécu, parfois jusqu'au sacrifice suprême, quelques rappels qui nourrissent le quotidien du soldat, et par là même celui du padre, seront développés ici. Ils montreront, s'il en est encore besoin, le dévouement *commun* jusqu'à l'extrême, de manière à ce que soit honoré à sa juste mesure le drapeau bleu, blanc rouge, sur lequel brillent les vertus de liberté, d'égalité et de fraternité qui ne sont pas étrangères à l'idéal de vie chrétien.

Que cette spiritualité du *crapahut* puisse, affectivement et effectivement, accompagner les soldats en tout temps et en tous lieux, jusqu'à la violente confrontation à la question de la mort, la leur ou celle de l'ennemi !

7
Présentation de la vocation du soldat

Connaître ce qui fait la vocation du soldat est indispensable au padre. C'est pourquoi il doit se tourner vers ceux qui ont vécu cette vocation jusque dans leurs tripes pour en comprendre le fondement. À ce titre, le micro est tendu vers celui qui, durant quelques années, a été un éminent chef d'état-major des Armées, le général d'Armée Pierre de Villiers. Le lecteur sait qu'il connaît parfaitement ce que doit être un soldat, lui qui l'a été pendant de nombreuses années et a connu bon nombre d'opérations extérieures durant lesquelles nos soldats ont exposé leur vie pour le service du pays.

Dans son livre, dont le titre porte à lui seul tout un programme de vie : *Servir*, il rappelle, comme point de départ, que « l'Armée exige un engagement total, à la fois individuel et collectif qui conduit, on ne peut jamais l'oublier, à risquer dans le combat sa propre vie comme celle de l'ennemi ». Il précise que « la carrière militaire n'est pas un métier comme un autre, une profession que l'on exerce aux heures de bureau. Elle saisit toute l'existence[1] ». Cette base étant posée, le padre doit prendre en compte que sa propre mission doit suivre un chemin parallèle à celui de l'homme de fer qu'est le soldat. Du reste, non seulement elle doit le faire parce que le Christ l'exige, mais aussi parce que

1. Général d'Armée Pierre de Villiers, *Servir*, Pluriel, 2018, p. 213.

le milieu social vers lequel il est envoyé par l'Église l'exige de la même façon.

Si toute l'existence est saisie lorsqu'une personne devient soldat, c'est parce que l'Armée lui donne un paquetage particulier qui lui permet d'être unifiée, individuellement et collectivement. L'ancien CEMA[1] décrit alors ce qu'il pense être la composante de cette existence au moyen de points de repères non exhaustifs : « L'engagement, le sens de l'effort, l'encadrement, la sincérité, la fraternité, le courage, l'autorité, l'imagination et la détermination[2] ». Ce qu'écrit le général illustre parfaitement ce que le préambule du règlement de discipline stipulait plus haut dans ce traité, puisqu'on retrouve de nombreux points communs, le contraire aurait été étonnant. Le lecteur sera peut-être étonné de ne pas voir ici mentionnée la confiance. Cependant, elle est bien présente puisque, finalement, elle irrigue l'ensemble, pour cultiver les trois vertus, qui aident à la gestion de la question de la mort, et qui sont *l'héroïsme, l'esprit de corps et la discipline militaire*.

Tous ces points de repère se retrouvent, d'une certaine manière, dans ce qui fait la vocation d'aumônier, quel que soit sa confession de foi. Sa vocation aussi est confrontée à la question de la mort. Identiquement, la présence affective et effective qu'il exerce ne compte pas ses heures de service, afin d'aller, comme une *force d'âme* au milieu de la *force d'arme*, au bout de la mission reçue.

1. CEMA : abréviation de Chef d'état-major des Armées, devenu un acronyme courant dans l'Armée.
2. Pierre de Villiers, *Servir*, *op. cit.*, p. 241 à 246.

8
L'engagement

Aujourd'hui, dès que l'on prononce le mot « engagement », on se heurte à une meute de loups enragés qui hurlent à l'envi que ce concept est en opposition avec celui de la « liberté ». Un jeune homme – ou une jeune femme – qui *choisit*, en son âme et conscience, de contracter un engagement avec l'Armée serait-il moins libre que celui qui fait de sa *liberté* une anarchie qui lui permettrait de tout faire au nom du *moi je* ?

Non ! Lorsqu'un jeune homme *bien dans ses baskets* entre dans un bureau de recrutement militaire avec le désir de souscrire un contrat avec l'Armée, il réalise un idéal de vie qu'il a déjà bien assimilé. L'expérience des recruteurs montre que les motivations sont variées, mais toutes sont nobles. À travers les témoignages des uns et des autres, on s'aperçoit que les motivations, même si elles divergent, sont particulièrement le reflet d'une jeunesse en quête d'elle-même. Il s'agit de réaliser un rêve d'enfant, de chercher l'aventure, de voyager, de découvrir d'autres pays, de se faire des camarades, d'acquérir un métier, et même de gagner sa vie. À ce jeune, l'Armée répond qu'en fait, il cherche quelque chose de plus grand que tout cela : la voie de l'excellence, la voie de l'héroïsme et du dépassement de soi, la voie de la bravoure, finalement la voie de lui-même.

C'est la raison pour laquelle le lecteur doit savoir que l'Armée a toujours de la considération lorsqu'un jeune adulte choisit de servir son pays en signant un contrat de militaire d'active[1]. Dans la mesure du possible, ce nouveau soldat pourra être orienté vers une formation déjà acquise dans le civil, qu'il complétera si ces compétences sont nécessaires à l'Armée. Sinon, l'Armée lui proposera une autre spécialité en rapport avec la nécessité du service.

En toute connaissance de cause, l'Armée qui, à ce moment-là, tente de concilier un projet de vie personnel et un besoin collectif, se donne pour objectif d'unifier la personne afin d'avoir un esprit sain dans un corps sain. Pour autant, elle ne délaisse pas l'âme. Dans la sagesse de son expérience, elle ne nie pas que l'âme soit le lieu de la réflexion sur le sens de la vie et donc de la mort, même si chez certains soldats, cette réflexion est un peu floue. N'ayant pas la compétence pour ce soutien des âmes dont elle estime qu'il est cependant nécessaire, elle accepte, en ses rangs, le corps des aumôniers pour qu'ils réalisent cette tâche. Ainsi donc, ces aumôniers montrent à chaque soldat le respect que l'Armée témoigne à toutes les composantes de son humanité. Ces personnes-là, que d'aucuns jugent un peu décalées par rapport à la réalité parfois violente du terrain, deviennent pourtant, et cela d'une manière très concrète, des donneurs de sens en soutenant le bien des âmes.

L'Armée, fort judicieusement et riche de son expérience multiséculaire, sait parfaitement que l'engagement n'est pas que de l'ordre du corps à préparer, à habiller, à armer pour l'éventuel combat, ni même de l'esprit à éduquer, à mener à la gestion saine des émotions, en vue de la confrontation avec l'ennemi au cours de laquelle tout la dimension de l'être est sollicitée. L'Armée se repose sur le corps des aumôniers pour la *formation* de l'âme. Elle en fait même des militaires à part entière pour qu'ils soient quotidiennement présents comme bienheureux soutien des âmes des porteurs d'armes. Eux, plus que les autres, savent que l'âme, ce concept qui reste un peu flou aux cartésiens zélés, est une composante essentielle de la vie humaine, à tel point qu'ils sont *bien* envoyés pour *servir sa force*.

1. Le Président Jacques Chirac suspend, en 1995, la conscription, faisant de l'Armée une institution complètement professionnalisée.

L'Armée est une école *totale* de vie. Comme les aumôniers de tous les cultes, le padre la soutient dans ce principe. On peut d'ailleurs lui demander une aide concrète qu'il aurait tort de ne pas honorer, comme une formation éthique ou en lien avec la culture générale.

En ce sens, en tant qu'aumônier d'école de formation, j'ai été sollicité par la hiérarchie militaire pour proposer des temps de formation en histoire et en culture générale, lors des préparations de certains concours militaires, aussi bien au profit de sous-officiers que d'officiers. J'ai parfois été surpris des lacunes en culture générale, en histoire de France, et bien entendu en histoire… religieuse, de quelques-uns de nos valeureux soldats qui, par ailleurs, maîtrisaient parfaitement les rouages d'un excellent commandement des hommes.

Cette aide concrète peut aussi être mise en place auprès des jeunes défavorisés dont l'Armée pense, avec raison, qu'ils sont généreux comme les autres. Souhaitant donner sa chance à tous ceux qui frappent à sa porte et qui, par elle, se découvrent à eux-mêmes, l'Armée développe un cadre respectueux et des valeurs *saines* que le padre a lui-même à respecter et à rendre *saintes* par sa présence humble mais efficiente.

L'Armée a le difficile but d'enseigner à ses recrues que l'engagement contracté doit être compris jusqu'à l'éventuel don de sa propre vie pour le pays. En ce sens, le monde militaire est à l'antithèse de la croyance sociétale courante qui prône une quasi immortalité terrestre, aidée par un certain transhumanisme naissant. De nos jours, on pense que la mort est un scandale existentiel dont il est urgent et vital de se débarrasser. Ou alors, il faut qu'on puisse la maîtriser et même la choisir si besoin. Cependant, lorsque la mort frappe *au hasard* – car elle frappe *toujours* –, certains sont démunis et voient la vie comme un grand mensonge, voire une imposture. Le soldat, quant à lui et malgré son uniforme de *fer*, va apprendre que la mort est inscrite comme probabilité dans sa vocation militaire qui est loin de compter ses heures de service. C'est pourquoi il aura besoin, à ses côtés, d'un homme de *feu* qui lui montrera toute la noblesse d'une telle probabilité qui reste souvent incomprise, voire rejetée, par « ceux du dehors ».

L'aumônier doit connaître pour lui-même le sens de cette probabilité, *a fortiori* l'aumônier catholique dont la foi repose sur la Résurrection du Christ. C'est ainsi que, par sa propre façon de vivre le sacrifice de sa vie offerte au Christ dans le service rendu à la force d'âme du soldat, le padre peut s'avérer une aide précieuse du commandement auprès des jeunes, pour les aider à assumer ce délicat aspect du contrat qui n'existe que dans ce milieu dont on sait qu'il rend extraordinaire une vie ordinaire.

L'Armée, comme le rappelle le colonel Goya dans son essai *Sous le feu*, insiste pour que la Patrie, qui demande tant à ses soldats, n'ignore pas « que des hommes ordinaires font des choses extraordinaires pour elle[1] ». Pour donner corps à cette transformation d'hommes ordinaires en hommes extraordinaires[2], l'Armée propose une vie en commun et une fraternité, au sein desquelles le padre a toute sa place, comme ont aussi la leur les aumôniers des autres cultes. Cependant, personne ne l'attend. On ne lui doit rien, il faudra qu'il *fasse* sa place, avec humilité, simplicité, sans tambour ni trompette mais, pour autant, sans effacement, ce qui serait une marque de faiblesse incompatible avec sa mission. Oui, il se heurtera, de temps à autre, à des militaires qui ne lui faciliteront pas sa tâche et qui, parfois à tort et à travers, évoqueront, pour le déstabiliser, la neutralité religieuse des Armées. Néanmoins, envers cette vie en commun habillée de fraternité pas toujours facile à comprendre, il n'aura de cesse de se dire qu'il est à son service, comme un père qui est là pour la faire grandir en noblesse, comme on fait grandir une famille.

Oui, l'Armée constitue, n'ayons pas peur des mots, une famille, avec des règles de savoir-vivre ensemble, en vue de laisser éclore la cohésion, l'amitié, la solidarité dont l'objectif reste la valeur d'une unité combat-

1. Michel Goya, *Sous le feu*, Tallandier, « Texto », 2015, p. 21.
2. Le padre André Glantenet laisse ce témoignage en faveur des légionnaires, qui rejoint tout militaire : « Le légionnaire est un homme sur qui on peut compter, il est toujours généreux aussi bien dans sa façon de donner ou de se donner, dans la parfaite tradition de ses aînés » (Magazine *Fayaoué Infos*, sept. 2014, n° 96. p. 5).

tante. Avec les autres aumôniers, le padre fait partie *intégralement* de cette famille.

Cette famille particulière qui, même si elle se retrouve sur un ensemble de valeurs communes qu'elle véhicule, ne sera jamais enfermée sur elle-même, puisque, de fait, l'Armée est à l'image de la société qu'elle sert. À ce titre elle est, elle-même une microsociété, avec ses croyants, ses mal-croyants et ses incroyants. « Une société est un ensemble de personnes liées de façon organique par un principe d'unité qui dépasse chacune d'elles. Assemblée à la fois visible et spirituelle, une société perdure dans le temps : elle recueille le passé et prépare l'avenir. [...] À juste titre, chacun doit le dévouement aux communautés dont il fait partie et le respect aux autorités en charge du bien commun[1]. »

Même s'il est envoyé par l'Église et non par l'Armée, l'aumônier fait bien partie de cette société qu'il sert par vocation. Le padre est au service de *toute* cette société et en vue de sa plénitude. *Force d'âme* au milieu de la *force d'arme*, il n'est pas inutile de redire qu'il n'est pas là pour les seuls soldats qui confessent le Christ[2], même s'il peut se faire aider par eux pour créer un groupe d'aumônerie qui serait signifiant pour tous.

Respectant le cadre légal de sa fonction, le padre s'est engagé à accompagner, humainement et spirituellement, affectivement et effectivement, *toute* cette société, jusque dans l'éventuelle douleur de la mort, sans oublier pour lui-même cette possibilité d'avoir à vivre ce sacrifice ultime. Pour ce dernier *compte de faits* commun avec le soldat, l'aumônier catholique a reçu l'enseignement de la parole de Dieu vers laquelle il doit toujours revenir. Ambroisie de sa vie, elle est sa force intime et ultime qui lui rappelle le sens de toute vie. Cette parole reçue exige de lui, comme réponse de foi, un franc consentement et un vif

1. *Catéchisme de l'Église catholique*, n° 1880.
2. Il travaille aussi avec les aumôniers des autres cultes. Il sert de relais pour les avertir si besoin, lorsqu'ils sont absents et qu'un fidèle désire les voir. En ce sens, les aumôniers servent *tous* les soldats.

engagement au service des âmes, en vue de l'alliance entre Dieu et son peuple[1], en l'occurrence, ici, les soldats en *arme* et leurs familles.

1. Cf. *Catéchisme de l'Église catholique*, n° 1102.

9
Le sens de l'effort

Dans un monde qui prône le moindre effort pour sa réalisation personnelle, le lecteur ne sera pas surpris de lire que l'Armée propose le contraire. Entrer dans son esprit *militaire* qui vise à contrer certaines *valeurs* égocentriques du monde exige une formation humaine sérieuse, dont le but reste l'accomplissement d'une mission reçue et non pas choisie, une mission qui dépasse le désir individuel[1] parce tournée vers le bien commun.

Cette mission, que chaque soldat s'accapare comme un bien propre, souvent vécue d'une manière spartiate, est pensée, réfléchie et accomplie collectivement comme un devoir de protection des compatriotes, et dévouement pour la Patrie. Chaque porteur d'*armes* a entendu de ses formateurs qu'elle peut déboucher sur le don de son âme. Alors, même si l'Armée n'a pas le culte de la mort mais de la vie, à la différence du fanatisme[2], l'essentiel, pour le soldat, sera alors de savoir pour

1. L'Église appuie cette conception : « Quant à ceux qui se vouent au service de la Patrie dans la vie militaire, qu'ils se considèrent eux aussi comme les serviteurs de la sécurité et de la liberté des peuples ; s'ils s'acquittent correctement de cette tâche, ils concourent vraiment au maintien de la paix » (Concile Vatican II, *Gaudium et Spes*, 79,5).

2. L'Armée ne forme pas son combattant à mourir. Elle lui apprend à vivre, à défendre sa propre vie et celle des autres, tout en respectant son adversaire. Prendre

quoi – *pour qui* – il va devenir capable de cet effort surhumain qui consiste à, éventuellement, sacrifier sa *jeune* vie.

« S'élever par l'effort » est la devise de l'École nationale des sous-officiers d'active de l'Armée de terre. Il s'agit, pour ce lieu de formation à la vie militaire et d'éducation à la vie fraternelle et communautaire, d'un effort qui rejoint toute la dimension humaine. L'effort à fournir n'est donc pas exclusivement physique mais bien psychologique. Au-delà de cet aspect, l'effort sera aussi spirituel[1], car vie et mort sont des notions qui habillent la spiritualité de tous, même celle des non-croyants. À ce titre, un accompagnement humain n'est jamais inopportun.

Cet effort, librement consenti et mûrement réfléchi, entraîne un don de soi qui, ainsi, peut être total, au profit d'un intérêt plus grand, le bien commun, dont chacun doit savoir qu'il n'est pas la somme des intérêts particuliers mais qu'il les transcende tous.

Comment ne pas voir ici un parallèle étroit avec la mission de l'aumônier. On ne s'improvise pas aumônier ! *A fortiori,* personne ne s'autoproclame padre !

Apporter la Parole de Dieu aux soldats exige une préparation qui rejoint la leur, physique et psychologique. Celle-ci ne suffit pas. L'effort doit également se porter sur la spiritualité, sachant que cette dernière peut être secouée par les événements *imprévus*, notamment en opération militaire extérieure où l'emploi du temps n'est soumis ni à l'agenda, ni à la régularité, et encore moins au confort d'une chapelle douillette.

---

sa vie n'est pas le but du soldat lorsqu'il peut l'éviter. C'est pourquoi, la formation ne prône jamais la haine de l'ennemi, ce qui donnerait libre cours à la violence non contrôlée, à l'instar du fanatisme qui se fiche de la vie humaine, celle de la personne qui commet l'acte, comme celles des victimes innocentes.

1. L'être humain in*spire*, re*spire*, sou*pire*, a*spire*… et ex*pire*… Une même racine sémantique habite tous ces verbes qui caractérisent l'homme qui est détenteur d'un esprit le poussant au dépassement en regardant vers l'au-delà de lui-même.

Un effort d'acceptation intérieure est aussi requis dans la perspective jamais évidente de la possibilité d'une vie *mangée*[1] qui peut aller jusqu'au sacrifice suprême, comme on l'a vu chez quelques aumôniers – de tous les cultes – de la Grande Guerre[2].

Toutefois, pour le padre, le sens de l'effort en vue de cette mission ne tient la route que s'il est ancré dans une relation intime avec celui qui est *toute* force, le Christ. Comme le militaire qui s'anime de tout un arsenal de considérations qui le préparent à l'éventuel assaut, la vie intérieure de l'aumônier catholique – cela est sans doute valable pour les aumôniers des autres cultes – doit être animée de l'esprit de prière, qui est l'assurance d'une relation quotidienne avec son Seigneur, et sans laquelle l'épuisement est certain. Et cette vie intérieure n'est pas qu'une *vie privée!* Cette vie anime l'extérieur de l'être et rend visible sa foi agissante. Le bienheureux père Daniel Brottier, un des fameux aumôniers durant la Grande Guerre, auteur d'actions éclatantes dans les tranchées, disait : « Le cœur d'une œuvre, c'est la vie intérieure. Quand il n'y a pas cette vie intérieure, l'œuvre décline[3]. »

---

1. Référence à l'expression du bienheureux père Antoine Chevrier (XIXe siècle), fondateur des prêtres du Prado (Lyon).
2. Par exemple, le père Louis Lenoir, Jésuite, tué le 9 mai 1917 en Serbie. Dans sa lettre d'adieu aux soldats, il écrit : « Je leur donne à tous rendez-vous dans le Ciel, où nous nous retrouverons pour toujours dans la vraie vie, la seule heureuse pour laquelle Dieu nous a faits. Pour eux, à cette intention, j'offre joyeusement à notre Divin Maître Jésus-Christ le sacrifice de ma vie. Vive Dieu ! Vive la France ! » (hors-série *EGMIL* (*Église dans le monde militaire*), 2017, p. 3). Ce ne fut pas le seul aumônier catholique à offrir ainsi sa vie puisque près de 1 500 religieux sont morts au combat ou des suites de leurs blessures, lors de la Première Guerre mondiale.
3. Daniel Brottier, « Paroles », *UNC* n° 5, janvier 2018, p. 6.

10
L'encadrement

L'Armée est nécessairement un lieu de cohésion. Cette cohésion militaire, gérée par des règles officielles, n'existe que parce qu'elle se nourrit de discipline, d'obéissance, de préparation exigeante à la mission militaire, et d'un esprit de camaraderie.

Sociale, fraternelle, respectueuse de tous et des idées de chacun dans la mesure où ces dernières n'entravent pas son bon fonctionnement, parfois amicale mais toujours dans le but de l'unité en vue du combat, cette cohésion d'un groupe de soldats ne dépend pas du nombre d'individus mais de ce qui les soude, comme le souligne le général de Villiers. Pour le bien de la mission, elle doit être constamment recherchée. Pour autant elle doit être vraie et non superficielle, sinon au premier soubresaut, elle s'éclipserait au profit de l'intérêt individuel. Ainsi, elle n'est viable qu'en lien avec l'encadrement qui la motive, la guide, la nourrit et la commande, sans rien cacher de la difficulté de la mission.

Cela suppose le développement du souci d'exigence et de respect, en demandant à chacun ce qu'il peut faire pour le bien du groupe. Le groupe reste, d'une certaine manière, la priorité. Le général Bachelet, ancien commandant en chef des forces servant à Sarajevo en 1995, précise : « L'Armée reste le lieu de la primauté du sens collectif sur les inclinations individuelles. Cela se traduit par un "esprit de corps", réseau de solidarité qui hausse le soldat au-delà de lui-même dans les situations limites auxquelles il est confronté ; de même, et pour des raisons similaires, s'impose une discipline sans faille[1]. » Cette perspective du dépassement de soi au profit de « l'esprit de corps » entraîne nécessairement une exigence de formation solide au commandement qui n'est pas réservé à une élite.

L'Armée promeut ce qu'elle appelle *l'escalier social,* à partir de la compétence, de la volonté et de la transmission. Par exemple, comme le souligne le général de Villiers, « la moitié des sous-officiers sont des anciens militaires du rang dans l'Armée de terre[2] ». Ce grand connaisseur de la chose militaire relève aussi que dans l'Armée de l'air et la Marine, le jeune sous-officier et l'officier marinier sont parrainés par un ancien. Ainsi donc, chacun sait que la valeur de l'encadrement donne de la consistance, de la cohésion et de la vigueur au groupe.

Aucun aumônier n'est étranger à cet encadrement de la *force d'arme.* Mieux encore, tout aumônier y participe en tant que *force d'âme.* Il en est le *conseiller spirituel*[3], ce qui signifie pour lui, un compagnonnage régulier dans l'écoute, le soutien et la présence fraternelle, envers tous ceux qui exercent une charge de commandement.

Le padre connaît cette responsabilité qu'il exerce avec respect de l'autorité et humilité, notamment auprès de ceux qui confessent la foi en Christ et qui se tournent *directement ou indirectement* vers lui pour sa capacité d'accueil, d'écoute et de réconfort. Car, comme le souligne le père Casta, « ce que veulent en définitive les cadres chrétiens de notre Armée, c'est être mieux armé moralement et spirituellement[4] ». Il ne s'agit, évidemment pas, d'outrepasser la mission spirituelle pour laquelle il exerce sa compétence. Le souteneur de l'âme, qui reste un serviteur et un « signe du spirituel implanté dans le temporel[5] », n'a pas

1. Général Jean-René Bachelet, *Pour une éthique du métier des armes*, *op. cit.*, p. 37.
2. Général Pierre de Villiers, *Servir*, *op. cit.*, p. 236.
3. La mission de conseiller du commandement consiste à capter le moral de la troupe et à proposer un éclairage différent au chef.
4. François Casta, *Homme de Dieu, homme de guerre*, *op. cit.*, p. 117.
5. *Ibid.*, p. 153.

« à intervenir dans les techniques visant à construire une Armée[1] ». Il n'est pas là, non plus, pour diriger la mission des porteurs d'*armes*. Il n'a pas la compétence pour planifier des opérations de combat. Il ne se donne pas le droit de juger des traditions militaires. Il n'est pas spécialiste en tout, même s'il fut jadis un militaire aguerri[2].

Cet humble compagnonnage est aussi l'objet de sa prière s'il prend bien acte de cette mission de conseil spirituel qui lui est confiée. Les intentions que l'homme de *feu* de l'Esprit Saint qu'est le padre porte à Dieu sont liées, prioritairement, au monde de *fer* militaire dont il revêt, dans l'*Honneur* et la *Fidélité*, l'uniforme.

De plus, d'une certaine manière, lui-même doit se laisser *encadrer*, ou du moins soutenir. D'un côté, le padre doit avoir son propre accompagnateur spirituel qu'il fréquente le plus régulièrement possible, et d'un autre côté, il se laisse *aider* par les saints patrons des armes[3] dont il convient de demander la bénédiction et protection, pour lui-même et les soldats. Ces hommes et ces femmes qui, jadis, ont arpenté le chemin de la sainteté chrétienne ne sont pas un folklore de plus, mais bien une Armée de lumière qui veille sur les âmes des porteurs d'*armes*. Eux qui sont, comme disait Bernanos, « les plus humains des humains[4] » demeurent, de fait, nos grands frères et sœurs qui dessinent des exemples d'abnégation, de fraternité, de service et de don de soi. Ils brisent toute solitude stérile et toute peur, certifiant par la mémoire que l'Armée fait d'eux, qu'ils sont une aide pour la mission de chacun, qu'elle soit celle du soutien de l'âme ou celle du portement de l'arme.

---

1. *Ibid.*, p. 151
2. Il y a, au sein des Armées, des aumôniers – de tous les cultes – qui furent des miliaires professionnels avant de servir leur aumônerie. En ce qui me concerne, je fus « enfant de troupe » dès l'âge de 14 ans, puis sous-officier de l'Armée de terre avant de quitter celle-ci pour entrer en religion et revenir 12 ans après comme padre.
3. Voir en annexe la liste et les prières qui leur sont adressées, p. 267-276.
4. Georges Bernanos, *Nos amis les saints*, conférence de 1947, Arcadès-Ambo, 2020, p. 55.

Ainsi donc, de même que le soldat a besoin d'apprendre, même si c'est « au-delà du possible » pour évoquer ici la devise du 13e régiment des dragons parachutistes, aucun aumônier ne peut croire qu'il a, de lui-même, la science infuse pour vivre sa mission. Comme on l'a déjà souligné et il n'est pas inutile d'insister, s'il veut pouvoir encadrer de sa foi le monde militaire et l'éclairer de la lumière divine, le padre doit aussi se laisser « cadrer » par une solide formation. À l'instar du soldat qui, sans cesse, se forme car il a toujours à apprendre, à l'instar du baptisé qui ne doit jamais se satisfaire de son savoir en matière religieuse, le padre doit prendre du temps et des moyens pour se former en théologie, en ecclésiologie, en philosophie, en psychologie et bien entendu en spiritualité. La formation n'est jamais du temps perdu pour l'homme, de surcroît pour l'aumônier, et cela, quel que soit son culte.

À cet égard, ce qu'écrit Charles de Foucauld à son père dans la foi, l'abbé Huvelin, est tout à fait signifiant :

> Je dois avouer que les lectures théologiques me font du bien, elles me font aimer l'Église, aimer le prochain, elles rectifient mes vues en bien des points. Elles ont vraiment transformé ma vie intérieure. Elles ne m'ont rien ôté mais ont beaucoup ajouté. La philosophie a aussi été pour moi une vraie révélation, elle m'a fait aussi beaucoup de bien. [...] Je suis profondément étonné de voir que les lectures, la théologie, loin de me distraire de l'union à Jésus, m'y font entrer plus profondément[1].

1. Charles de Foucauld-Abbé Huvelin, *Correspondance inédite*, Desclée, 1957, p. 62 et 65.

11
La sincérité

Cette valeur se conjugue avec la loyauté – soulignée dans le *Règlement de discipline générale* – et la franchise. La sincérité est, comme le rappelle le général de Villiers, « la clé de la confiance indispensable pour assurer la cohésion sur un champ de bataille[1] ». La sincérité est un choix libre et responsable qui consiste à dire, non pas ce que les gens ont envie d'entendre en fonction de leurs émotions d'un moment, mais ce qu'ils sont en droit – et même en devoir – d'entendre, avec le souci de la vérité qui, seule, garantira *in fine* l'adhésion des esprits. Le lecteur comprend bien qu'on ne peut pas aller au combat sans être conscient des risques encourus. Pour autant, la sincérité doit éviter d'entraîner le rejet d'adhésion à la mission. En ce sens, le chef développe la vertu de confiance envers ses subordonnés qui sont appelés à faire la même chose envers lui. La confiance n'est féconde que dans la réciprocité. Et c'est cette réciprocité franche et *confiante* qui entraîne la sérénité, pierre vivante de l'esprit militaire.

C'est cette réciprocité née de la confiance mutuelle qui donne sens et régit la discipline militaire. Pour nos contemporains qui vivent dans un monde où le « *moi je* » est mis au pinacle des idées au détriment du « *nous* », cette discipline peut paraître d'un autre temps. Pour autant,

1. Général Pierre de Villiers, *Servir, op. cit.*, p. 237.

sa visible *rigidité* de surface montre concrètement la fructification de cette confiance partagée, née de la compétence de l'un à commander et des autres à accepter de l'être, en vue d'une finalité qui est la mission reçue à exécuter, ensemble.

Le soldat comprend alors, au cœur du combat engagé, que sa vie est suspendue à la disposition de chacun à sacrifier la sienne, non pas pour lui-même, mais *pour la France*. Pour un soldat, il n'y a sans doute pas de plus grande sincérité que celle-là.

La sincérité dans le don de soi pour une cause supérieure : cette valeur humaine est indéniablement une qualité que doit cultiver l'aumônier militaire – de tout culte –, dans son for interne, s'il veut être au plus près de ses soldats, qui seront heureux de dire alors qu'il est *l'un des leurs*.

Personnage public qui ne s'enferme pas dans son bureau de peur de ne pas être bien reçu là où il doit passer, l'aumônier, quelle que soit sa confession de foi, doit savoir dépasser ses doutes. Le soutien de l'âme que véhicule le padre doit, en ce sens, être un exemple.

Non remisé dans sa sacristie, il est appelé, lui aussi, à avoir une parole libre mais vraie, en lien avec la Parole de Dieu qui tranche et sépare en vue du bien[1]. La sincérité est une exigence missionnaire respectueuse de l'histoire de chacun, mais avec le but de faire progresser dans la vérité de vie, qui pour les chrétiens, débouche sur la sainteté, le lecteur le verra en aval. En ce sens, la sincérité rejoint également la façon de vivre. La parole libre et vraie qu'il est appelé à offrir aux porteurs d'*armes* doit être en corrélation avec sa propre vie de « soldat du *feu* de Dieu » et surtout, doit être à la hauteur de la mission de soutien de l'âme qu'il a acceptée de recevoir en toute humilité et simplicité de vie dans un monde de *fer*.

1. « Vivante, en effet, est la Parole de Dieu, énergique et plus tranchante qu'aucun glaive à double tranchant. Elle pénètre jusqu'à diviser âme et esprit, articulations et moelles. Elle passe au crible les mouvements et les pensées du cœur. [...] Et c'est à celle que nous devons rendre compte » (He 4, 12-13).

Ainsi donc, la sincérité rejette toute duplicité de vie qui serait un contre-témoignage, voire un scandale, et ne pourrait pas permettre à l'aumônier de vivre la vérité de sa mission.

*

Juste avant le départ d'un régiment en opération extérieure, l'aumônier catholique de ce régiment a été arrêté pour soupçons de faits de pédophilie. La direction de l'aumônerie catholique m'a alors demandé de le remplacer au pied levé, ce que j'ai accepté de faire. Je me suis présenté au régiment, avec mes sacs à dos prêts au départ. Personne n'a accepté de me recevoir, notamment le chef de corps. Seul le capitaine, commandant la compagnie de soutien, m'a reçu et accepté de garder mes sacs jusqu'au départ. Sur le tarmac, ce capitaine a voulu me présenter au chef et à son adjoint qui, encore une fois, ne m'ont pas salué. Sur place, en opération, durant près de trois semaines, personne ne m'adressait la parole, du soldat jusqu'au colonel, sauf ce capitaine. J'ai dit au chef de corps que j'étais prêt à rentrer s'il n'avait pas besoin de mes services. Je lui ai dit aussi : « Certes, je porte le poids du péché de mon frère aumônier, car il reste mon frère, mais je ne suis pas mon frère. » Il a fallu que des circonstances malheureuses arrivent pour que je sois « accepté », comme si, à ce moment-là, j'avais « fait mes preuves » que je n'étais pas pédophile ou que sais-je. À l'issue de cette opération de 6 mois, le colonel s'est excusé de son comportement et m'a reçu « en grande pompe » à sa table d'honneur, soulignant mon « dévouement » pour son régiment. Peu après, l'aumônier qui a été nommé à ce régiment a pu être accueilli comme il se doit, sans porter le poids de la faute de notre frère aumônier.

*

La *Didachè*, un écrit des premiers temps de l'Église, souligne une chose essentielle : « C'est d'après leur façon de vivre que l'on discernera le vrai prophète du faux[1]. » Pour être vrai avec Dieu, vrai avec soi-même et vrai avec les autres, la sincérité exige de l'aumônier qu'il renonce à lui-même en ne reprenant pas ce qu'il a donné un jour à

1. *Didachè* XI, 8, in *Les pères apostoliques*, *op. cit.*, p. 59.

Dieu. Le père Yannick Lallemand précise qu'« on ne s'appartient plus lorsqu'on est aumônier militaire[1] ». Fort de cette parole d'un ancien dont le témoignage de vie est un exemple, le padre d'aujourd'hui s'efforce d'aimer le Christ d'un amour inventif à l'infini. Il prend toute la mesure de sa mission spirituelle de force d'âme qui est sa raison d'être inséré au milieu de la force d'arme. Il montre, par sa disponibilité au Christ, la beauté de l'Église. Il ne cache rien de sa pensée, comme si sa foi ne serait qu'une chose totalement *privée.* Il « se bouge », à temps et à contre temps, pour ses frères soldats.

S'il lui manque la motivation nécessaire – et cela est valable pour les aumôniers de tous les cultes – il doit se poser la question de la pertinence de sa présence au sein des forces armées. S'il est persuadé d'y avoir toute sa place, il n'hésite pas à plonger son histoire dans celle de ses valeureux anciens dont le témoignage du service « jusqu'au bout » doit rester d'actualité. La sincérité est à ce prix.

1. Père Yannick Lallemand, *Le Figaro*, article d'Adrien Jaulmes, 17 mai 2019. Repris sur le site de l'ASAF (Association de soutien à l'Armée française), le 19 mai 2019.

12
La fraternité

Le lecteur ne doute pas un instant que cette valeur n'est aucunement spécifique au monde militaire, ni même au monde religieux ; la preuve en est qu'elle figure gravée sur les frontons des mairies de France avec la liberté et l'égalité. Elle est la spécificité humaine par excellence. Pour autant, elle n'est pas un état de vie mais une qualité à construire, comme d'ailleurs l'est l'égalité, la liberté étant finalement l'état de vie qui permet aux deux autres d'éclore.

La fraternité ne se reçoit que si elle est d'abord donnée. Par essence, elle est donc ce qui permet à l'homme de construire un monde où chacun aura sa place, dans le respect de ce qu'il est, dans la promotion de sa dignité qui ne se perd jamais, nonobstant faiblesse, handicap et pauvreté.

Particulièrement, cette force, qui rend la vie humaine plus… humaine, est une pierre d'angle de la construction de l'édifice militaire. Nommée « solidarité » dans le *Règlement de discipline générale*, elle est intimement liée à l'organisation de la vie militaire. Chaque soldat le sait.

Le chemin du soldat n'est pas balisé par l'individualisme mais par la fraternité. L'ancien CEMA ose dire que « quand la fraternité apparaît, tout devient subitement plus facile. Derrière elle, en rangs serrés, on trouve l'esprit de corps, d'équipage ou d'équipe, l'entraide et même l'amitié[1] ». Le général de Villiers fait ainsi un rapprochement entre fraternité et confiance. Les deux sont liées, car chaque soldat sait que c'est dans la confiance mutuelle qu'il peut avoir la certitude de compter sur son frère d'armes en cas de danger, ou même de simple difficulté.

Au sein de toute enceinte militaire, dont chacun sait qu'avec « son histoire, sa culture, ses valeurs, sa pérennité, [chacune] est une nation en miniature et le lieu traditionnel de l'esprit de corps[2] », la fraternité se construit entre tous. Les plus anciens, comme des pères qui enfantent, soutiennent les plus jeunes[3]. Les plus fragiles sont *portés* par les plus solides[4]. Les plus faibles sont soutenus par les plus chevronnés, et cela quel que soit le grade. Ainsi se construit la vie régimentaire qui fait que la fraternité est ce ciment d'unité et de communion qui part du commandement, principalement du chef de corps – le père du régiment – qui « enfante » ses propres soldats dans une même fraternité soudée et en vue d'une même mission fédératrice.

Les aumôniers, qui sont là pour tous, et cela d'une manière *publique*, peuvent être un excellent relais pour que les uns et les autres se rejoignent et s'apprécient, au nom de cette fraternité d'armes qui prend sa source dans la fraternité d'âmes. Participer à des manœuvres régimentaires et aller dans les popotes ne sont donc pas des péchés !

Le padre doit être la pierre angulaire de cette notion de fraternité car elle n'a de sens, pour lui, que tournée vers Dieu qui est le Créateur de chacun, du chef de corps au simple soldat. Pour lui, il n'y a pas de degré dans cette fraternité. Celle-ci est une égalité dans les droits et les devoirs, dans la dignité et le respect. Il n'y a pas, pour lui, des « petits » frères et des « grands » frères. Le padre ne fait pas de différence entre les personnes et ne fait pas peser une absence de fraternité avec ceux

1. Général Pierre de Villiers, *Servir*, *op. cit.*, p. 239.
2. Michel Goya, *Sous le feu*, *op. cit.*, p. 168.
3. Par exemple, à la Légion étrangère, chaque nouvelle recrue venant d'un pays étranger reçoit, en début d'incorporation, un tuteur parlant sa langue, chargé de lui apprendre les rudiments du français et du savoir-vivre interne.
4. C'est le cas lors des marches d'aguerrissement où le groupe doit rester soudé.

qui ne partagent pas la foi chrétienne[1]. Avec *tous* les militaires, le padre comprend que la fraternité est une addition de personnes solidaires et non pas solitaires. Il doit s'associer à cette addition puisqu'il sait que cette fraternité humaine est le terreau de la fraternité spirituelle qu'il est appelé à manifester.

L'aumônier catholique sait cela parce qu'il est aussi appelé à vivre ainsi dans sa communauté de croyants, au sens large du terme, l'Église. Par celle-ci, il manifeste, par sa foi vivante, que cette fraternité humaine est en lien avec le Christ qui est son frère aîné. En Église, il est le relais du Christ pour que cette fraternité humaine, dans laquelle il est inséré, devienne fraternité christique, en lien avec le Père céleste, commun à tous. Pour le padre, chaque personne qui constitue cette fraternité humaine, en l'occurrence pour lui les soldats qu'il sert, trouve sa plénitude en elle et veut vivre d'elle. Le padre en est, de jour comme de nuit, un témoin visible. Saint Clément de Rome écrit que celui qui revient de la rencontre avec l'envoyé du Christ doit « être convaincu de la qualité et de la solidité de [sa] foi, plein d'admiration pour la sagesse et la mesure de [sa] piété dans le Christ, proclamant partout la générosité de [son] accueil, élevant aux nues la perfection et la sûreté de [sa] connaissance[2] ».

Certes, le ministère du padre est parfois vécu de manière isolée mais, au nom de cette fraternité qu'il sert de toutes ses forces, son apostolat ne doit jamais être solitaire. Aumônier catholique militaire parmi les militaires, le padre participe, affectivement et effectivement, à la fraternité d'armes de son unité en étant présent en elle. Bien entendu, il se doit de vivre cette fraternité, d'une manière particulièrement exemplaire, avec les aumôniers des autres cultes qui peuvent ainsi trouver en

1. En ce sens, il y a là une « divergence » avec la foi musulmane qui évoque des *degrés* dans la fraternité, entre ceux qui appartiennent à la communauté des croyants de l'islam, la *Ouma*, ceux qui se réclament des « religions du Livre » (juifs et chrétiens), les *Dhimmi,* et ceux, enfin, qui ne croient en rien, les *Infidèles* au sens strict.
2. Saint Clément de Rome, Épitre aux Corinthiens, 1,2, in *Les Pères apostoliques*, *op. cit.*, p. 70.

lui une aide toujours précieuse, au vu de « l'ancienneté » de la présence religieuse catholique au sien des Armées françaises.

Cette fraternité humaine est caractéristique de la fraternité ecclésiale à laquelle il doit affectivement et effectivement participer. Il peut alors, tout à fait « fraternellement », appeler à l'aide lorsqu'il en a besoin et apporter lui-même de l'aide à d'autres padres.

Enfin, le padre a bien saisi que sa mission s'explique directement et indirectement par le fait que toute fraternité humaine renvoie à la paternité divine, un peu à l'image de la conception militaire bien comprise qui fait du chef de corps le *père* de son régiment. Le lecteur comprendra alors qu'il n'y a pas de fraternité sans paternité. Dieu est le seul Père Créateur des âmes de chacun des hommes de cette terre, particulièrement des soldats porteurs d'armes, quelles que soient leur vie et leur façon de concevoir la morale.

Devant Dieu, le padre est responsable de chacun, en tant qu'il est un *re-père* bien identifié, celui qui enfante à la foi et celui qui explique comment en vivre. Un jour, lors du jugement, le « soldat de Dieu » s'entendra dire de la part du Père céleste : « Où est ton frère ? » (Gn 4, 8) ; il ne s'agira pas, alors, de répondre : « Je ne sais… Suis-je le gardien de mon frère ? » (Gn 4, 10).

13
Le courage

Dans une de ses catéchèses sur saint Joseph, le pape François rappelle que « *le courage est synonyme de force d'âme, et qu'à ce titre, c'est une vertu pour tous et pas seulement des héros*[1] ». Saint Joseph a été au-delà de ce qui lui apparaissait difficile, que ce soit dans le fait de conforter le choix qu'il fait de prendre Marie chez lui[2], après l'Annonciation, ou de la protéger, elle et l'Enfant Jésus, en fuyant en Égypte par exemple[3]. En ce sens, Joseph, se laissant guider par l'Esprit du Seigneur, n'était pas un héros mais un serviteur aimant, dont le cœur fut rempli de confiance en la divine Providence qui sait ce qui est bon pour l'homme. Ce courage-là aide l'aumônier catholique dans sa mission car il doit, lui aussi, se laisser guider, comme saint Joseph, pour franchir les obstacles. S'il n'a pas une confiance suffisante en Celui qui l'envoie pour

1. Pape François, Catéchèse sur saint Joseph, 29 décembre 2021.
2. « Voici que l'ange du Seigneur apparut en songe à Joseph, il lui dit : "Joseph, fils de David, ne crains pas de prendre chez toi Marie, ton épouse : ce qui a été engendré en elle vient de l'Esprit Saint et elle enfantera un fils auquel tu donneras le nom de Jésus" » (Mt 1, 20-21).
3. « L'ange du Seigneur apparaît en songe à Joseph et lui dit : "Lève-toi, prends avec toi l'enfant et sa mère, et fuis en Égypte ; restes-y jusqu'à nouvel ordre, car Hérode va rechercher l'enfant pour le faire périr." » (Mt 2, 13).

être *homme de feu* au milieu des *hommes de fer*, il freinera ses pas à la première épreuve.

Ainsi donc, sachant par expérience que le courage est une vertu – une *force* –, qui aide à accomplir une mission exigeant un certain dépassement de soi, tout croyant en Dieu – qu'il soit aumônier ou soldat, chrétien, musulman ou juif – a le devoir filial de le demander à Dieu qui *fortifiera* sa faiblesse. Le courage est une vertu qui, sans conteste possible, nourrit la spiritualité du soldat. Le lecteur pourra le voir quelques pages plus loin.

Le courage, même si son nom n'est pas explicitement mentionné sur les nobles drapeaux des combattants, est également une caractéristique commune à tous les porteurs d'*armes*, nonobstant la foi ou l'athéisme de leur âme.

Cependant, d'après l'ancien CEMA, le courage qui, intrinsèquement, est une vertu fondamentale du combattant, « est une valeur trop peu enseignée aujourd'hui[1] », malgré le fait que cette qualité requise soit soulignée dans le *Règlement de discipline générale des Armées*. L'expérimenté chef militaire rappelle que le vrai courage, qu'on ne peut simuler, n'est pas inutile, ni dangereux, mais qu'il part du cœur pour vaincre la peur et aller au-devant de ce qui est difficile, sans pour autant remiser la prudence à l'arrière. Pierre de Villiers prend une image qu'il connaît bien : « Le parachutiste est audacieux, mais il ne saute jamais sans parachute[2] ! »

Le courage suppose une force intérieure solide qui se voit à l'extérieur. À ce titre, la devise du 3e régiment d'infanterie de marine, « Debout les morts », illustre parfaitement ce lien étroit qui unit le *feu* intérieur et le *fer* extérieur. Face à l'adversité, le courage est nécessaire pour ne pas flancher. Et ainsi, le courage se communique lorsqu'il se voit. Il nécessite donc un savoir-être qui s'apprend et se cultive. Le courage donne, d'une certaine manière, du *feu* au *fer*. André Malraux

1. Général Pierre de Villiers, *Servir*, *op. cit.*, p. 241.
2. *Ibid.*, p. 242.

avait cette formule facilement compréhensible pour un militaire : « Le courage est une chose qui s'organise, qui vit et qui meurt, qu'il faut entretenir comme les fusils[1]. » Le courage exige aussi une certaine résistance physique qu'il convient au soldat d'entretenir, non par hédonisme mais par esprit de service. Il n'est pas là pour faire de l'homme un surhomme, ou un super héros, qui se prendrait à penser qu'il est le meilleur ou l'indispensable. En ce sens, il canalise les ardeurs. Le courage est serviteur de la discipline militaire, puisque celle-ci, établie d'une manière réfléchie et sensée, a tout en elle pour canaliser les débordements éventuels.

Le courage est aussi la nourriture d'un groupe de combat. Il permet, souvent dans la force du groupe *discipliné*, de contrôler sa peur du danger qui est légitime chez tout être humain, soldat ou non, pris isolément. En ce sens, la discipline – intérieure et extérieure – vécue en fraternité, est effectivement une force pertinente qui aide au développement de cette essentielle vertu.

Tout aumônier, nous le rappelons, en tant que serviteur du soldat, doit aussi avoir cette force intérieure qui doit se voir à l'extérieur.

L'aumônier catholique ne déroge pas à cette règle de bon sens militaire. S'il ne l'a pas par nature, outre le fait de le demander à Dieu, le souteneur de l'âme du porteur d'*armes* qu'il est doit développer cette vertu de courage. Cela passe parfois par un travail sur soi, pour vaincre toute forme de timidité afin d'oser aller devant et au-devant. Le padre développe cette vertu du courage, indispensable à la mission, parce qu'il a la conscience vive qu'annoncer la Parole de Dieu n'est jamais facile dans un monde qui, parce qu'il est persuadé de se sauver tout seul, peut être hostile ou indifférent.

Le lecteur étranger à la chose religieuse trouve ci-après un des aspects de la mission du padre lorsque celui-ci, d'une part, se laisse revêtir du

1. Gérard Chaput, Christian et Guillaume Vénard, *La densification de l'être*, Pippa. 2018, p.146.

courage nécessaire pour l'accomplir, et d'autre part, a pleinement la conscience qu'il ne peut s'y dérober.

Ce courage pastoral commence parfois par sortir de son bureau ou de sa sacristie. Ce n'est pas pour rien si l'étymologie du mot *courage* renvoie au mot *cœur*. Ainsi, il peut s'agir de la rage du cœur, comme si une certaine vigueur de feu attisait le cœur pour le faire sortir de ses certitudes un peu trop sclérosantes. Cette bienheureuse rage permet au padre de faire de ses impasses intérieures des chemins dégagés.

Quel que soit le temps qu'il fait dehors, le padre doit chausser ses rangers de *charité* missionnaire afin d'être là dans les moments difficiles pour écouter, soutenir et éclairer les esprits. Équipé du casque de la *foi*, il a le courage suffisant pour dénoncer ce qui entrave la dignité humaine, sans mettre de côté le respect dû à chacun. Armé de la cuirasse de la *miséricorde* divine, il a le courage fraternel d'aller visiter les malades et les blessés[1]. Porteur du bouclier de la *justice*, il a le courage d'être force de *paix* au milieu des conflits de toute sorte. Enfin, mais rien n'est exhaustif dans cette liste, il porte la lampe d'une *espérance* solide même lorsque tout porte à croire que les ténèbres sont victorieuses.

Certains peuvent penser que ce que vit le padre au profit des soldats outrepasse la notion républicaine de laïcité. La hiérarchie militaire sait, par expérience, que cette présence *visible* de la *force d'âme* déployée au cœur de la *force d'arme* n'est en rien contradictoire avec l'esprit de laïcité qui régit les Armées. La laïcité n'est pas l'athéisme, même si elle entraîne un devoir de réserve (qui n'est pas un devoir de se taire)[2] ! Le pape Benoît XVI avait ces mots sur le principe de laïcité : « Une juste laïcité est légitime, sans toutefois exclure les références éthiques

1. Sur l'accompagnement des blessés et la gestion de la blessure, lire mon livre *L'autre combat*, Éditions des Béatitudes, 2013

2. « Les opinions ou croyances, philosophiques, religieuses ou politiques sont libres. Elles ne peuvent cependant être exprimées qu'en dehors du service, et avec la réserve exigée par l'état militaire. Cette règle ne fait pas obstacle au libre exercice du culte dans les enceintes militaires et à bord des bâtiments de la flotte ». Loi du 13 juillet 1972, article 7

qui trouvent leurs fondements ultimes dans la religion[1]. » Le padre doit savoir rappeler ce lien qui, finalement, existe entre laïcité et religion, sans que l'une exclue l'autre. Cela suppose de sa part une bonne connaissance des principes de l'une et de l'autre !

Avant de revêtir cette tenue à nulle autre pareille en ce milieu militaire, l'aumônier doit donc savoir qu'il n'est pas en terrain conquis. Il n'a pas tous les droits. Même s'il a une fonction particulière, il est un militaire. En ce sens, il doit aussi avoir le courage, comme tout militaire, de former en lui deux choses : sa force physique et sa force spirituelle. Le *fer* et le *feu* marchent de concert.

Dans le monde des Armées, il est évident que la force physique n'est pas absente. L'aumônier – de tout culte – étant un accompagnant de la vie militaire, il est bon qu'il prenne du temps et du courage pour s'aguerrir physiquement, non pas d'une manière hédoniste, mais en vue du service. De plus, durant les séances de sport, il rencontrera des soldats qui viendront vers lui car *il est comme eux*. Le sport est aussi un lieu d'éducation de l'âme, et pour un padre, le sport est assurément un lieu d'évangélisation des porteurs d'*armes*[2].

*

Ayant toujours aimé le sport (notamment depuis que je fus enfant de troupe en collège-lycée militaire), ayant même un diplôme d'assistant national en musculation que j'ai passé à l'École intersport de Fontainebleau, je fréquente les salles de musculation militaire, à la grande surprise des soldats qui ne sont pas habitués à voir un padre soulever de la fonte. À ce propos, lors de la visite officielle d'un général au régiment de la Légion dont j'étais le padre, me trouvant en short débardeur (tenue Légion) à la salle, avec quelques soldats me dépassant d'au moins trois têtes, ce général n'a pas voulu croire qui j'étais malgré le fait que le chef de corps insistait pour le lui dire. Après son départ pour Paris, le chef de corps et moi avons ri de cette méprise. Il est vrai que, pour sa défense, il était face à quelqu'un

1. Benoît XVI, *L'essence de la foi*, Éditions de Noyelles, 2006, p. 57.
2. Cf. mon livre *Le café du padre*, Salvator, 2019.

qui avait des tatouages... Ah, stéréotype, quand tu nous tiens!!! Un jour encore, dans une autre enceinte militaire, un caporal-chef s'entraînait avec moi. Nous nous sommes revus et avons fait du sport ensemble. Un matin, nous parlions d'une manière plus « intime » du baptême. Il accepta de faire un itinéraire de foi. Il reçut le baptême, la confirmation et l'eucharistie lors du pèlerinage militaire international à Lourdes. Il insista pour que je devienne son parrain, ce que j'acceptai avec grande joie. Lui-même ensuite a été canal de conversion pour un de ses collègues dont il est devenu le parrain, collègue qui, à son tour, a poussé sa famille vers Jésus. Le sport est aussi un vecteur de l'annonce de l'Évangile!

*

L'aumônier militaire catholique reçoit sa mission de l'Église, mais l'Église n'est pas qu'une chapelle ou une sacristie. L'Église n'a pas de murs! C'est une chose que le lecteur doit apprécier. L'Église considère que là où il y a des hommes, il y a des âmes, si loin soient-ils d'elle. Il y a donc urgence de s'approcher des âmes lointaines. Le padre ne le fait que parce qu'il est un envoyé de son Seigneur. Il a été *ordonné* pour cela[1]. Il doit donc être un homme nourri du feu de l'Esprit de Dieu. Il doit ainsi aguerrir sa force spirituelle au creuset de la confiance qu'il cultive sans cesse au moyen, notamment, de la prière et des sacrements, comme l'Eucharistie et la confession. Ainsi naît le courage du missionnaire qu'il est.

Le courage du padre se manifeste alors dans la liberté avec laquelle il témoigne du Christ ressuscité. Grâce à ce courage intérieur, au moyen d'un compagnonnage ordinaire qu'il exerce humblement, et même parfois discrètement, il s'intéresse à ce que vivent ses frères d'armes qui sont pour lui des frères d'âmes. C'est ainsi qu'il annonce, par sa présence, la Parole de Dieu sans faiblir, même s'il rencontre indifférence et mépris. Le padre a confiance, non pas en sa parole d'homme,

1. Le prêtre reçoit une ordination presbytérale des mains de son évêque qui lui octroie une mission d'Église par le moyen d'une lettre de Mission. Quant à l'aumônier catholique laïc (qui n'est ni prêtre ni diacre), il reçoit lui aussi cette lettre de Mission de la part de l'évêque aux Armées.

mais en la parole de Dieu qui fait que tout homme, même celui qui semble le plus irréconciliable avec la foi, a la possibilité de changer car, comme le disait l'invincible Clemenceau, qui appréciait l'honnêteté de l'homme, y compris du prêtre, « l'homme absurde est celui qui ne change jamais[1] ». C'est dans cette force de Dieu capable de parler aux cœurs les plus fermés que le padre peut dire, uni à l'ensemble de l'aumônerie catholique : « Fort de cet esprit de foi dont il est écrit "j'ai cru c'est pourquoi j'ai parlé", nous croyons, nous aussi, et c'est pourquoi nous parlons » (2 Co 4, 13). En ce sens-là, le courage permet de lutter contre toute forme d'acédie, de lassitude, de mollesse, de crainte, de désespérance, de timidité maladive, voire de paresse.

1. *Revue de l'UNC*, janvier 2018, n° 5, p. 6.

14
L'autorité

Le courage, lorsqu'il n'est pas canalisé par une discipline, ne suffit pas. C'est dans ce cadre précis qu'intervient l'autorité, incarnée par un chef. L'autorité n'est pas le pouvoir. Elle n'est viable qu'au service d'une cause qui la dépasse et non pour elle-même. Même si elle est exercée par un homme, elle reste une instance pour un vivre ensemble : « On appelle "autorité" la qualité en vue de laquelle des personnes ou des institutions donnent des lois et des ordres à des hommes, et attendent une obéissance de leur part[1]. » L'autorité bien comprise fait croître et élève vers le meilleur ; c'est d'ailleurs la signification étymologique du mot auctoritas. En ce sens, la définition qui en est donnée rejoint à la fois la vie militaire et la vie spirituelle.

Pour ce qui est de l'autorité militaire, celle-ci engendre naturellement la discipline, d'autant mieux si elle est basée sur la confiance, le respect, le charisme, la compétence et la délégation. Le maréchal Foch avait ces mots : « Savoir commander, c'est aussi savoir s'entourer[2]. » Ainsi, sans accroc, riment autorité et humanité. Le général de Villiers met en évidence le fait que l'autorité militaire ne doit être « ni un abus

1. *Catéchisme de l'Église catholique*, n° 1897
2. Maréchal Foch (1851-1929), in Jean-Paul Huet, *Ferdinand Foch, se souvenir et espérer*, Anovi, Collection « Vitae », 2007, p. 22.

de pouvoir, ni une démagogie, ni la coercition brutale, ni l'argumentation interminable, ni la dureté froide, ni la mollesse tiède[1] ». Et, précise-t-il avec force, « quand l'autorité est excessive, la confiance de ceux sur qui elle est exercée est trahie. Quand l'autorité fait défaut, l'indécision s'installe. De l'indécision naît l'ambiguïté. De l'ambiguïté naît la confusion. Ce sont là les deux plus sûrs chemins vers la défaite[2] ». Le lecteur ne doit pas oublier que tout est en vue du combat et de la victoire envisagée sur l'ennemi.

Du côté de la vie spirituelle, et cela, quelle que soit la confession, l'aumônier, aussi, exerce une autorité différente du pouvoir. Aucun culte ne peut se prévaloir d'exercer une puissance de direction humaine.

Le padre sait cela, plus que d'autres peut-être. Le lecteur apprendra peut-être que le padre suit un Seigneur qui s'est fait pauvre et sans pouvoir, tout en acceptant d'être son serviteur sur cette terre. Pour autant, le padre a aussi appris que ce Seigneur-là parle avec « autorité ». Il s'agit donc d'autre chose que d'une puissance, bien que cette autorité *divine* a le pouvoir d'écraser le Mal que Jésus nomme le démon ou le diviseur. C'est donc en Dieu seul que le padre trouve l'origine de sa mission de soutien des âmes des porteurs d'armes. Il se met au service de cette autorité particulière qui a le pouvoir de remettre du baume à l'âme blessée. Le padre reçoit donc les *moyens* de sa mission du cœur de Dieu et non de son propre esprit humain dont il sait pertinemment qu'il est fort limité.

L'homme de feu apprécie cette autorité, non pour s'en glorifier mais en vue de la gloire de Dieu qui l'envoie aimer *l'homme de fer*. En tant que militaire, il ne peut en abuser et faire n'importe quoi avec[3]. Il l'exerce en communion avec toute l'Église, et notamment l'évêque, successeur des Apôtres, qui lui donne sa lettre de mission en lien avec les besoins de l'Église et non de ses propres désirs humains.

---

1. Général Pierre de Villiers, *Servir*, *op. cit.*, p. 243.
2. *Ibid.*
3. « Il est interdit aux militaires de faire de la fonction exercée un instrument d'action et de propagande » (Instruction du 29 septembre 1979).

Le padre n'est pas à l'origine de cette autorité, même s'il possède un caractère de « fonceur » et que sa seule présence devient un gage de respect de la part des soldats qui voient en lui... un père, un *re-père.*

De fait, le padre sait qu'il n'y a pas d'autorité spirituelle qui ne soit pas habitée par la vertu d'humilité accompagnée de celle de la douceur, notamment pour approcher le soldat en souffrance. Le lecteur doit savoir que cette autorité, qui est capable de remettre debout l'homme en désespérance, est issue de la communion intime avec le Christ qui dit de lui-même : « Venez à moi vous tous qui peinez [...]. Prenez sur vous mon joug et mettez-vous à mon école, car je suis doux et humble de cœur, et vous trouverez le repos de vos âmes » (Mt 11, 28-29). Le *Catéchisme de l'Église catholique*, qui est une somme des articles de foi, précise : « L'autorité ne tire pas d'elle-même sa légitimité morale. Elle ne doit pas se comporter de manière despotique mais agir pour le bien commun comme une force morale fondée sur la liberté et le sens de la responsabilité[1]. »

Pour l'exercer d'une manière vraie qui unifie l'intérieur de l'être à son extérieur, l'aumônier catholique sait d'une manière théorique qu'il doit rendre pratique que « le Christ appartient aux âmes humbles[2] ». N'ayant pas la science infuse, c'est dans cette humilité qu'il accepte de se laisser former à l'écoute, au soutien, au support fraternel, et à l'accompagnement. Il est important que le soldat sache que le padre a reçu une formation solide en ce sens et qu'il peut lui faire confiance. L'autorité de serviteur de l'Évangile, au même titre que celle du chef militaire, s'acquiert par une formation sérieuse qu'il ne convient assurément pas de négliger, et par un respect de la mission de chacun pour le bien de tous. À l'Armée, chacun sait, y compris le padre, qu'il n'y a pas de « petite » mission.

Pour rendre cette autorité pastorale crédible, il est nécessaire que tout ce que le padre dit et fait ressemble à ce qu'il est, un envoyé du

1. *Catéchisme de l'Église catholique*, n° 1902
2. Saint Clément de Rome, *Épître* XVI, 1, in *Les Pères apostoliques*, *op. cit.*, p. 81.

Christ, et cela malgré son imperfection et tout ce qu'il peut considérer comme un boulet au pied. S'il annonce *son* propre royaume au détriment de celui de Dieu, il n'a plus qu'à aller voir ailleurs s'il s'y trouve ! Sachant que ce n'est pas lui qui s'élève seul vers le Christ mais que c'est le Christ seul qui élève, le padre exerce cette autorité en vue de familiariser les âmes des porteurs d'armes à l'amour de Dieu, sans oublier la sienne.

Cette autorité bienveillante ouvrira alors bien des portes, qui sans elle, resteraient fermées. Se faisant, par cette autorité, le plus humble des humbles, le *frère universel* à l'image de saint Charles de Foucauld[1], le padre, tout en allant vers eux, laissera venir à lui les soldats qui le considéreront comme l'*un des leurs*. Ceux-ci, ces enfants que Dieu lui confie, déjà chrétiens ou non, n'auront aucune réticence à entamer une réflexion sur le sens de leur vie et, par voie de conséquence, celui de leur mort, si celle-ci devait arriver en service commandé.

---

1. Charles de Foucauld (1858-1916) fut d'abord officier saint-cyrien avant sa conversion due à sa rencontre avec l'abbé Huvelin, vicaire de l'église Saint-Augustin de Paris. À partir de ce moment, il donna sa vie à Dieu. Il devint moine durant 7 ans puis homme à tout faire chez les sœurs de Nazareth, pour communier avec le Christ qui avait pris « la dernière place ». Il découvrit qu'il était envoyé vers les plus abandonnés et s'en alla donc, après avoir été ordonné prêtre en 1901, au Sahara, à Béni-Abbès puis à Tamanrasset, vivant en ermite, essayant de faire des nomades du désert ses amis, cherchant à les aimer plutôt qu'à les convertir, voulant leur montrer ainsi la proximité d'un Dieu qui s'était fait pauvre et humble. Il s'initia à leur culture, il publia un dictionnaire marocain. Il visita aussi les blessés de la Légion étrangère, en 1903, après le combat d'El Moungar (2e REI). Il mourut assassiné dans son ermitage du Hoggar le 1er décembre 1916. Il a été canonisé en 2022.

15
L'imagination

L'imagination n'est pas contradictoire avec l'autorité, puisque celle-ci développe aussi une responsabilité dans l'accomplissement de la mission. Le soldat doit s'approprier la mission qu'il reçoit, même si parfois il ne se satisfait pas des conditions dans lesquelles il doit l'exécuter. Encore une fois, tout est au service d'un intérêt dépassant l'individualité qui, alors, se met à la disposition de la collectivité. Il s'agit donc, pour chacun, en lien avec le principe de fraternité, de promouvoir l'audace de penser qu'il est toujours possible de faire mieux avec les moyens offerts. On appelle cela le système D, concept très développé dans les forces armées souvent soumises aux réductions budgétaires. Il s'agit parfois de faire progresser ce qui s'est toujours fait. Les idées d'innovation et de modernisation, voire d'adaptation, ne sont pas contradictoires avec des ordres reçus, dans la mesure où la mission dessine la victoire recherchée.

Cependant, comme le rappelle avec force le général de Villiers, « l'imagination est une qualité lorsqu'elle sert, mais un défaut quand elle commande[1] ».

1. Général Pierre de Villiers, *Servir*, *op. cit.*, p. 246

Faisant partie intégrante de la condition militaire, la mission des aumôniers requiert aussi un esprit d'imagination lorsque les conditions habituelles ne sont pas réunies pour l'exercice normal du ministère.

*

Parfois, en opération, par exemple, le padre doit savoir inventer des lieux de culte. Ce fut notamment le cas lors d'une opération au Tchad. J'ai célébré la messe, en plein désert, dans la poussière, sur une caisse à munitions. Une autre fois, la messe a été dite sur un capot de véhicule. Souvent aussi, une simple table dite de campagne, qui a encore les traces de la confiture industrielle du petit-déjeuner, fait très bien l'affaire. C'était le cas au milieu des cailloux afghans. Je me souviens aussi de l'arrivée de notre groupe sur la base américaine de Bagram, en Afghanistan. Une fois le container déchargé de nos sacs, nous l'avons utilisé comme chapelle de fortune, l'autel étant une simple cantine de fer. Il arrive aussi, et c'est heureux, de voir les soldats construire, à la va-vite, un autel avec les pauvres moyens du bord. Beaucoup de padres auraient de nombreuses anecdotes à ce sujet.

En tout état de cause, notre façon de faire tranchait nettement avec celle de des aumôneries militaires américaines. Les représentants de chaque culte n'avaient aucun souci d'intendance à se faire, tout avait été prévu par leur ministère des Armées, depuis le lieu de culte, jusqu'au moindre détail comme les hosties ou les différentes Bibles suivant la confession (y compris celle des Mormons), sans oublier le personnel mis à leur disposition. Pour autant, l'esprit d'initiative français me semblait plus riche pour irriguer le sang de notre fraternité.

*

Le padre doit aussi avoir l'esprit d'initiative pour quérir des lieux de rencontre, pour provoquer des façons de rejoindre les uns et les autres, surtout lorsqu'ils vivent des situations périlleuses pour leur vie, trouver des prétextes pour initier un partage fraternel ou pour évacuer un stress après un difficile combat.

*

Après une opération de patrouille qui ne devait durer qu'une journée et qui, finalement, a duré trois jours, avec des échanges de tirs nourris et une embuscade tendue (heureusement sans les conséquences dramatiques que l'on a connues dans la vallée afghane d'Uzbin le 18 août 2008, avec nos dix frères soldats tués), nous sommes rentrés épuisés, avec les pieds dont la peau se décollait en raison du fait qu'il fut impossible d'enlever les chaussures. J'ai de suite senti l'urgence immédiate de la nécessité du partage de la parole pour libérer le stress qui, dans ces cas-là, peut s'avérer entraîner un mal-être. Autour d'un austère café tiré de la ration de combat, nous avons donc entamé cette libération de l'âme et de l'esprit *par la parole. Un jeune soldat me dit alors, d'un ton souriant, qu'ayant vu la possibilité de sa mort, il irait à la messe en rentrant en France. Je me souviens lui avoir dit que je voudrais le voir d'abord à la messe que je donnerai en matinée. Il faut battre le* fer *tant qu'il est chaud, dit l'adage... Et c'est mieux si on le fait avec du feu, en l'occurrence, le* feu *de Dieu !*

*

Tout padre doit pouvoir exercer, pour le bien de la mission reçue, son esprit d'imagination, non pour être applaudi mais pour servir. Cet esprit, serviteur au sein de la *force d'arme*, fait assurément partie du paquetage de *force d'âme* de l'aumônier. L'innovation qui consiste à améliorer les conditions dans lesquelles s'exerce la mission reçue n'est ni un péché d'orgueil ni une faute contre la sacro-sainte laïcité. Il s'agit simplement de contrer souvent un manque de moyens qui ne doit, d'aucune manière, être un frein au service du soutien de l'âme des porteurs d'arme.

16
La détermination

« En son absence, la frilosité, l'inconstance, la versatilité, voire la lâcheté s'installent, qui sont les annonciatrices de la défaite[1]. » Il est évident que si l'hésitation est le maître-mot de la vie du soldat, personne ne pourra compter sur lui et tout partira à vau-l'eau. « À la guerre, c'est celui qui doute qui est perdu : on ne doit jamais douter[2]. » Bien entendu, poussée à son extrême, la détermination peut s'appeler le fanatisme puisqu'elle devient un aveuglement qui conduit au terrorisme[3].

Ainsi, une détermination raisonnée et sage pourra inclure de renoncer à une mission, si celle-ci entraîne un échec certain et donc une perte humaine non sensée. Cette décision – toujours difficile à prendre pour un militaire aguerri – sera prise par le chef qui sait se laisser conseiller

---

1. Général Pierre de Villiers, *Servir*, *op. cit.*, p. 246
2. Maréchal Foch, in Jean-Paul Huet, *Ferdinand Foch, se souvenir et espérer*, *op. cit.*, p. 23.
3. Mgr Antoine de Romanet, actuel évêque aux Armées, écrit : « Le terrorisme se déploie en s'affranchissant du droit international et humanitaire en une espèce de guerre sans front fixe, pouvant frapper tous et en tous lieux » (« Violence et religions entre guerre et paix », in *Revue politique et parlementaire*, n° 1100, juillet-septembre 2021).

sereinement par ceux qui l'entourent et qui ont étudié pour lui la faisabilité de l'opération envisagée.

*

Lors d'un séjour en Afghanistan, une opération de combat fut envisagée le 26 décembre. Sachant que les troupes venaient d'arriver de France en début de mois, et connaissant le fait que pour effectuer ladite opération, les soldats sont « mobilisés » pour elle au moins 3 jours avant, je suis allé voir le commandant en chef des forces françaises pour lui proposer de la « décaler de quelques jours », arguant le fait que d'une part, le pays n'était pas à ce point, à feu et à sang pour organiser une opération en cette période et que d'autre part, les soldats auraient sans doute autre chose en tête en ce temps de Noël que la guerre sur les cailloux et qu'ainsi donc, ils pourraient être « fragilisés » par ces pensées en lien avec leurs familles. De plus, l'évêque aux Armées se déplaçant pour venir célébrer Noël avec les soldats, seuls quelques officiers d'état-major auraient pu être présents puisque les soldats seraient occupés ailleurs et donc empêchés de célébrer Noël, ce qui n'est pas dans la philosophie de l'Armée, même laïque et républicaine. L'opération a été finalement décalée de quelques jours.

Par la suite, je reçus de la part de ma direction d'aumônerie une « remontrance » pour avoir, selon elle, outrepassé ma mission. Cependant, s'il fallait le refaire, je le referais en vue du bien des soldats avec lesquels, à la différence de mes supérieurs d'alors, j'étais concrètement sur le terrain.

*

Une détermination raisonnée, basée sur l'écoute de ceux qui peuvent avoir un éclairage qui favorise l'humain, est l'inverse du fanatisme. Le lecteur sait bien que le fanatisme est une décision solitaire vécue dans la force d'un groupe induit en erreur sur la croyance et la valeur de la vie[1].

1. Mgr Antoine de Romanet, explique le fanatisme religieux : « En une forme redoutable d'idolâtrie, Dieu ou la divinité peuvent être transformés en une absolutisation d'intérêts particuliers. Une image de Dieu devenue ainsi partisane dissout le droit et la morale : le bien est alors ce qui sert ma puissance personnelle. Dieu

Ici, intervient sans aucun doute la sagesse de la formation militaire qui ne met jamais entre parenthèses la dignité de chaque soldat.

Cette qualité est aussi destinée à l'aumônier dans le sens où il est guidé par un idéal de vie qui est celui du service des autres et qui requiert d'être *déterminé* pour cela. Pour le padre, le lecteur acquiescera que cet idéal de vie est basé sur la Parole de Dieu qu'il reçoit comme une *charte.* C'est, en quelque sorte, son règlement de discipline générale. Cette parole de *feu*, il la médite et la prie. Il en fait sa nourriture quotidienne pour approcher les hommes de *fer.*

Cependant, cette *charte,* qui est pour lui essentielle et existentielle, ne le transforme jamais en aumônier fanatique ! Le padre propose ses services mais ne les impose pas. Il ne jette pas aux orties tout ce qui se fait sans lui en vue du bien des soldats. Serviteurs parmi les serviteurs, il est conscient de la nécessité de la vertu d'humilité qu'il doit cultiver et il sait à quel moment il doit s'effacer, si besoin. Riche de l'action de son Maître qu'il suit en tant que simple disciple aimant, il respecte la liberté des cœurs. Il ne se sert pas de Dieu mais le sert dans les âmes[1].

En tant qu'exemple à apporter, le padre doit mettre loin de lui l'idée facile de vivre sa mission spirituelle dans un esprit de prosélytisme forcené. En aucun cas, il ne doit promouvoir la haine farouche et gratuite de la foi éventuellement autre des ennemis, et encore moins, cela va sans dire, des aumôniers et soldats des autres cultes. Il doit se revêtir de simplicité et de douceur en vue d'une charité toujours affective et effective pour *tous*, sans pour autant renier la Croix du Christ qu'il porte toujours *visiblement* sur sa tenue – comme d'autres portent leur grade – et dans son âme.

Différemment, la détermination peut exister aussi lorsque le padre se bat pour avoir un lieu de culte. On l'a déjà esquissé plus haut mais il

---

devient une idole en laquelle l'homme adore sa propre volonté. Le terrorisme et son idéologie du martyre en constituent les expressions les plus manifestes » (*ibid.*).

1. La religion est différente du fanatisme religieux. En paraphrasant le philosophe Gustave Thibon, on peut dire, dans un raccourci violent, que la religion élève l'homme vers Dieu, tandis que le fanatisme prostitue Dieu à l'homme.

apparaît judicieux d'y revenir. Chacun sait ici qu'il est important pour le fidèle catholique d'avoir un lieu décent pour la célébration de sa foi et l'adoration du Christ[1]. Dans certaines de nos casernes ou de nos bases, des aumôniers sont confrontés à l'absence de ces lieux de vie spirituelle. Or, la liberté de culte garantie par l'État[2], en l'occurrence du culte catholique, exige un lieu respectueux de la foi des fidèles et de la dignité du Seigneur. Bien entendu, chacun peut s'arranger. Le lecteur a été sensibilisé au fait que l'on peut célébrer la messe dans des endroits qui ne sont pas aménagés pour, bien qu'on ne puisse pas y laisser la Présence réelle[3]. La détermination n'étant ni un jusqu'auboutisme, ni une obstination stérile, il faut savoir aussi conjuguer avec l'espace particulier de chaque lieu et avec le respect de la hiérarchie militaire.

*

À l'occasion de la création d'un poste avancé en territoire afghan, je demandai à l'autorité militaire compétente d'ériger un petit bungalow (on appelait ces constructions provisoires des « Corimec ») pour en faire une chapelle (et en même temps un lieu d'accueil qui pourrait servir en urgence). On me répond que ce n'est pas dans le sens du vent d'ériger des chapelles. Qu'à cela ne tienne, je rétorque que je prendrai avec moi des légionnaires volontaires (qui attendaient ce lieu) et que nous le construirions de nos mains, avec les moyens du bord, sans rien solliciter de la hié-

---

1. Ce fut là une des « revendications » que l'aumônerie catholique a énoncée lorsqu'il lui a été demandé, par les plus hautes autorités militaires, quelle était sa priorité. Chaque aumônerie a ainsi pu dire quelle était la sienne.
2. La loi de 1905 souligne que « la République assure la liberté de conscience. Elle garantit le libre exercice des cultes… dans l'intérêt de l'ordre public ». Cette loi rappelle celle du 18 juillet 1880 qui « permet de créer des aumôneries des différents cultes au sein de l'Armée ».
3. On appelle « Présence réelle » les hosties consacrées durant la messe qui n'ont pas été consommées par les fidèles. On les place dans un *ciboire* que l'on met dans un *tabernacle* éclairé d'une petite lampe rouge, pour la dévotion, l'adoration, la méditation et la prière desdits fidèles. Cette pratique catholique date du fait que l'on gardait jadis des hosties consacrées pour les malades, ce qui reste, bien entendu, toujours d'actualité.

rarchie, si ce n'est un endroit. Ma détermination (qui n'était en rien un fanatisme car il visait un bien commun) a été payante avec le temps. En revenant sur ce même site l'année d'après, un lieu était aménagé en chapelle, une espèce de cave dont personne n'avait cure. Elle est devenue un joli lieu de prière qui a été dédié à Notre Dame des Victoires!

*

Le padre doit savoir, et faire savoir, que la chapelle est le lieu privilégié du souci de l'âme, en vue du bien du corps et de l'esprit du porteur d'*arme*. C'est aussi un lieu de cohésion, de mémoire et de tradition[1], un lieu de pause spirituelle, de silence intérieur – et même extérieur –, de ressourcement, un havre de paix et de découverte de Dieu.

Cette détermination *positive* pour le bien spirituel des soldats fait indéniablement partie de la spiritualité du padre, comme des aumôniers des autres cultes. Assurément, elle commence par un enfouissement dans le terrain militaire puisque, chaque padre le sait, il n'est pas attendu et personne ne lui ouvrira en grand les portes, en lui disant dès son arrivée : « *Padre, qu'est-ce qui vous ferait plaisir ?* »

C'est cette manière de faire, avec l'acceptation de la pauvreté inhérente à toute mission de serviteur, qui fera que le padre – et généralement tout aumônier – pourra, un jour, « demander » et, plus tard, « recevoir ».

1. À ce titre, dans la chapelle de l'École nationale des sous-officiers de l'Armée de terre, j'avais mis des grands portraits de quelques saints de l'Église ayant eu un rapport avec la vie militaire.

17
Un premier bilan

Cet ensemble de valeurs, dont nous avons partagé le fondement, montre l'étroite similitude qui existe entre la vocation du soldat et celle de l'aumônier militaire catholique, même si les aumôniers des autres cultes peuvent également s'y retrouver quelque peu.

Même si le *feu* de l'un n'est pas le *feu* de l'autre pour aller au bout de la mission que les deux reçoivent de leur chef respectif, le soldat et le padre ont à écrire ensemble un *compte de faits* qui les réalise, et l'un et l'autre.

Cependant, avec raison, on peut aussi penser que les aumôniers des autres cultes revendiquent pour eux-mêmes ces vertus. Eux aussi, ils se donnent pour mission de soutenir et d'accompagner la force d'âme des porteurs d'*armes*. Les aumôniers ont coutume de dire qu'ils ne sont pas pour les militaires d'une religion mais qu'ils sont les aumôniers d'une religion pour tous les militaires.

Voilà pourquoi, le padre ne doit pas feindre d'ignorer la mission des représentants des autres cultes, ni même leur personne, ni de surcroit, se placer au-dessus d'eux. Le général de Villiers explique :

> Notre aumônerie militaire, catholique, protestante, juive ou musulmane… donne un exemple permanent de ce « vivre ensemble » si difficile à trouver dans la France d'aujourd'hui… Ce dialogue

interreligieux est fondamental, si l'on veut préserver notre cohérence sociale et notre cohésion nationale[1].

Ensemble, chacun selon sa vocation et sa foi, les aumôniers de *tous* les cultes peuvent *tous* œuvrer au profit du bien être du soldat.

Envoyés *ensemble* sur le terrain du feu de la guerre, ces « hommes de Dieu » ne doivent cependant chercher que ce qui les rassemble sans naïveté ni angélisme. Chacun sait, par la lecture des siècles passés, que ce qui les sépare peut entraîner des fâcheuses conséquences et des scandales qu'il serait difficile d'effacer.

Pour autant, il est illusoire que chacun efface ce qu'il est au point de vouloir faire absolument des célébrations inter-cultes qui ne seraient que la négation de ce qui donne une raison d'être à chacun. Les militaires prônent souvent, sans connaître réellement les uns et les autres, ce genre de cérémonie où il n'y aurait que de la concorde. Or, comme le fait remarquer monseigneur Patrick Le Gal, ancien évêque aux Armées :

> La démarche inter-culte ne permet qu'une expression faible, pour ne pas dire vide où ne subsiste que la bonne volonté des acteurs. Une célébration inter-culte va en effet exclure toute gestuelle ou symbolique marquée confessionnellement ou religieusement, qui pourrait choquer ou gêner l'autre. De même elle va exclure toute référence à un texte sacré qui ne serait pas commun aux autres parties présentes. Le lieu d'une célébration inter-culte ne peut être le lieu sacré de l'un ou de l'autre[2] ; il doit être indemne de tout signe évoquant l'un ou l'autre culte, une salle nue. Aucun temps sacré, de même, ne conviendra. Il faudra choisir un lieu « neutre ». Plus l'inter-culte se veut large et englobant, plus son expression sera problématique, sinon pour souligner la permanence de nos différences[3].

---

1. Général Pierre de Villiers, *Servir, op. cit.*, p. 212
2. À l'état-major militaire de Balard (Paris), construit récemment, il n'y a pas de lieu de culte pour chaque religion mais une pièce modulable en fonction du culte célébré. Pour autant, chaque confession de foi aménage la salle comme elle l'entend. Il ne s'agit pas d'une salle inter-culte, à proprement parler.
3. Patrick Le Gal, *Sentinelles de la paix*, Parole et Silence, 2010, p. 145-146.

Ce qui promeut véritablement une certaine *communion* de vie et de vocation est, à l'image de ce qu'avaient souligné le pape Benoît XVI et l'ayatollah Khatami en 2007, la vertu de charité[1]. Bien entendu, celle-ci doit toujours se vivre dans la fraternité prônée par la devise républicaine, puisque, là encore, chacun sait que la notion même de fraternité est différente selon les religions[2].

Le lecteur doit entendre que chaque aumônier, dans son culte, est formé à cette charité *objective*, une charité qui ne doit pas trier selon la foi ou la vie des personnes. Il n'y a pas de dérogation possible aux principes de la charité. Dieu en est le maître et l'aumônier est son serviteur.

Côté chrétien, Il est bien compris que Dieu est plus grand que tout et qu'il est pour tous les hommes. Pour autant, il est aussi dit qu'il se fait proche. C'est à la fois un mystère et une révélation. Ainsi donc, même si le Christ affirme qu'il est *le Chemin, la Vérité et la Vie* (cf. Jn 14, 6), le chrétien sait que Dieu est plus grand que ce qu'on peut dire et penser de lui. On n'enferme pas Dieu dans des concepts théologiques, si recherchés soient-ils. Dieu parle avec d'autres personnes, d'autres croyants, d'autres religions. Dieu parle à tous les hommes, et les aumôniers catholiques n'ont aucune exclusivité en ce sens.

Cette réalité peut bouleverser certaines âmes coincées dans leur conception étriquée de la vérité. Cependant, elle est un bon remède pour éviter de se croire propriétaire de Dieu, quand bien même il est du devoir pastoral du catholique *lambda* d'annoncer que l'homme ne se réalise pleinement qu'en Christ. Cela se fait dans le dialogue et non dans le prosélytisme ou l'affirmation de la damnation des âmes. Même à l'Armée, la mission du padre est de veiller au dialogue entre Dieu et le monde.

1. Lors de son voyage à Rome en 2007, l'ayatollah Khatami, ancien président iranien, reconnaissait que « charité et justice sont les éléments les plus importants dans la collaboration entre islam et christianisme » (Revue *30 Giorno*, n° 5, 2007).
2. Cf. la note 1, p. 70.

La communauté des fidèles catholiques, qu'on appelle Église, est au service de ce dialogue-là. Le padre, soldat du *feu* divin, est son serviteur *quelconque* pour cette tâche, dont le centre névralgique reste pour lui le *soldat de fer*, créé à l'image et la ressemblance du Christ qui a déposé en lui, une âme à aimer au milieu du bruit des *armes*.

Témoignant, vaille que vaille, de l'amour de Dieu pour chacun, par des faits et gestes qui le traduisent sans le trahir, au sein même d'un monde où la blessure, la souffrance, la mort, mais aussi la solitude, la maladie et l'échec familial se mettent à frapper dans tous les sens, le padre offre ainsi sa force d'âme à la force d'arme des soldats, de manière à être vraiment l'un des leurs. Le padre devient ainsi le défenseur acharné de la vie en plénitude. Il pourrait très bien faire sienne la devise éclairante du Service de Santé des Armées : « Votre vie, notre combat ».

Comme cela a été présenté au lecteur en début d'ouvrage, ces réflexions sont envisagées sous l'angle de la question de la mort, celle que le soldat peut recevoir comme celle qu'il peut donner. Il n'y a aucune dérobade sur ce sujet. Il a semblé important de préciser au lecteur, comme principe de base, la vocation du soldat tout en mettant celle-ci en lien avec celle de l'aumônier catholique – tout en esquissant la vocation des aumôniers des autres cultes –, afin de comprendre la communion de vie qui existe entre l'un et l'autre. Nous avons, maintenant, plus d'éléments concrets pour affronter cette grande question de la mort, dont il est clair que la réponse ne sera jamais exhaustive.

18
La mort comme hypothèse de travail[1]

Chacun sait la difficulté d'un tel sujet lorsque le soldat y est confronté d'une manière, non plus théorique, mais pratique. Chacun sait aussi que la mort est vue différemment selon la croyance ou l'incroyance des personnes. Côté catholique, le Conseil permanent de la Conférence des évêques de France rappelle que « l'homme porte en lui le désir de vivre, et la mort scandalise, en particulier quand elle frappe trop tôt ou de manière aveugle. Il est naturel d'en avoir peur et la foi ne nous invite pas à une inhumaine indifférence[2] ».

Le Conseil souligne cependant que « l'homme sait aussi dépasser le scandale de la mort par le sacrifice, la mort affrontée librement pour défendre la justice et la vérité ». Le Conseil illustre cela par « le sacrifice du colonel Beltrame contre la folie terroriste. Par ces sacrifices, poursuit le Conseil, l'homme démontre qu'il se sent appelé à un au-delà de la mort, vers un Bien parfait[3] ».

Pour information ou rappel, le *Catéchisme de l'Église catholique* avait déjà écrit que « le chrétien qui unit sa propre mort à celle de Jésus voit

---

1. J'emprunte ce titre au sous-titre du livre de Michel Goya, *Sous le feu*, *op. cit.*
2. Conseil permanent de la Conférence des évêques de France, *Qu'est-ce que l'homme pour que tu penses à lui?*, Bayard/Cerf/Mame, 2019, p. 40.
3. *Ibid.*, p. 41.

la mort comme une venue vers lui et une entrée dans la vie éternelle », ceci tout en citant saint Jean de la Croix[1] : « Au soir de notre vie, nous serons jugés sur l'amour. » Il souligne également que « la mort met fin à la vie de l'homme comme temps ouvert à l'accueil ou au rejet de la grâce divine manifestée dans le Christ [...]. Chaque homme reçoit dans son âme immortelle sa rétribution éternelle dès sa mort en un jugement particulier qui réfère sa vie au Christ, soit à travers une purification, soit pour entrer immédiatement dans la béatitude du ciel, soit pour se damner immédiatement pour toujours[2] ».

A partir de tout ce qui est dit ci-dessus, le padre – et même indirectement, tout autre aumônier – saisit l'importance de sa présence auprès de ceux qu'il sert et qui peuvent donner leur vie en sacrifice pour la mission. Saint Vincent de Paul parlait de l'urgence de sauver des âmes, notamment lorsqu'elles arrivent aux portes de la mort ; il craignait que sans désir spirituel de Dieu, elles allaient se damner. Pour le padre, missionnaire de l'Église et de l'amour du Christ, il est important – voire urgent – que les soldats sachent que Dieu les aime et qu'il ne veut pas qu'un seul d'entre eux se perde.

Il est primordial de dire au *soldat de fer*, avec des mots de *feu*, simples et compréhensibles, par des gestes de soutien et de compassion, parfois dans le silence et l'accompagnement des larmes, que « par la résurrection du Christ, la mort est devenue un passage vers la vie en Dieu si l'homme se laisse rejoindre par lui[3] ».

Bien entendu, qu'il soit padre ou non, personne n'a la prétention d'expliquer la mort. Il est trop orgueilleux de dire que l'on sait ce

1. Jean de la Croix (1542-1591). Prêtre et Docteur de l'Église. Il entre chez les moines Carmes et est déçu par l'insuffisante ferveur de l'Ordre. Il rencontre sainte Thérèse d'Avila qui l'aide à réformer l'Ordre des Carmes. Il se heurte à une farouche opposition et est emprisonné. Auteur du *Cantique spirituel* et de la *Montée au Carmel*, il s'évade de prison et continue sa vie de réformateur.

2. Catéchisme de l'Église catholique, n° 1020-1021-1022.

3. Conseil permanent de la Conférence des évêques de France, *Qu'est-ce que l'homme pour que tu penses à lui ?*, *op. cit.*, p. 41.

qu'elle est. Il est trop facile de dire ce qu'elle entraîne avec des phrases toutes faites comme « celui qui est parti est avec Dieu. Celui qui est parti est dans le royaume des bienheureux. Celui qui est parti est dans la paix éternelle... », la pire d'entre elles étant sans doute : « Dieu a rappelé à lui... », phrase issue d'une mauvaise traduction du latin[1]. Ces phrases *génériques* ne sont pas forcément ce qu'attendent les êtres qui perdent un des leurs, *a fortiori* les soldats et leurs familles que la mort touche d'une manière on ne peut plus violente.

Nul ne *sait* la mort. Nul ne peut se préparer à ce qui est de l'ordre de l'inconnu. On peut en connaître quelques prémices comme la maladie, la vieillesse, voire pour un soldat, la blessure grave, mais on ne fait pas l'*expérience* de la mort dans la mesure où lorsque l'on meurt, on ne peut plus « témoigner » de ce qu'on a « vécu ». Pour autant, cet état irréversible ne doit pas être sans espérance. C'est là qu'intervient la foi, principalement chrétienne.

Assurément, au nom de cette foi qui annonce la mort comme un *passage*[2], il convient à l'aumônier catholique – le pasteur protestant se retrouve dans cette conception – de parler du Ciel comme de la finalité de l'espérance humaine. Il le fait avec des mots qui ne peuvent dire tout. Cependant, il doit donner une parole – accompagnée de gestes de soutien – car la parole libère des angoisses.

Pour autant il s'adresse à des personnes vivantes qui perdent bien une partie d'eux-mêmes lorsque la mort frappe un proche – dont l'Armée souligne qu'il n'est pas mort pour lui-même mais *pour la France*[3]

1. Il vaudrait mieux écrire, par exemple : « Dieu a appelé à lui *depuis* la mort » signifiant que la mort a fait son travail mais que Dieu ne la laisse pas « gagner ». La phrase « Dieu a rappelé à lui... » étant souvent comprise comme « Dieu a décidé de tuer telle personne », faisant penser que l'homme ne serait qu'une marionnette entre ses terribles mains.

2. *Pessah* mot hébreu a donné le mot *Pâques,* qui est compris comme LE *passage* de cette vie à la vie en Dieu. C'est pourquoi, il s'agit là de la plus grande fête chrétienne qui repose sur la résurrection du Christ.

3. C'est pourquoi, lors des hommages militaires et religieux, le drapeau tricolore doit être posé (déroulé) sur le cercueil. Il est inconvenant et irrespectueux de la part

–. Avec des yeux rougis de larmes, ces personnes, même celles qui sont riches de leur foi chrétienne, voient le *disparu* être mis en terre d'une manière concrète et s'échapper définitivement de leur regard.

*

Lors de la cérémonie religieuse d'hommage à un officier tombé au combat, en Afghanistan, en plein février glacial, je me souviens que ses soldats parachutistes, tous en uniforme avec médailles, se tenaient au garde-à-vous autour du cercueil, ne voulant pas « montrer leurs larmes » comme s'il s'agissait d'une faiblesse. Je leur ai dit qu'ils pouvaient pleurer, que les larmes sont une composante de notre humanité et qu'elles sont aussi le signe de notre profonde tristesse qui se manifeste visiblement. Jésus lui-même a pleuré la mort de son ami Lazare. Ce n'est pas une honte, pour un soldat, de pleurer. Ce n'est pas, non plus, une contradiction avec l'adage militaire qui précise que « l'Armée ne pleure pas ses morts, elle les honore ». L'Armée est une famille qui n'a pas de larmes en elle-même, mais une force, le soldat est un individu avec son émotion et ses chagrins. Cependant, l'Armée porte l'ensemble de ses soldats qui ont de la peine, c'est là une composante de la force de la fraternité d'armes.

*

Où est celui qui part ? Dans le ciel ou dans la terre ? La mort est toujours un au-delà des mots. Elle est un monde où finalement les mots n'ont pas de place. Au nom de la foi en la résurrection, mais aussi de la solidarité humaine qui transcende toute croyance ou incroyance, seules la compassion, la présence discrète, la main tendue, la consolation, la prière d'intercession, la manifestation de la fraternité d'âme, sont de rigueur. Tout cela manifeste déjà la nécessité de la poursuite de l'accompagnement spirituel après le drame vécu.

Ainsi donc, même si le padre, qui n'est qu'un être humain parmi d'autres, reconnaît être misérable face à la mort qui frappe, il est exigé de lui de ne pas fuir sa responsabilité d'aumônier, même s'il reste en

---

d'un prêtre ou d'un pasteur, d'exiger que ce drapeau soit retiré du cercueil du soldat tué (ou de l'ancien combattant) lors de la cérémonie dans l'église ou au temple.

base ou en régiment sans jamais aller en opération extérieure. La fraternité d'armes, qui est « une alchimie subtile de solidarités horizontales – la camaraderie – et verticales, par l'exercice d'une autorité ferme mais attentive et bienveillante[1] », sous-entend en effet que ce que vit un militaire d'une manière particulière est vécu et porté par l'ensemble du corps. Et de fait, ce que vit un aumônier face à la mort d'un de ses soldats *tombés au champ d'Honneur* est porté par tout le corps fraternel des aumôniers. En ce sens, tout aumônier – de tout culte – est frère d'*armes*, frère de *larmes* et frère d'âmes.

*

Lors de la mort d'un de nos soldats, en opération, de nombreux témoignages de soutien venus de France sont arrivés sur notre terrain. Il y avait là le témoignage du ministre des Armées, ceux du député et du maire de la commune d'origine du soldat tué au front. Il y a avait aussi celui de l'équipe de rugby de la ville. Quelle ne fut pas ma déception intérieure de ne pas lire parmi ces témoignages qui faisaient du bien à tous, y compris à moi, le témoignage de notre évêque aux Armées qui, quelque temps plus tôt, avait dit en conférence qu'il était le « père du diocèse ». Or, un père n'a-t-il pas à manifester son chagrin et sa compassion face à la perte d'un des ses fils ? J'ai pris sur moi de témoigner pour lui auprès des soldats et lui ai ensuite adressé, en tant que frère d'âme, un courrier au sujet de cette absence de soutien.

*

Chacun sait que les conflits guerriers sont remplis de violence[2]. Le soldat l'entend mieux que d'autres. D'une part, il doit se confronter à l'idée de risquer sa vie et d'autre part, on lui inculque le droit de tuer

1. Général Jean-René Bachelet, *Pour une éthique du métier des armes*, *op. cit.*, p. 37.
2. La violence est différente de la force. La violence ne s'interdit aucun abus et ne s'autorise aucune limite. La force est soumise au principe de maîtrise, notamment la force militaire. « La force, rigoureusement suffisante et proportionnelle aux effets à obtenir, devra être strictement adaptée au but poursuivi, qui est toujours le rétablissement de la paix ; ainsi seront par exemple privilégiés les attitudes et les modes d'actions dissuasifs, plutôt qu'une logique systématique de guerre totale et dévas-

comme un droit légitime. Bien souvent d'ailleurs, et nous le verrons plus loin, les soldats chrétiens vivent cela comme un dilemme que le padre doit s'efforcer de combattre pour éviter la dualité dans l'âme qui serait néfaste à la réalisation de la mission militaire.

Jean Baechler, sociologue, membre de l'Institut, spécialiste des sciences morales et politiques, dit ceci qu'il est bon au lecteur d'entendre : « *Le soldat est le seul membre ou citoyen d'un état à suspendre volontairement son instinct de conservation. Ce dévouement délibéré s'appelle un sacrifice. De l'autre, il est disposé à tuer son semblable, en contradiction flagrante avec une règle du vivant en général et de la grégarité humaine en particulier, qui prohibe le meurtre entre congénères de la même espèce. C'est encore une exclusivité guerrière : il est légitime de tuer dans la guerre. Comment justifier cette transgression inouïe? La réponse doit être : en l'accompagnant d'un sentiment d'humanité. Le sacrifice et l'humanité pourraient être les deux fondations de l'éthique du guerrier*[1]. »

Riche de sa connaissance de l'*humanité* et du sens qu'il a du mot *sacrifice*, l'aumônier trouve ici toute sa place d'accompagnateur, pas seulement spirituel mais dans toute la dimension de l'éthique humaine. Pour autant, le côté spirituel ne doit pas être sous évalué. L'aumônier est bien une *force d'âme* au service d'une *force d'arme*. C'est pourquoi, il n'est pas envoyé par un général d'Armée ou un médecin, mais, en ce qui concerne l'aumônier catholique, par le Christ, le Maître des âmes, et la finalité de tout homme.

Même si la question de la mort n'est pas visible d'une manière quotidienne dans tous les milieux militaires, tout padre – et généralement tout aumônier – prend acte que le don de sa vie que le soldat fait, – sans doute le plus grand don que l'homme puisse faire à son semblable –, a une portée sacrificielle collective en vue de la finalité de la paix. Ainsi, il y a une communion de vie entre tous les padres, et entre tous les aumôniers.

---

tatrice » (général Philippe Mercier, colloque « L'exercice du métier des armes dans l'Armée de terre », 4 janvier 1999).

1. Jean Baechler, « L'éthique du guerrier », in revue *Inflexions* n°48, 2021, p. 14.

Tous les aumôniers – comme le font tous les soldats sensés – portent en eux la certitude que la guerre n'a pas de but en elle-même. Elle est *servante* d'une cause qui la dépasse. Le lecteur ne sera pas étonné de lire qu'elle n'existe que dans la perspective de la victoire sur l'ennemi et la mise en place d'une paix concrète avec lui. De fait, « plus que de "gagner la guerre", il s'agirait plutôt de "gagner la paix"[1] ». Tous les aumôniers sont avertis qu'il « n'est pas de conscience correcte qui puisse aimer la guerre pour elle-même. Le jeu des violences qu'elle provoque, les dégâts qu'elle cause, les monstres et les crimes qu'elle enfante, ne peuvent que la faire haïr[2] ».

Dans l'encyclique *Fratelli tutti*, écrite pour les chrétiens et les hommes de bonne volonté, le pape François précise :

> Nous ne pouvons plus penser à la guerre comme une solution, du fait que les risques seront probablement toujours plus grands que l'utilité hypothétique qu'on lui attribue. Face à cette réalité, il est très difficile aujourd'hui de défendre les critères rationnels, mûris en d'autres temps, pour parler d'une possible « guerre juste ». Jamais plus jamais la guerre[3] !

L'ancien adage : « Si tu veux la paix, prépare la guerre[4] ! » n'est, pour le pape François, et donc pour l'Église qu'il conduit, plus d'actualité, d'autant plus, poursuit l'évêque de Rome, que « toute guerre laisse le monde pire que dans l'état où elle l'a trouvé. La guerre est toujours un échec de la politique de l'humanité, une capitulation honteuse,

1. Général Jean-René Bachelet, *Pour une éthique du métier des armes*, *op. cit.*, p. 108.
2. François Casta, *Homme de Dieu, homme de guerre*, *op. cit.*, p. 143.
3. Pape François, encyclique *Fratelli tutti*, 2020, n° 258.
4. « *Si vis pacem, para bellum.* » Locution latine attribuée à l'auteur romain Vergèce (qui, en fait, avait dit : « *Qui desiderat pacem, praeparat bellum* » : qui désire la paix, prépare [dans le sens « anticipe »] la guerre). Aujourd'hui, par cette expression, on comprend qu'il s'agit de faciliter une paix armée et dissuasive. En ce sens, le général de Villiers semble prôner, à la différence de l'Église, le concept de l'effort politique et financier qui promeut cet adage : « Le prix de la paix, c'est l'effort de guerre » (in *Servir*, *op. cit.*, p. 125).

une déroute devant les forces du mal[1] ». Son constat est sans appel : la guerre « juste[2] » ne peut plus être invoquée. Pour autant, des hommes épris de justice vivent en son centre névralgique. Ils sont *envoyés à la guerre* pour, tout en la faisant, faire en sorte qu'elle cesse. Le paradoxe est tel que pour arrêter une guerre, par définition injuste, il faut d'abord la faire...

En lien avec la pensée de l'Église sur la guerre[3], le padre accompagne le porteur de l'*arme* dans cette réflexion qui débouche, malgré tout, sur l'éventualité du sacrifice de son âme. Le soldat a appris de ses chefs que sa mission est noble, même s'il ne la choisit pas – il n'est donc pas en cause dans la réflexion éthique sur la guerre –. Il a bien assimilé le fait que le sacrifice éventuel de sa vie est ordonné à une fin utile et noble – la paix – au profit d'une communauté.

Si quelqu'un opte pour le choix de la vie de soldat, ce n'est pas pour le plaisir d'user des *armes de fer*, mais bien pour servir une communauté d'hommes et de femmes qui comptent sur lui et la capacité intellectuelle qu'il acquiert de donner le *feu de son âme* pour leur protection.

Comme tout homme, le soldat, même superbement équipé de *fer*, peut avoir, au cœur du *feu* de son âme, peur de la blessure, de la souffrance et de la mort, et bien évidemment de la guerre, pour lui-même bien sûr, mais aussi pour sa famille que sa disparition plongerait dans le vide. En ce sens, cette pièce particulière de l'organisation de la vie militaire qu'est l'aumônier est fort utile au commandement, qui aurait tort de se priver de ses connaissances profondes de l'humanité et de sa capacité à l'accompagnement et au *soutien de l'âme*. Cependant, la

---

1. Pape François, encyclique *Fratelli tutti*, 2020, n° 261.
2. « Nous appelons juste, droit, ce qui réalise la fin convenable ; injuste ce qui réalise une fin qui ne convient pas... Si ce n'est plus le bien commun mais le bien privé du souverain qui domine, le régime sera injuste et pervers. Le tyran, c'est précisément celui qui ne cherche dans le gouvernement que son intérêt » (saint Thomas d'Aquin, *De Regimine Principium*, livre I, ch.2).
3. Voir en annexe quelques éléments de la doctrine de l'Église sur la guerre, p. 259-260.

crédibilité de la mission de l'aumônier, *a fortiori* du padre, passe bien par sa présence en tous lieux et en tout temps, auprès du commandement comme auprès de la troupe. Trop souvent, certains militaires reprochent à « leurs » aumôniers, d'être auprès du commandement et de négliger quelque peu la troupe... Certes, le centre névralgique est bien le commandement mais l'exécutant est souvent celui qui a le plus besoin du soutien de l'âme. L'aumônier doit tenir les deux...

Pour illustrer la nécessité d'être un soutien discret mais concret du commandement qui, parfois, a, dans la solitude de sa réflexion, des décisions délicates à prendre, voici un extrait du témoignage qu'a donné le capitaine Hugues Roul. Lors d'une mission de reconnaissance de terrain, en Kapisa (Afghanistan), en 2011, l'officier a perdu un des siens : « *À partir de ce moment,* dit-il, *je vais être tenaillé par un sentiment de solitude que je n'ai jamais connu dans ma vie. Je réalise en effet que je vais devoir prendre seul, et souvent dans l'urgence, une quantité incroyable de décisions qui pourront à chaque fois mettre en danger la vie de mes hommes*[1]. » Le padre, qui a vécu ces moments délicats lors d'une opération extérieure, sait combien sa présence discrète est importante pour ceux qui vivent une telle réflexion volcanique sur la vie et la mort.

Toujours en lien avec la question de la mort, l'aumônier, particulièrement le padre, est peut-être le seul intermédiaire compétent de la hiérarchie militaire à savoir expliquer et faire comprendre la différence entre le meurtre et l'accomplissement de la mission qui peut entraîner, outre la mort d'un soldat, la mort de l'ennemi. Le lecteur n'a aucun doute sur le fait que le meurtre est, par les tribunaux des hommes, universellement condamné[2]. Cependant, l'aumônier sait que cette condamnation vient d'abord de Dieu lui-même.

---

1. Michel Goya, *Sous le feu*, *op. cit.*, p. 71.
2. Yann Andruétan, médecin psychiatre militaire, émet l'hypothèse que dans ce qu'il nomme les religions du Livre, « Dieu impose à l'homme une loi afin de limiter les effets de la violence » (in *Le soldat du XXe-XXIe siècle*, *op. cit.*, p. 335).

Son cinquième commandement[1] est clair : « Tu ne tueras point. » Néanmoins, pour ne pas fermer son sens, il doit être compris comme « Tu ne commettras pas de meurtre[2] », ce qui rejoint davantage la traduction de l'hébreu biblique. Si l'on reste sur la traduction *simpliste* de ne pas tuer, on ferme drastiquement la possibilité de *comprendre* le fait de tuer dans certaines circonstances, comme par exemple en situation de guerre ou de flagrante injustice[3].

Sans doute que tous les soldats, de toutes conditions sociales, avec ou sans religion, se posent sciemment la question de la mort, celle qu'ils peuvent donner en mission, comme celle qu'ils peuvent recevoir en service. Certainement, parce qu'il possède une connaissance éthique destinée à *tous*, le padre a une responsabilité auprès de *tous*. Les aumôniers des autres cultes peuvent le rejoindre sur ce terrain-là.

Cependant, même s'il est là pour *tous*, il est évident que le padre doit aller vers les fidèles chrétiens qui se posent cette question en lien avec leur foi. Comme le père François Casta le précise avec la sagesse d'un *ancien* qui a connu beaucoup de choses, le padre doit alors soulager la conscience des soldats chrétiens qui sont pris dans ce dilemme intérieur. Il en va de la véracité du soutien de leur âme. Cet éminent aumônier écrit :

> Le chrétien engagé dans la guerre n'a qu'un désir : être éclairé doctrinalement pour demeurer fidèle aux impératifs d'un christianisme

1. Il s'agit ici d'un des Dix Commandements que l'on trouve dans la Bible, et qui sont communs aux spiritualités juive et chrétienne.
2. « La défense au risque de sa vie peut causer des dommages ou apporter la mort à l'oppresseur : mais dans ce cas, c'est lui, qui en est responsable. Bien sûr, il faut toujours chercher à diminuer ces dommages chez l'agresseur, mais celui qui s'expose le plus aux dommages et à la mort, c'est celui qui défend » (Jean-Paul II, « Vocation militaire et vocation chrétienne », discours prononcé lors de l'audience réservée aux militaires italiens, le 2 avril 1989).
3. Par exemple : « Moïse sortit vers ses frères et vit ce qu'étaient leurs corvées. Il vit un Égyptien frapper un Hébreu, un de ses frères. S'étant tourné de tous côtés et voyant qu'il n'y avait personne, il frappa l'Égyptien et le dissimula dans le sable » (Ex 2, 11-12).

authentique. Il veut être libéré d'une angoisse tragique, mais veut en même temps éviter le risque de trahison envers sa foi [comme] envers sa vocation militaire. Toute sa mission en dépend[4].

Avec ça, l'aumônier, riche de sa spiritualité de fraternité universelle en Dieu, a une autre responsabilité délicate qu'il ne doit pas fuir et qui ne doit pas faire croire à son auditoire qu'il trahit qui que ce soit. Il est souvent le seul à oser dire, à contresens de ce que peuvent penser certains soldats, que l'ennemi est aussi un être humain et qu'à ce titre, il doit recevoir tout le respect du à son histoire, à sa famille. Sa vie d'adversaire à combattre ne doit pas être réduite au fait qu'il soit un terroriste ou même une simple cible à *dégommer*.

Bien souvent, hélas, au cours des siècles, pour diminuer la portée psychique de l'acte de tuer, on a diabolisé l'ennemi. Le risque est grand d'attiser ainsi la haine de l'autre pour mieux justifier une action. Parfois, au cours des conflits, « tout se passe comme si la qualité d'homme était refusée à l'adversaire, avec pour conséquence le déchaînement de violences sans limites. La diabolisation de l'adversaire concourt à ce résultat[2] ».

Bien entendu, le padre – et tout autre aumônier – est homme d'équilibre. Il doit veiller à ne pas culpabiliser le tireur et lui faire croire qu'il ne serait qu'un assassin. En ce sens, il soutient la hiérarchie militaire qui a déjà enseigné cela aux soldats, principalement aux tireurs d'élite qui voient dans leurs viseurs, souvent concrètement, l'ennemi à neutraliser. Entre le fait de ne pas nier l'humanité de l'adversaire et celui de bien faire comprendre que son élimination vient d'une mission reçue et non d'un acte prémédité, le padre devra avoir un langage dont chaque mot est pesé.

Au nom de la *fraternité d'âmes* qui surpasse la camaraderie liée au port d'un même uniforme, fraternité qu'il est appelé à ériger au sein

4. François Casta, *Homme de Dieu, homme de guerre*, *op. cit.*, p. 117.
2. Général Jean-René Bachelet, *Pour une éthique du métier des armes*, *op. cit.*, p. 75 et cf. note 3, p. 43.

de la *fraternité d'armes* qu'il sert, le padre doit participer, avec d'autres intervenants si nécessaire, à la gestion du suivi de l'acte posé. Ce qui implique, pour lui, d'être aussi au plus près du « contact » humain avec les soldats de première ligne. Cependant, il va sans dire que, bien évidemment, il devra éviter d'être une cible pour l'ennemi, ou avoir le désir humain, purement humain, de « participer » effectivement au combat au moyen d'une arme létale, même s'il possède, à sa ceinture, une arme *défensive* autorisée par la hiérarchie militaire et la Convention de Genève. Il devra aussi éviter de décentrer l'attention des soldats qu'il accompagne qui doit rester fixée sur leur mission de combattants.

*

Puisqu'il est l'un des leurs, l'aumônier est parfois aussi le seul, ou du moins est-il souvent le premier, à être aux côtés des soldats qui ont du faire l'usage de leurs armes et qui peuvent vivre un profond malaise intérieur au cœur de leur âme.

C'est ainsi que j'ai accompagné, durant quelques années, un jeune soldat formé pour être « tireur d'élite ». Ce n'est pas la même chose de s'entraîner sur des cibles en carton et de voir dans son viseur un homme à abattre, et le voir tomber au sol. Le jour même de ce geste, lors d'une opération difficile, à peine une heure après, étant sur le terrain avec la troupe, je me suis entretenu avec lui, l'écoutant me raconter les faits et son questionnement. Essayant avec des mots imparfaits de lui expliquer qu'il avait rempli la mission qu'il avait reçue, il n'en restait pas moins qu'il revivait son geste dans sa tête. Dans l'esprit de ce jeune homme, pourtant soldat professionnel, un malaise et un mal-être se sont durablement installés. Il a dû être hospitalisé durant de nombreuses semaines. Au sein de son régiment, lors de son retour, il a été interdit de port d'arme et s'est vu être mis en longue maladie. Mon accompagnement a été complémentaire de l'arsenal médical et psychanalytique. Aujourd'hui, ce jeune n'est plus militaire.

*

Les soldats, surtout ceux qui sont souvent déployés en opération extérieure – il arrive que des régiments partent très régulièrement – ont appris en théorie que, comme le rappelle le professeur Baechler, « le droit de tuer étant la réciproque du risque d'être tué, la permission de tuer ne s'applique qu'aux guerriers ennemis[1] ». Cependant, comme le monte le témoignage ci-dessus, lorsque le soldat est mis en face de la réalité de la mort, c'est bien une autre histoire qui s'écrit...

Tout padre, qui a été confronté concrètement à cette question sur le terrain d'un conflit, distingue à quel point cette contradiction entre le fait de vivre l'interdit de tuer son semblable et le fait de le faire réellement dans le cadre de la mission reçue, peut mettre l'esprit du soldat à terre. Ainsi vidé de sa force, son humanité peut être rongée petit à petit, au point de ne plus être en état de vivre sa vie de soldat. Devant les faits, il n'est pas toujours facile d'assumer la théorie bien enseignée en école militaire qui consiste à savoir contrôler ses émotions, ses sentiments et même ses passions qui sont générés à la suite d'un acte violent.

Alors, même si le soldat a compris « que le pouvoir de tuer dans un cadre légitime est la vraie spécificité de la condition militaire[2] », rien n'est acquis. Lorsqu'on est le dernier maillon de la chaîne d'exécution d'un commandement avec l'arme létale au bout des doigts, il n'est pas évident de voir, dans l'acte de tuer un adversaire, lui-même prêt à tuer, un acte *légitime* de défense, et pour soi et pour ceux qu'on a la charge de protéger, même si ledit acte est porté et assumé par toute la hiérarchie militaire.

L'aumônier *opérationnel* sait que la difficulté psychologique est grande lorsque le tireur, qui peut porter sur lui jusqu'à tuer 150 personnes, voit sa victime faite de chair et de sang, tomber sous ses balles. C'est là une des singularités des fantassins. Ils voient de leurs yeux

1. Jean Baechler, « L'éthique du guerrier », art. cit., p. 16.
2. Michel Goya, *Sous le feu*, *op. cit.*, p. 104. Toutefois, à cela, le général Bachelet apporte une nuance : « La vraie spécificité du militaire est d'être détenteur, au nom de ses concitoyens, des moyens de la force ; autrement dit, in fine, hélas, si nécessaire, du pouvoir d'infliger la destruction et la mort » (*Pour une éthique du métier des armes*, *op. cit.*, p. 81).

de chair l'ennemi, cet être humain qu'ils ne connaissent pas et qu'ils doivent *supprimer.* L'ennemi est vraiment l'*adversaire,* c'est-à-dire une personne *visible* qui se situe en face[1].

L'action de tuer un ennemi est un peu différente lorsque le tireur est dans un avion ou un hélicoptère Tigre, et qu'il tire sur une cible qu'il ne voit que sur un écran d'ordinateur ultra sophistiqué. Néanmoins, voilà bien, malgré tout, un terrain de mission que l'aumônier ne doit pas négliger, tant la réflexion qui suit l'acte peut être, là aussi, déstabilisante et culpabilisante.

Dans son livre *Dans les griffes du Tigre*, le capitaine Brice Erbland, après une mission en Kapisa, écrit ceci, que reprend à son compte le colonel Goya : « Ma caméra est toujours pointée sur l'objectif, mais les deux paires de jambes n'apparaissent plus à l'écran. À la place, ce sont d'innombrables petites taches de chaleur qui parsèment l'image thermique. » Et plus tard, il concède sa difficulté à retrouver sa sérénité : « Allongé dans ma chambre à Kaboul, je ne trouve pas le sommeil. Mon esprit semble avoir perdu tout contrôle et je subis littéralement les sensations qui m'envahissent. Je suis pourtant éveillé, mais je ne peux m'empêcher, comme en rêve, de vivre le scénario qui défile dans ma tête de manière particulièrement réaliste[2]. » Pour être proche de ces hommes qui vivent des moments de doute inhérents à la mission qui leur est confiée, l'écoute, le soutien et l'accompagnement sont indispensables de la part du padre, et généralement de tout aumônier.

Le simple fait de vivre avec les soldats, de partager leurs peines, leurs questions et leurs joies, même si le padre ne vit pas effectivement les mêmes expériences physiques de tirer sur l'ennemi, est pour eux une aide précieuse qui peut être un « excellent dérivatif aux autres moyens habituels de réduction du stress comme l'alcool ou les drogues[3] ».

---

1. En latin *ad versus* renvoie à *celui qui en face.* Le mot ennemi reste plus flou, il peut être invisible à l'œil nu.
2. Capitaine Brice Erbland, *Dans les griffes du Tigre*, Les belles Lettres, 2013, p. 20.
3. Michel Goya, *Sous le feu*, *op. cit.*, p. 155.

C'est pourquoi l'aumônier, exerçant une présence discrète, mais efficiente, pour servir la force de l'âme qui souffre d'avoir posé un geste létal au moyen d'une arme de fer, doit avoir l'humilité de se former. Il doit avoir la simplicité de demander de l'aide si besoin, histoire de ne pas laisser ses émotions prendre le pas sur la distance qu'il doit prendre afin d'effectuer un accompagnement qui sera, certes affectif, mais surtout effectif. Il ne faut pas que le padre sorte de son rôle. S'il se laisse dominer par les événements déstabilisants de la guerre pour laquelle il n'a pas été formé, le risque est qu'il pète les plombs et devienne un va-t'en guerre, ce qui serait pour lui contre nature.

*

À ce titre, il est primordial, pour un aumônier, d'avoir une base arrière solide qui le soutienne et veille sur lui. En ce qui me concerne, avant chaque opération, j'allais dans un monastère pour confier ce temps délicat. Je savais que je n'étais pas seul sur le terrain, même si, physiquement, je l'étais. À mon retour, je rendais compte à mes frères moines de leur travail de soutien de mon âme. Dans le même ordre d'idée, un journaliste me demandait un jour comment je pouvais tenir face à la violence, à la blessure et à la mort. Je prenais alors l'image de l'éponge qui essuie une table et qui ramasse tout, y compris le plus sale, et qui a besoin d'une main qui la presse pour qu'elle puisse resservir. Une éponge remplie de déchets ne peut plus servir car elle ne peut plus rien absorber. Cette main, dis-je, était l'assurance d'un soutien de mon âme assumé par des amis, des frères prêtres (ceux de ma Congrégation missionnaire également) en base arrière.

19
Le port d'arme et l'aumônier

Le sujet est sensible. Il convient d'abord de rappeler que l'aumônier – quel que soit sa confession de foi – n'est pas un militaire comme les autres. Il n'est justement pas un va-t'en guerre, même s'il va *dans* la guerre ! Il a une tâche particulière qu'aucun autre que lui ne peut exercer à sa place. « La tâche centrale de l'aumônier militaire est bien de contribuer à la formation spirituelle et moral des militaires en vue de les aider à devenir pleinement aptes à servir la paix dans et à travers ce métier des armes[1]. »

Ceci étant bien compris, cette mission de force d'âme déployée au cœur de la force d'arme exige sans doute une réflexion plus poussée sur la manière dont elle peut être vécue, si l'on veut qu'elle soit pleinement vécue. Le port de l'arme entre dans ce cadre réflexif.

Concernant le port de l'arme, les réflexions subjectives des aumôniers catholiques montrent une diversité d'opinions selon le fait d'avoir ou non été confronté à la réalité belliqueuse du terrain des opérations extérieures. Cette réflexion ne semble pas présente au sein des autres aumôneries qui paraissent ne pas avoir d'état d'âme sur le sujet, leurs aumôniers n'ayant pas de difficulté pour le port d'une arme défensive,

1. Patrick Le Gal, *Sentinelles de la paix*, *op. cit.*, p. 16.

même si leur direction respective leur demande d'éviter d'en porter une. À mon sens, l'aumônerie catholique montre une attitude plus évasive.

De fait, il arrive que d'un point de vue militaire, le padre[1] qui accompagne physiquement ses soldats dans des moments délicats de *prise à partie,* puisse être conduit concrètement à se poser la question du port d'une arme, histoire de se défendre et de protéger les siens. Le chapelet, même s'il est une arme de lumière indispensable, ne fait pas tout lorsque le sang et le feu se télescopent, le lecteur s'en doute. La question est donc légitime.

*

Lorsque j'étais avec les soldats français détachés auprès de l'Armée afghane, il m'est arrivé de faire des patrouilles avec eux, dans les véhicules blindés. J'avais pris le parti de ne pas porter d'arme. Ainsi donc, je n'avais pas la possibilité de monter en « tap » (être debout dans le véhicule, et par la trappe ouverte sur le toit, surveiller les alentours et être prêts à la riposte armée éventuelle). Or, le chef de convoi m'invite à passer en « tap » (il y a 2 ouvertures sur le toit du véhicule). Lui répondant que je ne possède pas d'arme mais juste mon chapelet, il me sourit et me dit que ça devrait suffire. C'est ainsi que j'ai participé à la surveillance de la piste poussiéreuse. Une autre fois, un soldat me dit, tout étonné : « Padre, vous n'avez pas d'arme ? Vous n'avez pas peur ? Moi, me dit-il, elle est comme ma femme, je ne la quitte pas ! » Je lui réponds que ma mission n'est pas d'être un soldat comme lui mais un soldat avec lui et pour lui. Avec un peu d'humour, je lui dis que je n'ai pas de femme. Et que, oui, je « compte » sur lui, que je me mets sous sa protection de fer *car il accepte que son âme soit sous ma protection de* feu. *Pour autant, je ne suis pas fou et je ne prends*

1. Dans l'aumônerie militaire catholique, seuls les prêtres sont envoyés sur les théâtres d'opération, principalement en raison des sacrements de l'Église qu'ils sont les seuls à pouvoir célébrer. Les aumôniers non prêtres ne sont donc pas soumis à cette réflexion sur le port de l'arme. Cependant, dans les régiments, ceux-ci peuvent être sollicités pour des exercices de tir. Il appartient alors à chacun de se positionner sur le sujet.

pas de risque inutile le mettant, lui et ses camarades, en danger. Si le chef d'escouade me dit : « Padre, vous restez au fond du véhicule blindé », ou si le chef de groupe me crie : « Padre, restez derrière le rocher et ne bougez plus », je ne vais pas aller contre ces ordres de bon sens.

*

Politiquement, le sujet du port de l'arme pour un padre n'est pas nouveau et semble même *militairement* réglé. D'une manière légale, le padre peut porter sur lui une arme défensive, autorisée, depuis 1949, par la Convention de Genève qui le considère comme un personnel sanitaire[1]. Le père Casta nous en démontre, dans l'action, son utilité défensive. Alors, qu'en Indochine, il vient d'atterrir en parachute sur un terrain qui fourmille d'ennemis, il raconte : « J'arrive à dégrafer les sangles du parachute, à me libérer du parachute ventral, de ma musette et enfin à sortir mon colt et à l'armer… Commence alors un échange de coups de feu. Le Viet me manque de peu, je réponds en visant ses jambes, sans succès, lorsqu'une providentielle rafale de mitrailleuse met fin à l'échauffourée[2]. » On voit bien que l'aumônier ne fait ici que riposter. Il ne cherche pas à tuer mais juste à immobiliser son adversaire. Parallèlement, il se défend et, par la même occasion, participe à la défense commune du groupe.

D'un point de vue éthique, et pour ainsi dire religieux, c'est une autre réflexion qui s'engage. Lors de l'organisation de la première aumônerie militaire, est promulgué, en l'an 742, l'édit de Carloman[3], dans lequel il est précisé que les clercs « ont interdiction de porter armure, de combattre et de se rendre à l'ost (armée en campagne à l'époque féodale), sauf ceux qui, pour les besoins du service divin auront été choisis pour cela ».

1. Bien que l'Armée française place, pour gestion, ses aumôniers au sein du groupe de soutien de l'homme, géré par le Commissariat des Armées, anciennement connu sous l'appellation d'intendance.
2. François Casta, *Homme de Dieu, homme de guerre*, *op. cit.*, p. 54.
3. Carloman était le fils de Charles Martel et le frère de Pépin le Bref.

Cette proclamation officielle fait suite au canon du Concile de Ratisbonne, ou Concile de Germanie, du 21 avril 742, qui précise que « défense est faite aux clercs de porter les armes et d'aller à la guerre, à l'exception de ceux qui doivent célébrer la sainte messe ou porter les reliques protectrices. Ceux-là peuvent accompagner l'Armée. Ainsi le prince peut avoir avec lui un ou deux évêques avec leurs chapelains et leurs prêtres, et chaque préfet peut avoir un prêtre pour entendre les confessions et imposer les pénitences ». Il s'agit bien « d'accompagner l'Armée » et non de poser des actes de guerre, même si, pour ceux qui « doivent célébrer la messe et porter les reliques », l'autorisation de porter une arme est permise. Les clercs envoyés par l'Église au service des soldats ne sont donc pas des va-t'en guerre ! Par leur charisme, ils doivent d'ailleurs tout faire pour l'empêcher.

L'aumônier catholique d'aujourd'hui, accompagnant la troupe, sait, comme son devancier qui marchait avec l'ost, que la guerre n'est jamais la bonne solution pour régler les conflits. La guerre n'est jamais « juste » même si elle peut être « justifiée » par une action délétère d'un pays tiers. Il faudrait plutôt parler de « guerre légitime » ou de « juste défense », ce qui n'empêche nullement d'affirmer qu'il est nécessaire de l'éviter par tous les moyens, y compris en envoyant des soldats dits de la « paix » pour se mettre, à leur risque et péril, entre les factions ennemies. À ce titre, le saint pape Jean-Paul II déclarait que « la guerre est totalement inacceptable comme moyen de régler les conflits entre les nations. La guerre devrait appartenir au passé tragique de l'Histoire. Elle ne devrait pas trouver de place dans les projets futurs de l'humanité[1] ».

Pour en revenir au Concile de Germanie, saint Boniface, qui le présidait, avait trouvé que, lors de la bataille de Poitiers (VIIIe siècle), trop d'évêques et de prêtres avaient guerroyé. Il demandait que des clercs aient un rang officiel aux Armées pour éviter une certaine cacophonie en se prenant pour des combattants ordinaires. Ceux-ci étaient alors nommés les chapelains, ceux qui gardaient la chape, originellement

1. Jean-Paul II, homélie du 30 mai 1982, à Coventry.

celle de saint Martin. Ensuite, le terme aumônier est venu, rappelant l'œuvre de charité à laquelle était soumis le chapelain qui portait et distribuait les aumônes du roi ou du prince.

De nos jours, en France, d'un point de vue politique, ce débat sur le port de l'arme par le padre paraît clos. L'autorité militaire, ne faisant pas de différence de comportement entre les cultes, demande à *tous* les aumôniers de porter une arme en opération extérieure.

Si pour les autres cultes, cela ne pose aucun problème majeur de conscience, rien n'empêche de mener, au profit des aumôniers catholiques prêtres, une réflexion éthique, notamment pour ceux qui sont envoyés pour accompagner les soldats sur des théâtres d'opérations où les combats ne sont pas absents. Pour l'Église, un prêtre armé prend part à une affaire de sang[1]. Cela doit guider la réflexion. C'est la raison pour laquelle il semble pertinent de rappeler que le padre, tout en étant militaire, n'est pas tout à fait comme les soldats.

Alors, même s'il n'a pas le choix, étant obligé par l'institution militaire de porter une arme pour sa propre défense, même s'il est affublé d'un carnet de tir qu'il doit remplir – comme les soldats – par des exercices, même s'il doit savoir démonter et remonter son arme, le padre doit veiller à sauvegarder sa tâche missionnaire de défense de la dignité humaine. Il ne peut focaliser son attention sur l'utilisation de l'arme que l'Armée lui demande d'avoir sur lui. Il ne doit jamais tomber dans le piège d'avoir le plaisir de porter son arme à la ceinture. Sa mission est de sauver des âmes et non de tuer des âmes. S'il doit tirer sur l'adversaire pour s'échapper d'un mauvais pas ou protéger ses camarades soldats, il doit mettre en œuvre une action défensive, si possible non létale. Il doit savoir faire la part des choses. Il doit se souvenir qu'il est militaire parce qu'il est aumônier et non aumônier parce qu'il

1. Lors de la Première Guerre mondiale, en France, les jeunes prêtres (et séminaristes) étaient mobilisés comme combattants, la République ne reconnaissant pas leur statut clérical. L'Église dut suspendre provisoirement leur interdiction de porter une arme, leur permettant, par la même occasion, de célébrer les sacrements. Ce décret ecclésial se nommait *Ex defectu lenitatis*.

est militaire. Sur le terrain, parce qu'il est homme de prière avant tout, son arme privilégiée, arme *visible* du pauvre devant Dieu, est toujours le chapelet… Comme le souligne le père Casta : « À chacun de nous de réfléchir à ce problème (de l'utilisation ou non de l'arme) et de décider, le moment venu, sous l'inspiration de l'Esprit-Saint[1]. »

1. François Casta, *Homme de Dieu, homme de guerre*, *op. cit.*, p. 151.

DEUXIÈME PARTIE

UNE MISSION…

« Fais, en pleine liberté d'esprit et de cœur,
le sacrifice complet de ta vie. Attends dans la joie le jour
où Dieu te donnera son Ciel et, par surcroît, toutes les âmes
que tu lui auras gagnées par ton courage. »

Paul Doncœur, aumônier des tranchées.

« Il ne suffit pas de me dire : "Seigneur, Seigneur"!
pour entrer dans le Royaume des cieux; il faut faire la volonté
de mon Père qui est aux cieux. »

(Mt 7, 21)

Cette deuxième partie, intitulée sobrement « Une mission », est un peu plus « spirituelle » que la précédente qui l'était déjà un peu. Le lecteur ne doit pas être dérouté par cet aspect. Puisque l'objectif de cet ouvrage est de mettre en parallèle ce qui fait le cœur de la vie du soldat et ce qui meut celle de l'aumônier, il est difficile de ne pas évoquer ce qui rend possible et concrète cette mission de l'aumônier, principalement – mais pas exclusivement sur certains points – catholique.

Ainsi donc, le lecteur étranger autant à la chose militaire qu'à la chose religieuse trouvera de quoi découvrir ce qui motive le religieux à servir le militaire et ce qui pousse le militaire à faire appel au religieux. Le lecteur connaissant la chose militaire, mais peu familier avec la vie religieuse, pourra trouver de quoi comprendre pourquoi, dans un état dit laïque, il existe cette présence spirituelle particulière au sein d'un monde dont on peut parfois penser qu'il n'en a pas besoin. Le lecteur connaissant la chose religieuse, mais ignorant le côté militaire, pourra comprendre qu'il n'y a pas d'endroit où la parole divine ne doit pas être annoncée et vécue, car il y a aussi des « pauvres de Dieu » qui ont une âme à accompagner, à soutenir à consoler et à aimer, au sein de la famille des porteurs d'armes.

1
La mission du soldat : servir la paix

Il semble étrange de définir la mission du soldat par le service de la paix. Le monde des informations télévisuelles, parfois animé par des nouveaux censeurs moralistes affichant sur nos écrans des soldats en armes qui abusent de leur pouvoir militaire, semble prouver le contraire. Certes, les abus sont regrettables et condamnables, le soldat n'étant pas un mercenaire, bien que dans certains endroits de ce monde en ébullition, la frontière soit poreuse entre les uns et les autres.

Parallèlement à cela, les médias les plus aguerris se font l'écho de l'expression « soldat de la paix ». Un flou peut alors s'installer dans les esprits qui peuvent avoir du mal à comprendre le sens de la mission militaire. C'est notamment le cas lorsque la mort au combat d'un soldat est annoncée sur nos écrans. On considère cette dernière comme un drame inutile et un sacrifice de trop, tant la situation ne semble pas s'améliorer et que les conflits ou les actes de terrorisme demeurent. La paix prônée par ces soldats est bien loin…

De plus, outre le fait que, même si la République reconnaît officiellement que le soldat est « mort pour la France », l'opinion sait pertinemment que l'opération militaire est lointaine – même les pays de l'OTAN frontaliers avec la Russie semblent loin –. Il faut également prendre en *compte de faits* que la lisibilité de la présence armée n'est pas forcément claire pour elle.

Or, c'est uniquement avec un esprit clair que l'on peut comprendre ce lien entre soldat et paix. Et ce lien dépasse les émotions d'un moment. En ce sens, l'histoire est donneuse de leçons.

En premier lieu, l'histoire biblique a un mot à nous dire. Il suffit de prendre le ministère de Jean le Baptiste qui accueille au baptême les soldats romains (occupants) qui lui demandent : « Et nous, que devons-nous faire ? » (Lc 3, 13). Le prophète ne leur dit pas de ne pas se battre puisque telle peut être la conséquence de leur mission, mais de ne pas abuser de la violence et de « ne faire de tort à personne ». Abuser de la violence et faire du tort forment un *compte de faits* qui attise le conflit et éloigne la paix. Ces choses sont contre Dieu. Jean le Baptiste le sait. C'est la raison pour laquelle, il préconise une éthique particulière afin que le métier des armes soit aussi un chemin de conversion, un lieu de purification de l'âme et la découverte d'une paix intérieure.

Or la paix, qui est le fruit de la justice et le signe d'une charité active, est, pour un croyant, une manifestation visible de la présence de Dieu en ce monde. Pour un athée, la paix est le fruit de la sagesse des hommes, rien de moins, rien de plus, ce qui est déjà une bonne chose en soi.

Pour un croyant, particulièrement un chrétien, le Seigneur est la paix par excellence, non celle qui serait une absence de guerre. Cette paix divine est une sérénité des cœurs qui apprennent que la fraternité doit être la seule route humaine, en juste lien avec la paternité divine : « Je vous laisse la paix, je vous donne ma paix. Ce n'est pas à la manière du monde que je donne. Que votre cœur cesse de se troubler et de craindre » (Jn 14, 27). La paix donnée par Dieu, qui rappelle ainsi qu'il est le Père des hommes, efface toute crainte, et de soi et de l'autre, car elle tourne les cœurs vers la plénitude de la réalisation du bien commun. Ce bien *commun*, le lecteur comprendra qu'il est le dénominateur *commun* au croyants et aux non-croyants.

Le pape Jean-Paul II rappelait que « dans un monde dominé par le souci du bien commun de toute l'humanité, c'est-à-dire par la préoccupation du développement spirituel et humain de tous, et non la recherche du profit individuel, la paix serait possible comme fruit d'une justice plus parfaite entre les hommes[1] ». Dans un monde juste, il n'y aurait plus de jalousie et donc plus de raisons de faire la guerre.

Il est bon de rappeler au lecteur que l'Église a compris cela dès sa fondation. Quelques conciles ont scellé cette prise de conscience. « Ainsi les conciles de Charroux (989) et de Narbonne (990) ont lancé le mouvement de la paix de Dieu, le Concile de Verdun (1016) demande aux chevaliers de défendre les faibles, et les conciles de Latran I et II (1123 et 1139) demandent et imposent la trêve de Dieu[2]. »

Cette culture chrétienne de la paix a façonné l'Armée jusqu'à aujourd'hui, n'en déplaise aux anticléricaux notoires et aux *accros* d'une *woke* culture destructrice. Et au sein de l'Armée, bon nombre de soldats chrétiens réfléchissent, à tous les niveaux de la hiérarchie, au bien-fondé de la paix. Ainsi, lorsque semble émerger le temps ténébreux du conflit, ces soldats chrétiens, qui connaissent le prix de la vie et prônent le respect de la dignité de tout être humain, ami ou ennemi, peuvent être des balises de lumière. Tout en sauvegardant le bien fondé de protéger les intérêts de la nation, ils sont capables de poser les *bonnes* questions au monde politique. Ils savent que c'est ce monde-là, nécessairement à évangéliser, qui tient en ses mains le pouvoir décisionnaire d'ouvrir ou non un chemin belliqueux, et d'entraîner ou non des conséquences irréversibles sur les populations civiles[3].

D'après Monseigneur Michel Dubost, ancien évêque aux Armées, ces *bonnes* questions – qui sont les questions que l'Église pose au nom de tous – peuvent être vues ainsi :

---

1. Jean-Paul II, encyclique *La question sociale*, 1987, n° 10.
2. Mgr Michel Dubost (ancien évêque aux Armées), *Ministre de la paix*, Éditions Foi Vivante, 1995, p. 47
3. Les guerres du XXe siècle furent les premières à compter dans leurs victimes plus de civils que de soldats. C'est malheureusement encore le cas en ce siècle-ci. Que l'on regarde ce qui se passe en Ukraine, en Syrie, au Yémen, en Ethiopie, en Afrique noire, ces constatations sons sans appel. Cela est dû au « perfectionnement » des armes lourdes qui sont de plus en plus destructrices, n'en déplaisent à ceux qui soutiennent que les objectifs visés ne sont que « militaires ».

> La cause est-elle juste ? A-t-on fait tout ce qui est possible pour éviter l'usage de la force ? Une intervention a-t-elle une chance de rétablir la paix ? L'intervention est-elle proportionnelle au mal qu'elle combat ? l'intervention est-elle décidée par l'autorité légitime ? Comment y prend-on en compte le respect des civils, des blessés, des prisonniers et des combattants[1] ?

Qui osera dire, à la lecture de ceci, que la réflexion chrétienne est obsolète ou dépassée ? Qui osera prétendre que le soldat chrétien ne soit pas un amoureux de la paix ? Le soldat chrétien a tout sa place dans ce monde militaire. Sa présence est déjà, en elle-même, un signe annonciateur d'une paix toujours en recherche. Ce soldat disciple du Christ que le padre soutient de sa prière, s'insère dans le tissu militaire avec sa foi. Par elle, il aide chaque soldat à prendre acte d'une recherche de la paix qui est le bien-fondé de la véritable fraternité *pacifiée*.

Ainsi donc, connaissant mieux que quiconque les affres monstrueuses de la guerre, *tout* soldat porteur d'armes – chrétien ou non – sait, en toute honnêteté, en son âme et conscience, que sa mission consiste à rétablir la paix, même s'il doit utiliser son arme en dernier recours. À ce titre, parce qu'il est capable – parce que ses chefs lui ont appris – de maîtriser la violence, de la canaliser et de la dominer, c'est lui et lui seul qui a le monopole de la force *légitime*.

1. *Ibid.*, p. 49. En ce sens, Mgr Dubost rejoint la doctrine de saint Thomas d'Aquin sur la « guerre juste ». Voir en annexe les précisions de cette doctrine, p. 260-261.

2
La mission du padre : servir la force d'âme

Servir la force d'âme de nos Armées est crucial. Il s'agit d'assurer la cohérence du corps, de l'âme et de l'esprit, sans laquelle tout se disloque, les individus, les Armées, les nations. Nos padres, aumôniers militaires, accompagnent, écoutent, soutiennent… Voilà un beau programme de mission !

Le lecteur le constate, nous l'avions déjà évoqué dans sa globalité lorsque le thème de la vocation du padre – et plus généralement de tout aumônier – a été abordé et il est tout à fait opportun de le reprendre ici, dans la mesure où il définit le cœur de l'action de *tout* aumônier, quel que soit sa foi. Issu du corps des aumôniers militaires, le padre, pour ne parler que de lui, déploie sa propre *force d'âme* pour servir la *force d'âme* de ceux qui détiennent la *force d'arme*.

Toutefois, il convient de s'arrêter sereinement sur chacun des mots de cette riche expression, histoire de bien prendre en compte la nécessaire humilité qui va de pair avec elle. Par les mots qui sont ainsi posés ensemble, le padre – avec ses frères aumôniers des autres cultes – prend acte qu'il ne sert à rien mais qu'il sert quelqu'un. Sa mission *religieuse* lui rappelle sans cesse que c'est en servant spirituellement ses frères soldats qu'il devient *l'un des leurs*.

Servir…

Servir : voilà un verbe qui n'est pas dans l'air du temps. Pourtant, chez les chrétiens, il tient lieu de mot de passe pour la mission. Sans son évocation et sa mise en actes, il ne peut y avoir d'idéal de vie. Le service reste essentiel dans la mission que l'Église a elle-même reçue du Christ. C'est cette mission qu'elle donne en paquetage à ses aumôniers, prêtres, diacres ou laïcs.

L'aumônier catholique est donc un serviteur. C'est pour lui un honneur sans égal puisqu'il sert le centre névralgique de l'homme, son âme. Le bienheureux Père Daniel Brottier, aumônier durant la Première Guerre mondiale, définit avec pertinence ce verbe : « Servir, c'est n'être plus soi. C'est n'être plus à soi. C'est n'avoir presque pas de droits, c'est ne point connaître son intérêt propre. C'est en tout cas le sacrifier toujours à l'intérêt général. C'est penser, vouloir, agir en fonction des autres[1]. » Voilà un programme que l'aumônier catholique, par excellence le padre – mais sans doute également les aumôniers des autres cultes – doit vivre idéalement.

Tout padre, en tant qu'exemple pour tous, y compris pour ses collègues aumôniers – est serviteur d'une cause plus grande que lui, puisqu'il s'agit de la mission ecclésiale qu'il a reçue et acceptée, en son âme et conscience. En s'habillant de la tenue d'aumônier militaire catholique, il a revêtu la charge du service de la charité au profit des soldats. Ce service de la charité est exigeant car il suppose de se heurter au mal provoqué par la misère inhumaine, en vue de la promotion du bien né du partage de la fraternité qui ne doit pas être qu'un vain mot.

1. Père Daniel Brottier (1876-1936), « Paroles », art. cit., p. 6. Aumônier durant la Grande Guerre. Béatifié en 1984, il était de la Congrégation des Pères du Saint-Esprit (Spiritains). En 1917, il fonde, avec le soutien financier de Georges Clemenceau, alors Président du Conseil, l'Union Nationale des Combattants (UNC) pour venir en aide aux anciens Poilus de 14-18, blessés ou sans ressources, et faire perdurer l'amitié contractée dans les tranchées, d'où la devise de l'UNC : « Unis comme au front ». Il fut ensuite nommé directeur de l'œuvre des Orphelins Apprentis d'Auteuil.

Le padre, qui se doit à ce service de la noblesse humaine, pourrait, là encore, faire sienne une devise qui ne lui est pas destinée. Cette devise de l'arme du génie le rejoint quelque peu lorsqu'il brise les impasses d'égoïsme et crée des ponts de charité, « parfois détruire, souvent construire, toujours servir » !

Loin de lui l'idée d'oublier que le sens premier du terme « aumônier » renvoie à celui qui porte une bourse remplie d'aumônes venant d'un dignitaire, au profit des pauvres, qu'ils soient en hospice, dans des maisons délabrées, ou en ce cas, mobilisés dans une enceinte militaire.

Aujourd'hui, recevoir ce terme équivaut à porter la bourse de la charité que le plus grand de nos dignitaires, à savoir le Christ lui-même, lui confie, pour le partage avec ses frères militaires dont il sait que la pauvreté est souvent invisible aux yeux de chair. Ainsi, en choisissant de porter la vertu théologale de la charité sur lui, il sert le Christ, en Église, dans le monde militaire, prioritairement les plus *pauvres*. Par l'Église, c'est le Seigneur qui l'envoie, en le chargeant de cette vertu, vers tous les soldats, quelle que soit leur façon de vivre et de croire ou de ne pas croire, puisque tous portent en eux, comme *compte de faits,* la trace de Dieu, même s'ils ne le savent pas encore. Également, notamment lors d'opérations extérieures dans des pays très pauvres, le padre sensibilise les soldats à la misère qu'ils ne peuvent pas ignorer. Parfois, il peut créer un réseau de soutien à la population, en lien avec les équipes civilo-militaires qui sont dépêchées sur le terrain pour des aides concrètes déjà planifiées. Le padre peut aussi fournir des aides à la population depuis sa base opérationnelle, mais aussi depuis la France.

Lors de ma seconde opération au Liban, par la proximité spirituelle que j'avais des Filles de la Charité de saint Vincent de Paul qui œuvraient dans un hôpital du Sud-Liban, j'ai eu l'honneur de faire la connaissance de la Princesse de Bourbon-Lobkowicz, à l'époque Ambassadrice honoraire de l'Ordre de Malte pour le Liban. Ensemble, avec l'aide de soldats, nous avons pu mettre en place une chaîne alimentaire et un soutien médical au profit des personnes les plus vulnérables, tout cela, sous l'égide de l'Ordre de Malte pour le Liban, qui fait un travail extraordinaire sur place, un travail très concret au profit des hôpitaux et des orphelinats. Je me souviens des visages ravis de mes soldats qui se réjouissaient du bonheur qu'ils apportaient aux plus démunis, victimes de la guerre.

La force…

La force : à la différence du service, elle est toujours à la mode, surtout lorsque son concept est mal interprété et ne laisse voir en elle que la violence. Le lecteur comprendra qu'il ne s'agit pas de louer ici l'agressivité ou l'abus de pouvoir qui écraserait le plus faible. La force dont il est maintenant question n'est pas, non plus, une recherche de puissance pour exercer une vengeance. « Si la force n'est elle-même que violence, nous devons admettre que nous sommes condamnés à un engrenage de violence sans fin où, au-delà du discours, seule l'emporte la loi du plus fort[1]. »

En aucun cas, cette force-là n'est une vertu. Celle dont on parle ici est une vertu liée au courage. On a vu ce que le courage avait pour conséquence dans la vie d'un soldat. La force n'est pas innée, elle s'acquiert.

Dans le cadre de la vie spirituelle, pour les croyants monothéistes, elle est un don de Dieu. *La force se reçoit.* Dieu est notre force, notre roc, notre bouclier, notre citadelle, comme le chantent les psaumes de la Bible.

Dans le cadre militaire, *la force s'acquiert.* Elle s'apprend, se canalise et se maîtrise par l'activité sportive, l'aguerrissement[2], la formation sur le terrain et l'attachement crucial à un chef et à un groupe. Elle est à la fois intérieure et extérieure, individuelle et collective.

---

1. Général Jean-René Bachelet, *Pour une éthique du métier des armes*, *op. cit.*, p. 21.
2. L'aguerrissement consiste à promouvoir un entraînement physique (et de fait psychologique) qui met en œuvre les facultés physiques, intellectuelles et techniques dans un environnement dégradé, évoquant des situations difficiles et inconfortables.

En 1985, un ancien aumônier catholique, issu de la Congrégation de la Mission de saint Vincent de Paul, avait ces mots :

> La force est un bien. La force militaire est à la Cité ce que la robustesse et la santé sont à la personne humaine. La force militaire peut retenir l'agresseur et ainsi sauvegarder la paix [...], c'est la force qui reste le seul moyen de sauver une communauté en danger de péril. Les faibles, les petits, les humbles, surtout, ont plus d'intérêt que d'autres à être protégés par la force... Le militaire demeure le bienfaiteur par excellence, l'expression même de l'amour du prochain[1].

Bien avant lui, l'Apôtre saint Paul louait déjà cette vertu physique et morale qu'il voyait comme un don de Dieu : « Lorsque je suis faible, c'est alors que je suis fort » (2 Co 12, 10). Cette affirmation montre que l'homme *acquiert* cette vertu en la *recevant*, lorsqu'il reconnaît humblement qu'il n'en est pas l'origine. C'est ainsi que la conception du croyant et celle du militaire peuvent se rejoindre et se fondre l'une dans l'autre, pour le bien de tous.

Théoriquement et pratiquement, tout militaire sait que *sa* force, cette qualité essentielle, se développe par la formation comportementale, technique et communautaire.

Affectivement et effectivement, l'aumônier a bien assimilé cela également. C'est en remettant son corps, son esprit et son âme à Dieu qu'il reçoit de lui une force spirituelle pour sa propre vie, afin de soutenir la force d'âme des porteurs d'armes vers lesquels il se sait envoyé. Ce point est commun aux aumôniers de tous les cultes.

En Dieu, le padre puise sa propre force d'âme, grâce notamment à sa vie de prière, à sa vie eucharistique et à sa vie sacramentelle, comme le lecteur a pu le lire en amont. Loin de l'isoler de la force d'arme portée par les soldats dont il a la charge spirituelle, et loin de l'idée de perdre du temps qui paraîtrait indispensable à l'action, cette vie religieuse le forme, intérieurement et extérieurement.

1. Père Yves Salem, *Quand l'espérance est militaire*, Éditions du Cèdre, 1985, p. 159.

Et même si cette vie religieuse n'existe pas pour elle-même mais en vue du soutien des âmes, elle configure le padre[1] au Christ, sa force et son roc, dont il reste l'humble et faible serviteur.

L'âme…

De nos jours, on emploie peu ce terme d'âme, comme s'il était un tantinet désuet, voire ringard. Surfant sur la vague psychanalytique, on parle volontiers de l'esprit et du corps, mais peu de l'âme. Même dans l'Église, ce mot semble ne plus être de circonstance depuis une bonne cinquantaine d'années, alors que l'on sait l'insistance, dès le IVe siècle, de saint Augustin – philosophe et théologien chrétien[2] – sur l'essentielle présence de l'âme en l'homme. Il conviendrait peut-être que certains théologiens se replongent dans les écrits de ce Docteur de l'Église, histoire de mieux cerner ce qu'est l'homme dans sa dimension ternaire[3].

Dans les écrits de sainte Thérèse de Lisieux et de sainte Faustine pour ne citer qu'elles, – on peut rajouter saint Jean XXIII –, on trouve ce terme presque à chaque ligne comme une définition de l'identité personnelle. Saint Charles de Foucauld la voit comme le lieu privilégié de la rencontre intime avec le Seigneur :

---

1. Le prêtre a reçu une ordination qui le rend totalement disponible pour la mission qu'il reçoit de l'Église. À ce titre, il est consacré à cette mission, et vit pour elle. Il devient donc, en quelque sorte, malgré son imperfection d'homme, un « autre Christ », d'où aussi son célibat. À travers la mise en œuvre de la Parole de Dieu qu'il doit faire sienne, il laisse passer et parler Jésus. C'est pourquoi, le padre porte la Croix sur son uniforme militaire.

2. Saint Augustin (mort en 430), Père et Docteur de l'Église, est un penseur converti au christianisme après des recherches infructueuses menées sur le sens de la vie auprès d'une certaine philosophie (le manichéisme). Il a inspiré la Règle de vie de plusieurs communautés de chanoines réguliers et laissé une œuvre littéraire importante, comme *Les Confessions*, *La Cité de Dieu* et *De la Trinité.*

3. Le *corps* est le siège du mouvement terrestre, l'*esprit* est le siège de la raison et de la relation et *l'âme* est le siège de la spiritualité. Cf. mon livre *Voyage au pays de ton âme*, Salvator, 2021.

> Plus je fouille dans mon âme, plus je n'y vois qu'une volonté : c'est de faire ce que le Bon Dieu veut de moi, quoi que ce soit, ce qui lui plaît le plus, ce qui le glorifie le mieux, ce en quoi il y a le plus d'amour, et ce qui me conduira le plus à l'aimer… Le glorifier le plus que je peux, et pour cela l'aimer le plus que je le peux, et faire ce qui me conduira à cela[1].

Pour un croyant monothéiste, l'âme est le centre de l'homme, à la différence du non-croyant qui verra l'esprit comme son centre, voire même pour les plus hédonistes d'entre eux, le corps. L'âme est, pour le croyant, le reflet de la présence sacrée de Dieu dans l'homme, et cela, dès son « commencement » invisible aux yeux humains, et jusqu'à son « terme terrestre » qui ne doit pas souffrir d'un manque de respect.

C'est pourquoi le croyant pense que les droits de l'âme sont *supérieurs* aux droits de l'homme, si importants soient-ils. Le Diocèse aux armées a compris cela lorsqu'il présente la mission de ses envoyés catholiques comme le *service auprès de la force d'âme.* Ainsi, l'âme ne peut être remisée aux oubliettes.

Le service auprès des soldats rappelle à tous les aumôniers, particulièrement aux padres, l'importance et l'opportunité de ce mot, mais surtout de ce à quoi il renvoie, et mieux encore, celui qui en est l'origine.

L'âme, que l'on peut comprendre comme le lieu spirituel par excellence, anime l'esprit et le corps. L'âme n'est pas une vue de l'esprit mais elle est bien réelle. De plus, elle n'est pas la même chose que lui. Le lecteur sait pertinemment que l'esprit de l'homme est le lieu du savoir, de l'intelligence, des émotions – on peut aussi parler du cœur –, bref, tout ce qui *inspire* la conscience humaine en vue du bien sociétal. Cependant, pour que ce bien soit *total* et sans retour, l'esprit a besoin de l'âme pour s'élever vers Dieu qui, seul, l'anime d'une vie pleinement humaine, c'est-à-dire, dans l'espérance d'être divinisée en lui, par lui

1. Charles de Foucauld-Abbé Huvelin, *Correspondance inédite*, *op. cit.*, p. 96.

et avec lui. L'âme est assurément le lieu de la présence de Dieu, et par conséquent, le lieu de la réalisation parfaite de l'humanité.

S'il ne tient pas compte de l'âme et qu'il s'autosatisfait de son savoir, l'esprit s'affaiblira sur lui-même et se laissera dominer par le mal qui est, pour un croyant[1], l'absence de Dieu. Cet esprit désœuvré se laissera enchaîner par les forces nauséabondes qui ignorent Dieu ou le rejettent. Quant au corps, nous savons qu'il a besoin d'être animé, d'une part par l'esprit pour se mouvoir dans la bonne direction, et d'autre part par l'âme pour qu'il apprenne à gérer ses pulsions qui peuvent le rendre esclave. Lorsque l'homme active son âme, il apprécie son inaltérable dignité en tant que réceptacle divin sacré. Tous les padres savent cela, puisqu'ils sont envoyés comme un *feu* sur le terrain de *fer* de l'humanité militaire pour soutenir les âmes des soldats porteurs d'*armes*, en les aimant *jusqu'au bout*[2].

La force d'âme

En tant qu'élément constitutif et concret de la personne humaine, l'âme a besoin d'être soutenue. Pour ce *compte de faits*, même si elle est une force spirituelle en elle-même, c'est-à-dire tournée vers le Ciel, elle est appelée à recevoir sa force. Pour un chrétien, l'âme humaine communie à l'âme du Christ dont le désir était de faire la volonté

1. Pour un croyant, le mal est une valeur objective qu'il ne peut connaître qu'en étant confronté à la parole de Dieu le guidant dans le nécessaire discernement, en vue du bien commun qui dépasse l'intérêt particulier vu comme un égocentrisme. Pour un non-croyant, et principalement un humaniste, le mal est une notion subjective, en lien avec la vie personnelle, et donc principalement ancré sur le bien individuel, le bien commun étant compris comme l'addition des intérêts particuliers qui sont considérés comme bons. On comprend alors que la formation en vue du respect du bien commun et de sa mise en œuvre a toute son importance au sein des Armées, puisque celles-ci prônent davantage la force du groupe que celle de l'individu, sans pour autant nier ses qualités propres qui peuvent servir ledit groupe.
2. En référence à la parole de Dieu qui dit que Jésus a aimé les siens jusqu'au bout. Cf. Jn 13, 1.

du Père, « Âme du Christ, sanctifiez-moi », chantait l'ancien capitaine espagnol, saint Ignace de Loyola. Le Christ montre que, seule, cette volonté divine réalise pleinement l'humanité. La mission de l'aumônier catholique ne peut ignorer ce fait. La hiérarchie militaire, même si elle est étrangère au fait religieux, est consciente que cette mission spirituelle du padre touche le sacré de l'âme. Le padre – comme, à leur manière et selon leur foi, les aumôniers des autres cultes – est bien envoyé sur le terrain de *fer* de la *force d'arme* pour attiser, du *feu* de Dieu, la *force d'âme.*

Pour appuyer cela, le père François Casta laisse ces mots puisés dans le *directoire des aumôniers* qu'il a connu à son époque. Ces mots s'adressent d'abord aux prêtres, mais ils rejoignent chaque aumônier catholique selon sa vocation ecclésiale :

> Participant du même et unique sacerdoce du Christ que les autres prêtres, et non d'un sacerdoce au rabais, l'aumônier militaire a reçu de la hiérarchie ecclésiale une mission propre : dans le milieu que constitue l'Armée, il a charge de rendre l'Église présente et active[1].

Le padre a reçu une charge pleine et entière, dont la noble *bonté* ne fait aucun doute. Mais il a aussi reçu, la grâce de Dieu aidant, les *bons* talents pour l'assumer.

Dans son *Introduction* à *la vie dévote*, saint François de Sales pose cette question qui éclaire la réflexion à ce sujet : « Qu'avons-nous de bon que nous n'ayons reçu ? Et si nous l'avons reçu, pourquoi nous en voulons-nous enorgueillir[2] ? » À l'instar de tous les chrétiens, l'aumônier militaire catholique, qui doit se faire « tout à tous » (1Co 9, 22), reçoit de Dieu le *bon* nécessaire pour sa mission, s'il veut bien, par la vertu d'humilité, qui est la vertu par excellence du serviteur, le lui demander.

Ainsi donc, le padre, et avec lui les autres aumôniers catholiques, reçoivent des dons pour la mission. Il est bon, accueillant pour *tous,*

1. François Casta, *Homme de Dieu, homme de guerre, op. cit.*, p. 149.
2. Saint François de Sales, *Œuvres*, Éditions de Béthune, p. 497.

du chef au soldat sans grade, en tout temps et tout lieu, simple d'accès, priant et célébrant Dieu, dans la louange et l'intercession. Il vit dans la confiance en Dieu puisqu'en lui, il trouve *bonheur, joie et miséricorde*[1]. Le padre, véritable père spirituel, et même se faisant un *re-père* sur la route humaine, sait écouter et rassurer, même s'il n'a pas toutes les réponses aux questions qu'il peut entendre de la part du chef comme du soldat.

Cependant, dans ce monde militaire où violence, blessure et mort jouent trop souvent de concert, il acquiert, par la grâce de Dieu qui le pousse à se former en ce sens, une certaine compétence pour aider, notamment le commandement, à gérer ces instants difficiles qui déstabilisent la dignité humaine. Le padre est une épaule sur laquelle le chef peut se reposer lorsque le moral est mis à mal, car chaque soldat sensé le sait : « Le moral d'une Armée dépend avant tout du moral de ses chefs[2]. »

Certes, le padre, qui comprend l'importance de sa mission, apprend humainement des choses utiles pour l'exercice vertueux de son ministère, mais il doit se dire qu'il reçoit encore davantage de Dieu. Saint Paul le souligne : « Ce n'est pas à cause d'une capacité personnelle que nous pourrions mettre à notre compte, c'est de Dieu que vient notre capacité » (2 Co 3, 8).

C'est ainsi que tout aumônier catholique reçoit une force qui le rend capable de faire du bien aux âmes, en vue de la sainteté des soldats qu'il accompagne, et de sa propre sainteté qu'il ne doit pas négliger de demander.

Le cœur en communion perpétuelle avec le Christ, cet humble serviteur de la Bonne Nouvelle apprécie le travail en lui de la grâce divine. Le grand saint Thomas d'Aquin, éminent philosophe et théologien de la fin du Moyen-âge, rappelait avec pertinence que cette grâce

1. Cf. mon livre *Bonheur, Joie, Miséricorde*, Éditions des Béatitudes. 2016.
2. Maréchal Foch, in Jean-Paul Huet, *Ferdinand Foch, se souvenir et espérer*, *op. cit.*, p. 29.

est nécessaire à toute vie humaine. Elle est, initialement *prévenante* en donnant la force d'affronter, dans le bien, les futurs événements, puis elle est *sanctifiante*, donnant la force de la présence de Dieu dans ces mêmes événements, et enfin, elle est *agissante*, en irriguant de force divine les âmes en contact avec elle.

Le lecteur tirera la conséquence que cette grâce reçue est donc au service de la *force d'âme*. Plongé dans la *force d'arme*, l'aumônier de culte catholique aurait bien tort de ne pas croire en sa divine action bienfaisante.

3
Les quatre piliers de la vie missionnaire

Au début de ce livre ont été évoqués les quatre piliers de la vie missionnaire[1] qui peuvent aussi rejoindre la vie spirituelle des aumôniers des autres cultes et, pourquoi pas les soldats eux-mêmes. Ceux-ci se nomment *bonté, abnégation, sérénité* et enfin *confiance en Dieu.* Bien entendu, ces qualités requises, qui peuvent être vues comme des vertus, c'est-à-dire des forces intérieures, sont loin d'être exhaustives.

En tout état de cause, ces piliers-là, fortement essentiels, reposent sur le fondement de la foi afin de fortifier l'âme. Ils l'animent tout en se laissant alimenter par elle, puisqu'elle est nourrie par Dieu. Ils manifestent la certitude que le missionnaire chrétien – catholiques et protestants se rejoignent sur ce sujet – n'est jamais abandonné par son Maître et Seigneur, même si l'adversité peut être de mise. L'Apôtre saint Paul le rappelle : « Toi, donc, mon enfant, fortifie-toi dans la grâce qui est dans le Christ Jésus […]. Prends ta part de souffrance en bon soldat du Christ Jésus » (2 Tim 2, 1.3).

L'aumônier catholique se laisse envahir d'amour par la grâce fortifiante du Christ. Ainsi paré, il se rend digne de la mission qu'il a reçue de lui, en vue du soutien salutaire des âmes de ses frères et sœurs por-

1. Cf. le chapitre 4 de la première partie.

teurs d'*armes* qui, eux aussi, sont appelés à la réception de cette grâce. Bien entendu, le lecteur entendra que ce n'est pas l'aumônier qui sauve l'âme puisque seul Dieu a ce pouvoir *spirituel*, mais l'aumônier est comblé de grâce pour annoncer ce salut par ses paroles et ses actes. À la suite de la Vierge Marie qui se déclarait « *servante du Seigneur* » (cf. Lc 1,37), il doit s'en souvenir sans s'en glorifier. Tout est en vue de la seule gloire de Dieu, le père de tous les hommes, y compris des soldats, n'en déplaise aux tenants d'un antimilitarisme émotionnel – et même parfois religieux – qui n'a pas disparu de nos sociétés.

*

Il est possible de rencontrer des personnes engagées dans l'Église qui renoncent à croire à la dignité humaine des soldats dont ils ne voient que leur aspect « guerrier ». En tant qu'aumônier militaire d'active, j'ai déjà été confronté à ce débat enflammé : « Que fais-tu dans ce milieu où il y a des assassins ? » Outre le fait que chaque chrétien devrait penser que là où il y a de l'homme, il y a de l'âme, j'ai dû évoquer la grande misère qui peut habiter le cœur de certains soldats, misère qui peut aller jusqu'au suicide (le taux de suicides reste important dans ce milieu où circulent les armes). Il existe aussi une misère sociale due au déracinement géographique des militaires (le taux de divorce au sein des Armées semble plus élevé que dans le milieu civil, notamment si l'on compte les re-divorces) et aux horaires parfois très lourds à supporter, misère qui peut retomber sur les enfants de militaires. Il convient aussi de préciser aux chrétiens la présence spirituelle au sein des Armées que les soldats, qui font, d'une certaine manière, profession de donner leur vie, sont ceux qui protègent la population en cas de conflit. S'ils sont armés c'est aussi pour mieux défendre les gens d'Église.

*

Oui, là où sont les hommes, là sont les âmes, même si les hommes sont vêtus de *fer*. Comme tout être humain, ils doivent recevoir le *feu* de la vie divine. Il n'y a pas d'hommes à jeter…

Pour aller vers eux tous, la vertu d'humilité est indispensable au padre. En ce sens, le padre se reconnaît indigne de cette mission. Il doit reconnaître qu'il n'est qu'un être pécheur et qu'il a besoin du secours du Christ afin de se laisser *davantage*[1] buriner par la grâce divine.

À l'instar de saint Charles de Foucauld, ancien officier devenu prêtre, qui se savait habité par la grâce, même s'il souhaitait être le dernier des derniers, le padre avoue sa faiblesse et demande au Seigneur qu'il purifie lui-même la profondeur de son âme :

> Seigneur, pardon, pardon, pardon, pardon d'avoir si peu travaillé à l'aide des grâces sans nombre que vous m'avez données pour faire de la grotte de mon âme, où je savais que vous deviez entrer, une demeure moins indigne de vous ; une demeure chaude, claire, propre, ornée de votre pensée… Mais ce que je n'ai pas fait, faites-le, Seigneur Jésus ! Illuminez la grotte de mon âme, ô divin soleil, réchauffez-la, purifiez-la… Vous êtes en elle, transformez-la par vos rayons… Obtenez-moi cette grâce[2] !

Le padre le sait par expérience – et cela peut paraître valable pour les aumôniers de tous les cultes –, s'il ne se laisse pas envahir par la lumière de la grâce divine dont Dieu veut le combler, il s'épuisera vite dans sa mission qu'il considèrera comme une simple tâche humaine, un métier ou une spécialité. Il lui sera alors impossible d'apprécier et de vivre les quatre piliers de la vie missionnaire qui font de lui ce que les soldats en attendent : « un donneur de sens et un expert en humanité[3] ».

In fine, ainsi vêtu de grâce, le padre sera perçu comme l'un des leurs. Il acquerra cette singulière capacité humaine et spirituelle de communier, affectivement et effectivement, à la fraternité d'armes, à la fraternité de larmes et la fraternité d'âmes qu'il dirigera vers Dieu.

---

1. Ce mot était souvent employé par saint Vincent de Paul qui, se disant misérable, voulait toujours faire *davantage*, mais toujours, *la grâce de Dieu aidant*.
2. Charles de Foucauld, *Nouveaux écrits spirituels*, Nazareth, 1897.
3. Amiral Gillier, cité par Mgr Luc Ravel (ancien évêque aux Armées) dans son introduction à la brochure *L'office de l'aumônier*, document interne au Diocèse aux armées.

Ces quatre piliers que sont la *bonté*, l'*abnégation*, la *sérénité* et la *confiance en la Providence*, le padre sait qu'il en a existentiellement besoin pour vivre sa mission d'écoute, de soutien et d'éclairage. C'est ainsi que, par l'intercession de leur padre serviteur de la *force d'arme*, les soldats acquerront une *force d'âme* capable de leur apporter la paix du cœur au milieu des convulsions guerrières de ce monde.

Premier pilier : la bonté

C'est un euphémisme de le dire : l'aumônier militaire catholique doit être bon. Certes, la foi nous apprend que Dieu seul est bon. Cependant, celui qui reçoit la charge de dire cette bonté divine doit lui-même la laisser transparaître s'il veut être crédible. Le militaire, assez rationnel dans sa façon de penser et d'agir, saura vite voir si un padre a la bonté enracinée en lui et s'il est heureux de la communiquer.

Maître Eckhart disait : « Est bon ce qui se communique. Nous nommons bon un homme qui se communique et est utile. Dieu est (donc) ce qui se communique le plus et il se donne toujours lui-même d'abord[1]. ». Ainsi donc, dans le langage chrétien, la bonté a deux sens. Elle est une qualité de Dieu, puisque seul Dieu est absolument bon. Mais en vertu de son amour pour les hommes, dont le premier livre de la Bible, la Genèse, rappelle qu'ils ont été créés à l'image de Dieu, il comble de bonté ceux qui font œuvre de charité autour d'eux en le communiquant. En ce sens, elle est aussi une qualité morale exigée du disciple de Jésus, qui plus est, de celui qui vit et témoigne de l'Évangile

1. Johannes Eckhart (1260-1328), moine allemand, dit Maître Eckhart, *Être Dieu en Dieu*, Points Sagesse, 2008, p. 49. Il fut reconnu comme l'un des plus grands mystiques du Moyen Âge avec ses 180 sermons. Cependant, il fut déclaré hérétique en raison de sa prédication en langue vernaculaire et de sa foi en l'éternité du monde mal comprise chez ses pairs. Il n'avait pas la volonté de l'être, il voulait seulement être un simple chrétien qui prônait le vide en soi pour recevoir l'amour de Dieu. Pour autant, son influence spirituelle est réelle aujourd'hui.

dans des milieux où violence, blessure et mort sont au premier rang des écueils pour aimer.

Le militaire chrétien est invité à comprendre que la bonté n'est donc pas la naïveté ou l'écrasement de soi face à quelqu'un qui aurait plus de force de persuasion et qui aurait choisi de dénigrer la foi. La bonté est volonté de ne pas se taire face au mensonge et au scandale. Elle est participante de la vérité car elle est une force issue de l'Esprit Saint qui est l'enseignant de cette vérité divine[1]. C'est pourquoi elle est capable de désarçonner les forces du mal et de *ré-arçonner* l'homme au Bien. Voilà pourquoi saint Paul parle d'elle comme un des fruits de l'Esprit Saint que le disciple, *a fortiori* l'aumônier militaire catholique, doit accueillir en son âme : « Amour, joie, paix, patience, bonté, bienveillance, foi, douceur, maîtrise de soi » (Ga 5,22).

Deuxième pilier : l'abnégation

L'abnégation est une vertu commune, dûment explicite, chez le militaire et le chrétien. Elle est mentionnée dans le *Règlement de discipline générale des Armées* comme une composante de l'esprit militaire. Pour le soldat chrétien, elle est ainsi un pont à emprunter pour laisser se rejoindre les deux rives de sa vie qui ne font qu'une, la vie militaire et la vie de baptisé.

Si elle est vertu militaire, l'abnégation est également une vertu *religieuse* que les aumôniers de tous les cultes doivent entretenir en eux. *A fortiori,* cette vertu est chrétienne, cela ne fait aucun doute. Chez le chrétien, elle entretient un décentrement de soi au profit du Maître et Seigneur qu'est le Christ. Si le militaire chrétien la reçoit et la comprend ainsi, combien plus l'aumônier catholique, particulièrement le padre, doit faire d'elle une compagne de sa vie spirituelle.

1. C'est ce que Jésus précise dans l'Évangile : « *Lorsque viendra l'Esprit de vérité, il vous fera accéder à la vérité tout entière* » (Jn 16, 13).

Le padre doit donc faire preuve d'*abnégation*, en étant accueillant en tout temps et en tous lieux, quitte à « supporter tout pour ne créer aucun obstacle à l'Évangile » (1 Co 9, 12).

Dans le langage chrétien, le lecteur doit entendre que l'abnégation signifie faire le sacrifice de soi au profit d'un autre, appelé le *prochain*, ce que l'on trouve également chez les fidèles juifs et musulmans. Cela ne peut se faire que lorsque le *prochain* est considéré plus grand que soi-même. Pour le fidèle chrétien, cette conception n'est possible que s'il a la certitude que le Christ habite *tous* les hommes, y compris ceux dont la vie ne semble pas être très droite. Le lecteur comprendra aisément que l'abnégation est vraiment une qualité existentielle du serviteur de l'Évangile qui est là pour *tous*. Mettre en place une partialité envers les personnes est un péché[1] qui ne doit pas avoir d'éminence dans le cœur du chrétien, *a fortiori* du padre qui se fait, à la suite du Christ, serviteur de *tous*, même s'il se penche *d'abord* sur les plus pauvres.

Avoir le souci de l'autre, avant le souci de soi, est le *summum* du *compte de faits* chrétien. Cette constante permet de laisser passer le Christ par soi pour le servir dans les frères : « Ce que vous avez fait à l'un de ses petits qui sont mes frères, c'est à moi que vous l'avez fait » (Mt 25).

L'abnégation est donc, pour un croyant, la vertu – la force – qui, venant de Dieu lui-même, permet de reconnaître tout être humain plus grand que soi. L'abnégation a ce pouvoir de faire émerger l'idée spirituelle de penser qu'il y a toujours urgence d'accueillir le *prochain* lorsqu'il le demande. Et puisque le *prochain* porte en lui la trace de Dieu, parfois même ses stigmates de souffrance et de misère, l'abnégation met la volonté du disciple chrétien en étroite communion avec la volonté divine, sans pour autant effacer ce qu'il est. Saint François de Sales explique cela merveilleusement bien :

1. « Si vous exécutez la loi royale "tu aimeras ton prochain comme toi-même", vous agissez bien. Mais si vous êtes partiaux, vous commettez un péché et la loi vous met en accusation comme transgresseurs » (Jc. 2, 8-9)

> Nous autres, comme petits enfants du Père céleste, nous pouvons aller avec Lui en deux sortes : nous pouvons aller premièrement marchant des pas de notre propre vouloir, lequel nous conformons au sien, tenant toujours de la main de notre obéissance celle de son intention divine et la suivant partout où elle nous conduit qui est ce que Dieu requiert de nous par la signification de sa volonté... Mais nous pouvons aussi aller avec Notre Seigneur sans avoir aucun vouloir propre, nous laissant seulement porter à son bon plaisir divin comme un petit enfant entre les bras de sa mère, par une certaine sorte de consentement admirable qui se peut appeler union ou plutôt unité de notre volonté avec celle de Dieu[1].

Cette abnégation indispensable au chrétien, *a fortiori* au padre, est un libre abandon à la volonté de Dieu. Le padre – comme du reste tout baptisé – croit ainsi que, dans sa propre faiblesse, Dieu est capable de le porter lorsqu'il n'a plus la force humaine d'avancer.

L'abnégation peut, en ce sens, qualifier d'une manière plus « moderne » ce que saint Vincent de Paul appelait la *mortification* qu'il voyait comme une vertu indispensable au missionnaire, au même titre que la simplicité, l'humilité, la douceur et le zèle apostolique. Le lecteur comprend alors que, pour un chrétien, l'abnégation n'a de sens que si l'individu ne se croit pas le maître du monde ni sa propre référence subjective. Le padre se laisse habiter par Celui qui est plus grand que lui et qui, d'une certaine manière, le féconde pour qu'il porte des fruits de paix, de joie, d'espérance et de fraternité d'âmes. Il se laisse mourir à lui-même pour vivre de Dieu au milieu de ses frères porteurs d'*armes*.

De fait, parce que l'homme n'est pas la finalité de lui-même, l'abnégation bien comprise renvoie intrinsèquement à la question de la mort

1. Saint François de Sales (1567-1622), évêque de Genève et Docteur de l'Église. Il fonda l'Ordre de la Visitation avec sainte Jeanne-Françoise de Chantal. En France, il exerce une influence spirituelle certaine. Il est l'auteur de deux essais constamment réédités : *Introduction à la vie dévote* et *Traité de l'Amour de Dieu*, dont est extraite la citation au Livre IX, chapitre XIV.

et lui donne du sens. Ici, se rejoint concrètement l'abnégation militaire et l'abnégation religieuse.

Cette qualité donnée par Dieu – et travaillée par la volonté de l'homme – est donc amplement indispensable pour le padre, pour lui-même et pour les porteurs d'*armes* dont il a charge d'âmes. Tout padre est irréfutablement souffleur du *feu* de l'Évangile de la Vie éternelle qui s'insère, affectivement et effectivement, dans un monde de *fer* où la mort semble vouloir dire un dernier mot *insensé* à la vie terrestre.

Ce n'est pas le seul *avantage* de l'abnégation. Il est clair que cette qualité, ainsi comprise, est la *vivante* vertu qui aide à suivre et à comprendre le Christ, surtout dans la difficulté : « Si quelqu'un veut venir à ma suite, qu'il se renie lui-même, qu'il se charge de sa croix et qu'il me suive » (Mt 16, 24). L'aumônier ne baisse donc pas les bras devant l'adversité qu'il n'est pas appelé à fuir mais à affronter à sa manière, non avec une arme habillée de *fer* mais avec son arme spirituelle de *feu*, celle qu'il reçoit d'en-haut.

L'exigence de la mission qu'il met en œuvre, avec d'autres et en communion avec eux, ne peut pas être comprise de ceux qui ne connaissent pas le Christ, puisque ceux-ci ne sont pas prêts pour comprendre que le padre accepte de mourir à lui-même pour laisser vivre en lui le Christ[1]. Il devient, *imitant* ainsi son Maître, le signe concret de la foi en la vie de Dieu qui dépasse la mort humaine. Ce paradoxe est tout à fait essentiel dans un monde où la mort est une donnée courante et doit, sans cesse, être appréhendée.

La vertu d'abnégation apporte alors pour *tous* du sens à la vie et à la mort. L'aumônier – et cela peut rejoindre tous les cultes – permet au

1. Saint Vincent de Paul avait ces mots : « Ressouvenez-vous, que nous vivons en Jésus-Christ, par la mort de Jésus Christ, et que nous devons mourir en Jésus Christ, par la vie de Jésus Christ et que notre vie doit être cachée en Jésus Christ et pleine de Jésus Christ, et que, pour mourir comme Jésus Christ, il faut vivre comme Jésus Christ. » Cf. mon livre *Saint Vincent de Paul, l'amour est un feu,* Médiaspaul. 2010, p. 71.

soldat d'apporter du sens à sa propre vie et, en la donnant éventuellement, à savoir pourquoi il le fait.

Comme les autres aumôniers, et souvent en étant le premier sur le terrain des armes de *fer*, le padre, par son abnégation et sa foi en la vie en plénitude, doit donc agir de tout son *feu* dans le soutien des âmes des porteurs d'*armes* confrontées à la souffrance liée à l'éventualité de la mort. Il ne peut le faire que si, lui-même, assume *spirituellement* le fait de savoir qu'il peut aussi donner *physiquement* la sienne. « Sauver ou périr » en quelque sorte, comme le vivent si bien les sapeurs-pompiers.

*

Lors d'une patrouille en zone hostile, en Afghanistan, un véhicule de l'avant blindé (VAB) saute sur un IED (engin explosif improvisé). Les 4 occupants sont blessés et sont rapatriés à Kaboul à l'hôpital militaire. Je vais voir ces soldats et je passe un long temps avec eux, les faisant parler d'eux et de leur famille. Le soir même, sachant que leur section repart en patrouille dès le lendemain matin, je demande à leur capitaine de m'intégrer dans le convoi, de manière à être une force de soutien des âmes pour les soldats qui composent cette rame. Le capitaine me dirige vers un VAB. Je m'adresse au chef de véhicule qui, du haut de ces presque deux mètres, me toise et me fusille d'un regard qui en dit long sur la conception qu'il a du padre (peut-être a-t-il été déçu du padre de son régiment ?). Il se met en travers de la porte. Soudain, il me dit : « Moi je bouffe du curé, vous ne servez à rien, mais là je sais que vous êtes utile, vous nous protégerez ! » En souriant, je le remercie de sa « confiance », je monte au fond du VAB. Il s'approche de moi comme un enfant et me demande si je sais parler à la radio militaire. J'acquiesce et je deviens ainsi transmetteur au sein de son véhicule, au milieu d'une rame de plusieurs véhicules partis en patrouille, et finalement revenus sans encombre. « Revenez quand vous voulez, me dit ce caporal-chef, dommage que vous n'étiez pas là hier ! » Je suis allé revoir les quatre blessés, tous les jours, jusqu'à leur évacuation en France.

*

Au-delà de la blessure qu'il est indispensable de soulager, le lecteur comprend, comme une évidence, que le padre saisisse bien que la mort n'a pas, pour l'Armée, le même sens qu'il en donne par sa foi. Il doit prendre ce donné dans sa façon d'être et de vivre.

Tous les aumôniers savent pertinemment que, dans la vie militaire, la mort, résultat violent de la guerre, est souvent comprise comme une conséquence de la mission. « Vaincre ou mourir » est une devise militaire, en l'occurrence celle du 1er régiment de chasseurs parachutistes. Néanmoins, les padres savent également qu'à l'Armée comme ailleurs, cette mort *injuste* déstabilise. D'autant plus qu'au milieu de la *force d'arme*, elle frappe souvent la *force d'âme* dans la force de l'âge. La mort, que chaque soldat a intégrée dans le *logiciel* de son esprit, a pour *compte de faits* d'être présente tout au long de la mission en opération extérieure. Cette pensée diffuse peut exacerber l'inquiétude, l'angoisse, le stress, l'isolement, la colère, la fatigue et la perte de confiance en soi et dans le groupe.

Il faut alors une parole extérieure pour calmer l'âme, remettre de la sérénité dans l'esprit du porteur d'*armes* et permettre au corps d'avancer. L'aumônier, qui est au contact des soldats ainsi fragilisés, sait absolument que cette néfaste *présence* de la pensée morbide entraîne une souffrance particulière qu'il convient de soigner au plus vite.

Le padre, qui doit toujours privilégier le terrain à sa sécurité, a alors une parole à dire, une parole *paternelle* qui relève et réchauffe, qui donne et redonne la vertu d'espérance. Le padre est, par excellence, le psychologue de l'âme.

Lui qui, par abnégation, est, comme le lecteur a pu le saisir, lié intimement à la mort et à la résurrection du Christ, sait, de par sa foi, son espérance et sa charité, que le soldat, comme tout homme, est rendu solidaire de la Croix du Christ et qu'il appartient ainsi à l'humanité sauvée. Si le soldat est baptisé, il sait qu'il est porté par l'Église pour vivre de ce salut. S'il n'est pas baptisé, dans le respect de la différence de sa foi ou de son athéisme, l'Église le porte aussi, car il n'en reste pas moins vrai que Dieu lui a donné la vie. C'est pourquoi, lors de l'hommage religieux rendu à un soldat tombé au *champ d'honneur*, tous les aumôniers peuvent être présents et chacun s'associe avec sa propre manière de prier.

En ces circonstances douloureuses, même s'il ne peut expliquer que la mort est liée à « l'aiguillon du péché[1] » parce que ces mots resteraient inaudibles pour ses camarades, même chrétiens, le padre devra, par son amour du Christ rendu visible, puis par des mots qui ne sont pas déconnectés de la souffrance de ceux qu'il accompagne devant le cercueil d'un des leurs, rappeler, malgré tout, que le Christ assume notre mort, qu'il meurt pour nous[2] et que celui qui *part* n'échoue pas dans le néant.

Avec des mots simples, et parfois dans le silence aussi, le padre ne devra pas cacher que le Seigneur triomphe de la mort en devenant pour *tous*, le premier né d'entre les morts (cf. Col 1, 18). S'il veut vraiment être *l'un des leurs*, l'aumônier ne doit pas cacher cette vérité, car on attend de lui une parole vraie. Il a pour mission *exigeante* d'annoncer que *tous* les hommes sont appelés à être pour toujours en Dieu, les soldats qui portent une arme, comme les autres. À cause de cela, *tous*, nous devons nous réconforter les uns les autres (cf. 1 Th 4, 13-18).

Le padre devra souligner, et cela les soldats chrétiens peuvent déjà le comprendre par anticipation et aider les autres à le percevoir, qu'« aucun d'entre nous ne vit pour soi-même, et qu'aucun ne meurt pour soi-même... Dans notre vie comme dans notre mort, nous appartenons au Seigneur » (Rm 14, 7-8). C'est en ce sens-là que l'abnégation de l'aumônier sera crédible et porteuse de fruit. Elle donnera du courage à l'abnégation du soldat.

In fine, la présence du padre peut aider à comprendre la mort comme une fécondité. Cet étrange paradoxe se vit déjà dans le monde mili-

1. « La mort a été engloutie dans la victoire. Mort, où es ta victoire ? Mort, où es ton aiguillon ? L'aiguillon de la mort, c'est le péché... Rendons grâce à Dieu, qui nous donne la victoire par notre Seigneur Jésus Christ » (1 Co 15, 54-57).

2. « Dieu ne nous a pas destinés à subir sa colère, mais à posséder le salut par notre Seigneur Jésus Christ, mort pour nous afin que, veillant ou dormant, nous vivions alors unis à lui. C'est pourquoi, réconfortez-vous mutuellement et édifiez-vous l'un l'autre » (1 Th 5, 9-11).

taire. La devise du Régiment d'Infanterie de Chars motorisés le montre d'une manière éclatante : « *Il revint immortel de la grande bataille* ».

L'Armée prône cette fécondité à sa manière. Même si elle n'interdit pas les larmes, elle ne pleure pas ses morts, elle les honore, le lecteur l'a vu plus haut. Elle rend hommage à l'abnégation humaine dont ses soldats *morts pour la France* ont fait preuve en allant jusqu'au bout de leur vie. Souvent, un lieu dans la caserne reçoit le nom du soldat *mort pour la France.* C'est aussi parfois lui qui est donné en parrainage lors des baptêmes de promotion d'officiers ou de sous-officiers, montrant que sa vie ne se résume pas à sa mort, si tragique et héroïque qu'elle fut, mais qu'elle est riche en elle-même d'un exemple à suivre[1]. Ainsi les jeunes soldats, notamment ceux qui n'ont pas encore vécu de *prise à partie* sous le feu ennemi, se laissent habiter par l'héritage mythique et sacralisé de leurs compagnies ou unités, tout en se nourrissant respectueusement des récits de leurs vénérables anciens tombés au *champ d'honneur.*

Même si les aumôniers de tous les cultes s'associent à cette lecture de la fécondité, l'aumônier catholique, qui prend exemple sur la mort salvifique du Christ, et qui en fait son *héritage,* est grandement *légitime* pour s'associer à cette fécondité militaire dont il va se servir pour évoquer la fécondité spirituelle. Au profit des jeunes – mais aussi des anciens – il offre alors une parole éclairante sur cette notion de fécondité qu'il met en lien, discrètement, avec la fécondité de la mort sacrificielle du Christ dont il ne cesse de porter la croix visible sur l'uniforme[2]. Il le fait, humblement, se mettant au niveau de la compré-

1. Cf. « *Afghanistan, 90 vies pour la France* » (in memoriam), collectif, Éditions HC Historien-Conseil, 2016

2. À la question : « Quel est l'objet qui vous est le plus cher ? », le père Daniel Brottier répond : « Ma croix d'aumônier ! Car elle a été un témoin muet pendant la guerre. Sur cette croix, combien de lèvres de mourants se sont collées ! Et reçu le soupir de tant de soldats ! Elle a maintes fois touché leurs pauvres poitrines trouées, labourées, déchiquetées : je puis dire que si le cordon de cette croix pouvait exprimer tout le sang dont elle est imbibée, l'eau dans laquelle on la tremperait deviendrait toute rouge » (revue *UNC,* mars 2015, n° 2. p. 6).

hension de chacun, dans le cadre de la fraternité d'*armes*, qui n'est pas exempte d'une fraternité de *larmes* qu'il dépose au pied du Seigneur afin qu'elle devienne *davantage* une signifiante fraternité d'âmes.

Comment l'aumônier catholique pourrait-il le faire si lui-même n'est pas convaincu et ne vit pas ces trois fraternités qui n'en sont finalement qu'une seule ? Comment sa parole pourrait-elle être crédible s'il ne vit pas visiblement ce qu'il croit ? Comment, enfin, sera-t-il écouté s'il demeure absent de la vie quotidienne des soldats ? La réponse est dans la vertu d'abnégation que saint Vincent de Paul avait raison de qualifier de mortification, tellement elle est effacement de l'homme – et non pas une absence – pour laisser infuser dans les âmes des porteurs d'*armes* et des autres la paternelle présence de Dieu.

Troisième pilier : la sérénité

Cette attitude se retrouve aussi bien dans le monde militaire que dans le monde religieux. Chacun la revendique comme une nécessité pour tenir debout dans la tempête et ne pas se laisser submerger par l'océan des émotions.

Pour autant, le lecteur entendra qu'elle est une composante absolument indispensable à l'aumônier, homme d'écoute, d'accueil, de soutien, de compassion et de chaleur humaine. L'aumônier catholique la fait sienne et en lui, cette qualité devient une vertu *missionnaire* qui plonge ses racines dans d'autres qualités, tout aussi opportunes.

Comme on l'a ci-dessus souligné, la sérénité comprend la compassion, qui est la vertu de se mettre à l'écoute des souffrances d'autrui, en y participant affectivement et effectivement pour les soulager. De même, la sérénité comprend la capacité à mettre en œuvre l'hospitalité qui est à l'origine de l'écoute. La sérénité induit encore la patience qui comprend elle-même le sens de souffrir avec[1], et aussi celui de porter

1. L'empathie qu'il s'agit de mettre en œuvre n'est pas la confusion. Accompagner quelqu'un qui souffre ne veut pas dire souffrir « à sa place » mais être avec lui dans sa souffrance. Celle-ci est intime, personnelle, liée à l'histoire individuelle. Vouloir

l'espérance dans l'épreuve. La sérénité implique aussi un désir constant de mettre en acte la charité dans les rencontres. La sérénité exige la persévérance pour rester fidèle à sa foi malgré les obstacles. La sérénité se positionne aussi contre le découragement, notamment, par exemple, lorsque des soldats fidèles de l'aumônerie et leurs familles sont mutés[1] et qu'il va falloir *tout recommencer* l'année suivante. Tous les padres savent que « les effectifs, sans cesse renouvelés, remettent sans arrêt l'œuvre d'évangélisation en question[2] ». Enfin, la sérénité demande la joie, non pas le simple bonheur humain qui peut être mis à terre par des événements douloureux, mais une joie qui surpasse ce bonheur, par définition passager. Cette joie, pour le padre, vient de Dieu[3].

La sérénité, née de cette joie de Dieu, est donc une donnée du disciple du Christ. *A fortiori,* elle est une qualité requise pour l'aumônier catholique. Il est un disciple officiellement mandaté par l'Église pour porter le Christ doux et humble de cœur au sein de l'Armée, où cette douceur peut être perçue parfois comme de la faiblesse.

L'aumônier militaire catholique doit rester serein, même lorsque la situation frise le tragique. Il reste une épaule que l'on vient chercher,

---

« *prendre la place* » de quelqu'un est de l'orgueil. Lorsqu'on me dit : « *Padre, mettez-vous à ma place!* », je réponds que je ne suis pas là pour cela, que je n'en ai ni la capacité ni la vocation (d'un point de vue religieux, seul le Christ s'est mis à la place de celui qui souffre). Je suis une main tendue qui accompagne, un cœur qui écoute, un esprit qui reste proche et une âme qui prie, bref un compagnon de route qui peut servir de béquille. Je considère que pour « *tirer quelqu'un vers le haut* », il ne faut pas vouloir être « *comme lui* » mais avec lui et pour lui. Je n'accompagne pas un soldat qui a perdu une jambe au combat en me coupant la jambe! Il faut garder une certaine « distance » constructive, par respect envers celui qui souffre.

1. La même question se pose en paroisse lors des déménagements des personnes engagées dans la vie de l'Église. Il y a souvent une inquiétude liée au fait de les « remplacer ».

2. François Casta, *Homme de Dieu, homme de guerre*, *op. cit.*, p. 148.

3. Jésus parle à ses disciples de sa Passion. Pourtant il évoque la joie : « Je vous ai dit cela pour que ma joie soit en vous et que votre joie soit parfaite » (Jn 15, 11)

il ne faut pas que cette épaule chancelle à ce moment-là. La sérénité, qui n'est pas une naïveté béate, est une qualité pour affronter la réalité.

*

Un jour, en Afghanistan, je monte dans un hélicoptère néerlandais pour rejoindre le sud du pays afin de visiter les soldats français déployés au sein de l'Armée locale. Au cours du vol, nous sommes victimes de tirs ennemis qui partent du sol. Les portes grandes ouvertes de l'hélicoptère permettent de la part des soldats de la coalition internationale une riposte. Je suis assis à côté et je vois les lumières vives des échanges de tir, le casque antibruit masquant quelque peu le bruit des armes. Je n'en mène pas large… Avec les autres passagers, nous nous regardons et chacun a une pensée très forte à ce moment-là. Moi je prie… Que puis-je faire d'autre ? Le seul moyen de ne pas sombrer en panique est bien de garder une certaine sérénité et de faire confiance à l'encadrement. D'ailleurs, je m'aperçois vite que mes compagnons d'infortune me fixent de leur regard perplexe et inquiet, histoire de trouver en moi, une épaule « rassurante » bien que je ne maîtrise rien de l'événement. Sans doute, ont-ils trouvé en moi, à ce moment-là où le doute était grand, un peu de sérénité qu'ils ont pu partager. Lors de notre arrivée à Kandahar, le pilote nous explique ce qui s'est passé, bien que chacun de nous a vite intégré le fait que l'on « revient de loin »…

*

La sérénité s'acquiert par la capacité qui est celle de l'être humain d'arriver à prendre des distances avec les événements afin de ne pas faire fusion avec eux pour qu'ils le broient.

Toutefois, la sérénité n'empêche pas le padre de *pleurer avec ceux qui pleurent*, comme le rappelle saint Paul, non pas pour rester enfermé avec eux dans leurs larmes mais pour les tirer vers le haut, vers l'espérance toujours à venir. Pour aller vers le haut, il faut d'abord savoir descendre jusque dans le très-bas, là où se trouve la misère humaine.

La sérénité est une absence de trouble et d'inquiétude qui permet d'apporter des paroles de réconfort, paroles qui remettent debout sans juger ni condamner.

Si l'aumônier n'arrive pas à prendre des distances avec les événements – ceux qui font ou défont sa vie, de quelque nature que ce soit, et ceux qui troublent la vie des autres – et qu'il se laisse submerger par eux, il sera incapable de consoler les âmes blessées, voire même d'être une simple parole de joie durant la vie quotidienne.

*

La gestion des « petits événements », parfois mesquins, montre sans doute la capacité de gérer les plus douloureux. Lors de ma mutation en base aérienne, j'arrive à l'aumônerie, le 1er août, date de ma mutation. Je trouve une aumônerie désespérément sale (mon prédécesseur étant parti en catastrophe pour raisons personnelles, j'avais reçu les clés par courrier). Je suis rejoint par un sous-officier, surpris de me voir « déjà » et de me voir faire le grand lessivage. Je lui demande de déjeuner avec lui et son service, histoire de m'intégrer (le colonel n'a pas « souhaité » me rencontrer, j'ai acheté l'insigne de la base au Foyer du soldat). Le sous-officier décline mon offre en me disant : « Non, vous allez vous faire insulter car ça se passait mal avec l'ancien padre. » Je rétorque que « je ne suis pas l'ancien padre », mais je respecte sa décision. Je vais donc au mess (une chaîne ouverte à tous les militaires), et, encombré de mon plateau, alors que je suis en tenue d'aumônier, je vois une table occupée par deux sous-officiers où il y a encore de la place. Je propose de m'asseoir auprès d'eux. Là encore, c'est un refus : « vous avez de la place ailleurs ! » J'ai donc déjeuné « seul » au milieu de tous… Ce fut mon premier jour !

*

L'expérience est canal de force intérieure, lorsqu'elle est analysée dans le recul et le calme, voire pour le padre dans la prière. Ainsi donc, lorsque l'âme chrétienne est sereine, « elle est fort capable de porter en elle l'image de Notre Seigneur. Mais quand elle est troublée, inquiète et agitée des diverses bourrasques des passions, que l'on se laisse gouverner par elles, et non par la raison qui nous rend semblables à Dieu, lors nous ne sommes nullement capables de représenter la belle et très aimable image de Notre Seigneur crucifié, ni la diversité de ses excellentes vertus, et notre âme n'est plus capable de lui servir de lit nuptial[1] ».

Bien plus souvent que l'on pense, les militaires, sans savoir ce que représente Jésus pour eux, attendent de leur padre – et généralement de tout aumônier, quelle que soit sa foi – qu'il soit celui qui leur donne une joie particulière, différente de celle du monde consumériste, une joie qui n'est pas naïve mais bienveillante. Les soldats savent, mieux que quiconque peut-être, que cette joie forte est la composante indispensable de la paix des cœurs. Ce qui signifie que le padre doit avoir, naturellement, cette joie en son propre cœur.

Pour porter cette joie, il faut aller là où elle est le plus absente, comme le suggère la prière de saint François d'Assise : « Là où est la tristesse, que je mette la joie. » Or, on ne peut donner ce qu'on n'a pas. Un padre triste est un triste padre ! Saint Paul insiste en ce sens : « Soyez dans la joie. Que votre bienveillance soit connue de tous les hommes... Ne soyez inquiets de rien, mais en toute circonstance, priez et suppliez, tout en rendant grâce, pour faire connaître à Dieu vos demandes. Et la paix de Dieu qui surpasse tout ce qu'on peut concevoir gardera vos cœurs et vos pensées dans le Christ » (Ph 4, 4-7). Là encore, l'expérience du père François Casta est riche d'enseignement.

Ce padre, qui a vécu diverses situations de guerre, raconte la sérénité avec laquelle il a célébré la joie de Noël en plein conflit indochinois, sur un capot de Jeep. Il évoque la manière dont il a partagé cette joie avec ses soldats, une joie qui n'est jamais naïve ni déplacée, malgré la mort qui frappe :

> Nouveau Noël de guerre. Encore une fois, le message de paix est délivré dans le fracas des armes, dans la misère, la pauvreté et le dénuement le plus total ou presque. Une fois encore, nous sommes invités à vivre un Noël selon l'esprit de la Nativité, loin de la fièvre factice des mondaines messes de minuit, des crèches en carton-pâte,

1. Saint François de Sales, *Entretiens*, Tome 1, VI, p. 52, in *Œuvres*, Éditions de la Visitation d'Annecy.

> et de leurs petits santons en sucre d'orge, rose ou bleu. Noël, fête d'Espérance et de Paix que, par la mort de plusieurs légionnaires, parachutistes et tirailleurs, nous ne pouvons vivre en paix[1].

Le padre décrit là une joie intérieure certaine, recentrée sur *l'Essentiel,* même si elle ne se manifeste pas par les tambours et les trompettes. Mais, c'est bien cette joie-là qui est la source de la sérénité recherchée et communicative. C'est en vivant pleinement sa mission d'envoyé du Christ, dans le *compte de faits* d'une joie discrète et d'une sérénité efficiente, que le père Casta a été considéré par les soldats comme *l'un des leurs.*

Quatrième pilier : la confiance en Dieu

Le soldat fait confiance à ses chefs. C'est la condition de la réussite de toute mission, le lecteur le comprend aisément.

C'est également le cas dans la religion. Le croyant fait confiance à Dieu, qu'il soit juif, chrétien ou musulman, c'est un fait.

Ainsi, tout chrétien sait que cette confiance n'est pas un lâcher-prise humain défaitiste, mais un abandon *serein* dans les bras de Dieu. L'abandon n'est pas le laisser-tomber. Le catéchisme de l'Église précise : « Jésus demande un abandon filial à la Providence du Père céleste qui prend soin des moindres besoins de ses enfants : "Ne vous inquiétez donc pas en disant : qu'allons-nous manger ? qu'allons-nous boire ? [...] Votre Père céleste sait que vous avez besoin de tout cela. Cherchez d'abord son Royaume et sa justice, et tout cela vous sera donné par surcroît" (Mt 6, 31-33)[2] ». Envoyé dans le monde de *fer* des porteurs d'*armes* pour soutenir leur force d'âme du *feu* divin, le padre doit vivre cette parole. Conscient de sa faiblesse humaine, il sait que ses propres forces ne suffisent pas pour cela.

1. François Casta, *Homme de Dieu, homme de guerre*, *op. cit.*, p. 78-79.
2. *Catéchisme de l'Église catholique*, n° 305

S'abandonner dans la confiance, à la miséricorde du Seigneur, de manière à permettre à tous ceux qu'il croise de prendre le même chemin, n'est donc pas facultatif. Cela ne peut se faire que dans l'union intime qu'il entretient avec Jésus. La confiance est le fruit de l'amour reçu, accepté et redonné. Pour boire à grande gorgée le nectar de ce fruit, il convient d'« *être prêt* », comme le suggère la devise du 2e régiment étranger d'infanterie.

Se préparer, c'est d'abord s'accepter soi-même, avec ses faiblesses, ses limites et sa pauvreté humaine. Ainsi donc, l'aumônier doit d'abord s'accepter lui-même comme un être aimé de Dieu. C'est parfois, déjà, un travail de longue haleine. Pourtant, c'est de cet amour qu'il tire sa propre confiance en lui-même, non pas dans l'orgueil, l'hédonisme ou la complaisance, mais dans l'humilité de reconnaître ce qu'il est aux yeux de Dieu. Ce présupposé étant bien vécu, l'aumônier catholique peut vivre sa mission, on y revient, d'une manière sereine. Vibrant de la joie de l'Évangile et de l'Évangile de la joie, il sait qu'il reçoit la force de Dieu pour manifester une joie intérieure communicative, celle-ci étant l'expression du don qu'il fait à Dieu et à sa parole de vie. Il va ainsi, prioritairement auprès des plus nécessiteux de ses frères d'armes, leur dire que, quelle que soit la vie qu'ils mènent et les « casseroles » branlantes qu'ils traînent, ils sont aimés de Dieu. Ils peuvent l'aimer en retour, en toute confiance…

C'est cette mission, parfois exercée jusqu'à l'extrême limite de la fatigue qui ne compte pas ses heures de jour et de nuit, qui lui permet d'être ce *re-père* de confiance et même de confidence, si opportun à chacun.

*

Alors que j'étais padre au service d'une base aérienne, le nouveau colonel commandant cette base, dont je connaissais déjà l'anticléricalisme virulent, vient à l'aumônerie dans le cadre de sa visite des lieux. Il trouve, attablés autour du café matinal, trois sergents. « Que font-ils ici ? » Je lui réponds : « lLaumônerie, comme c'est marqué sur le mur, est un service militaire, ouvert à tous durant les heures de service, comme le sont l'infirmerie et le bureau de l'assistante sociale. De plus, ces sergents ont l'autori-

sation de leur chef de service. » Il reprend : « Bon, mais je veux que vous veniez me rendre compte de ce qui se dit ici. » Je lui rétorque : « Je ne suis pas là pour faire remonter des informations qui ne vous regardent pas, au nom même de ma mission et de la confiance établie entre les soldats et moi, confiance qui peut être de l'ordre de la confidence. Toutefois, si l'un ou l'autre est en danger où qu'il vive une situation pouvant mettre en péril la sécurité d'autres personnes, alors, oui, je vous informerai de la chose. »

*

Comment le padre, s'il trahit, par la délation ou l'irrespect de la confidence, la confiance que le soldat met en lui, une confiance qui se reçoit et se cultive, pourrait-il être digne de la confiance que Dieu lui accorde ?

En opération extérieure, dont chacun sait qu'aucune n'est sans danger, comment le padre – et plus généralement tout aumônier – pourrait-il être l'épaule et l'appui attendus si, par crainte de la blessure ou de la mort, la sienne comme celle des autres, ou par simple recherche du confort personnel ou de la reconnaissance auprès des chefs militaires, s'il s'enferme dans sa sacristie ou son bureau, ne sachant ni quoi dire, ni quoi faire ?

*

Je n'avais pas encore 22 ans, j'étais sous-officier. J'ai été affecté à Djibouti pour un séjour de 2 ans. J'avais sous mes ordres, en tant que comptable du matériel, deux soldats, à peine plus âgés que moi, effectuant un service militaire long. Lors d'une relève de la garde, alors que je n'étais pas le chef de poste, l'un de « mes » soldats, visiblement sous l'emprise de l'alcool, blesse son camarade de relève au moyen de l'arme chargée et armée qu'il pointe sur son ventre. Le coup part. Le blessé est évacué à l'hôpital central dans un état critique. « Mon » soldat est aussi hospitalisé en état de choc après une forte crise nerveuse. Je suis convoqué en haut lieu. On me reproche de ne pas être digne de ma responsabilité. On me donne l'ordre d'aller à l'hôpital pour annoncer à « mon » soldat le décès de son compagnon. Je me retrouve être l'accusé principal alors que je n'étais pas de garde ce jour-là.

Rapidement sont organisés le rapatriement du corps du défunt et l'évacuation du soldat incriminé pour une procédure judiciaire. Quant à moi, je ne suis plus considéré comme un élément fiable. Inutile de compter sur le passage au grade supérieur. Je suis mis à l'écart. Je « choisis » alors de « fuir » ma propre réalité au moyen d'un comportement indigne d'un sous-officier placé en terre étrangère. Alcool, stupéfiants (herbe), filles faciles. Je suis arrêté par la Police militaire assurée par les légionnaires de la 13ᵉ DBLE, alors en place ici. Je reçois des « jours d'arrêt » pour sanctionner mon attitude à répétition. Je suis rapatrié disciplinairement au bout d'un an de séjour. Lors de l'affectation suivante, il m'est interdit d'avoir des soldats sous mes ordres. Autant dire que l'accueil que j'ai reçu a été plutôt « froid ».

Durant ces événements de Djibouti, le padre a été l'homme invisible par excellence. Absent pour visiter le soldat incriminé, absent pour veiller le défunt, absent pour son rapatriement, absent pour un temps d écoute avec moi. Ce « silence » indigne a été mortifère. Il ne m'a pas aidé à me « reconstruire », puisque, par la suite, j'ai continué quelque peu ce chemin vaseux en France, avec les sorties pas toujours…. catholiques. De là datent des tatouages qui étonnent certains et qui sont maintenant mon histoire que j'assume. Heureusement que sur ma route, se trouvait un saint prêtre, le père Émile, curé de la paroisse de mon lieu de résidence, qui m'a remis debout et m'a ouvert un chemin plus « vertueux ». Jusqu'à mon entrée au séminaire, trois ans après les faits de Djibouti, je suis resté en contact avec « mon » soldat, gardant avec lui un lien d'amitié. Dès le moment où il a appris de ma part mon changement de vie, il n'a plus souhaité m'avoir comme ami. Ce fut une déchirure de plus…

Ensuite, durant ma vie de padre en exercice, j'ai toujours gardé en mémoire vive cette absence du padre de Djibouti – dont j'ai totalement effacé le nom et le visage – comme un exemple de ce qu'il ne fallait surtout pas réitérer. Cette façon de faire – ou plutôt de ne pas faire – est vraiment l'antithèse de la vocation d'un padre.

*

Comment un padre qui ne prend pas acte de la beauté de sa mission de soutien de l'âme peut-il sereinement la vivre et faire vivre ses frères d'*armes*? Comment un padre qui ne fait pas confiance en la toute puissance divine – même si celle-ci laisse agir le libre arbitre de chacun –, pourrait-il vivre une mission de réconfort de l'âme affaiblie par la crainte légitime de sa propre finalité? Le padre doit tout *honneur* à sa mission de *force d'âme* et au lieu de son déploiement qui est la *force d'arme*. Il doit *fidélité* à sa tenue *intérieure* de soldat du Christ et à son uniforme *extérieur* de militaire, l'un étant le reflet de l'autre!

L'abandon à Dieu est donc un état de confiance, et même un état de repos de l'âme, comme le suggère sainte Thérèse de Lisieux : « Que la volonté du bon Dieu soit faite : c'est là seulement que se trouve le repos. En dehors de cette aimable volonté, nous ne ferions rien, ni pour Jésus ni pour les âmes[1]. » Cet abandon dans l'amour devient alors l'illustration concrète de la foi que possède l'aumônier en ce Dieu qui l'envoie sur le terrain où, le lecteur le sait bien, la violence voudrait parfois avoir le cruel dernier mot.

Ainsi, à l'instar du soldat équipé, d'une part du nécessaire de *fer* pour lutter contre l'ennemi, et d'autre part du *feu* de la confiance en son chef qui le guide lors de sa mission, le padre doit lui aussi se prémunir, d'une part, du *fer* de sa solidité humaine qu'il a préparée sur le terrain commun au soldat et, d'autre part du *feu* de la confiance en Dieu, les deux étant strictement nécessaires pour que les porteurs d'*armes* dont il soutient les âmes, le considèrent comme *l'un des leurs.*

Ces piliers sont un roc

On ne construit pas une caserne sur du sable! Ceci est valable aussi pour le soldat que l'on ne « construit » pas avec de la guimauve dans le cœur. Ceci est également valable pour la « construction » des aumôniers – de tous les cultes – qui ne doivent pas se désintégrer au premier orage. *A fortiori,* bien entendu, ceci est valable pour l'aumônier catholique, qu'il soit prêtre, diacre ou laïc.

1. Sainte Thérèse de Lisieux, *Lettre* 201.

Ainsi donc, les quatre vertus, la *bonté*, l'*abnégation*, la *sérénité* et la *confiance en Dieu*, forment, les quatre imbriquées, un roc sur lequel repose la spiritualité de l'aumônier catholique. En parallèle, grâce à ces quatre piliers, se constitue pareillement celle du soldat chrétien.

Par ces fondations intérieures qui nourrissent l'âme, le padre devient ce qu'il est appelé à être : un disciple assoiffé de Dieu tout en étant assoiffé de la rencontre avec les hommes et les femmes dont il a la charge pastorale. Le soldat chrétien, quant à lui, devient plus unifié et, à sa manière, un témoin de l'amour inventif à l'infini du Christ qui appelle tout homme, servant une juste cause, à demander de vivre en sa grâce. Quant au soldat qui ne croit pas, il n'est pas exempt de faire vivre en lui la *bonté* comprise comme base de fraternité, l'*abnégation* comme source de dépassement de soi, la *sérénité* comme gage de solidité humaine et la *confiance* en ses chefs ou la confiance qu'il entraîne lui-même, en tant que chef, par sa compétence reconnue.

L'important pour chacun, quel que soit ce qui le bâtit intérieurement, c'est, comme le souligne le *Tigre* Clemenceau, de « savoir ce que l'on veut. Quand on le sait, il faut avoir le courage de le dire. Quand on le dit, il faut avoir le courage de la faire[1] ».

Pour le padre, ces vertus inséparables soutiennent sa compétence missionnaire. Il sait qu'il doit l'acquérir pour servir dans le milieu militaire, dans le seul but de l'accomplissement de son *ordre de mission*[2], qui est la tâche ecclésiale à réaliser. Ce faisant, il laisse faire et transparaître en lui la grâce et la vérité qui, comme le rappelle la lettre de l'apôtre saint Jean, viennent de Jésus (cf. Jn 1,17), pour faire la volonté du Père. Grâce à ses armes de lumière qu'il reçoit de son union intime avec son Maître et Seigneur, le Christ, l'aumônier peut se *consacrer*, dans le sens premier du terme, à ses frères militaires, et parmi eux, aux plus nécessiteux. Ainsi armé, priant pour eux et parfois avec eux, étant *l'un des leurs*, il n'a aucune crainte d'avoir avec eux un *compte*

1. Georges Clemenceau, revue *UNC*, janvier 2016, n° 3, p. 6.
2. Terme militaire qui définit une tâche à accomplir.

de faits bien visible. Fier de porter l'uniforme, il marche avec eux, il apprend leur langage, il soutient leur service, il partage joies et peines. Il est comme les *bisons*[1] du 126e régiment d'infanterie dont la devise dit qu'ils sont « *fiers et vaillants* ».

De plus, au nom de la fraternité d'âmes des soldats, dont le lecteur sait bien maintenant qu'elle est constituée d'*armes* et de *larmes*, il a toute compétence pour accompagner leurs familles qui n'en sont pas exclues.

Néanmoins, le padre sait que rien n'est acquis. Équipé du *gilet pare-mal* de la grâce divine qui le fait tenir debout, il peut se heurter à l'accusation contre Dieu qui n'a pas protégé un soldat de la mort ou de la blessure. On peut entendre ce cri du cœur de la part d'une épouse qui ne comprend pas le sens du sacrifice de la vie de son soldat de mari[2], se retrouvant alors désespérément seule. On peut aussi entendre cette plainte de la part d'une maman qui perd la chair de sa chair – et chacun sait que, par ce don de la vie d'un jeune, la *logique* de la vie humaine qui consiste à voir partir les plus anciens en premier n'est pas respectée –. On peut aussi percevoir ce cri de la part des enfants qui ne verront plus leur papa et qui grandiront sans lui. Le padre doit être *prêt* pour entendre ces plaintes humaines légitimes.

D'une autre manière, Il peut aussi subir l'indifférence, voire le mépris ou la condescendance de la part de ceux qui se disent ne pas avoir *besoin* de lui. Il peut être confronté à l'incompréhension de sa présence dans une institution laïque. On peut aussi le rejeter au nom d'une exigence militaire mal comprise qui verrait en lui un trouble-fête, ou plutôt un *trouble-esprit*. Le padre sait donc qu'il a le devoir d'une présence concrète qui, même si elle n'est pas évidente de prime abord par son contre-courant sociétal, est déjà, en elle-même, une

1. Terme attribué aux soldats de ce régiment professionnel avec lequel j'ai eu l'honneur de partir en Afghanistan.
2. Également, il y a eu des femmes militaires qui sont mortes au combat ou en mission commandée. Bien évidemment, elles ne sont pas oubliées.

réponse à certaines interrogations. S'il reste le grand absent, il donne incidemment raison à ses *détracteurs*.

En ce sens, comme un prêtre – ou même tout chrétien – assiste aux événements de sa ville, le padre a toute légitimité – et il en a effectivement le devoir –, de participer aux cérémonies de mémoire, de douleur ou de commémoration, mais également aux autres cérémonies officielles, même aux simples levers des couleurs[1] régimentaires qui peuvent être suivies d'une pause café fraternelle ou d'une activité sportive pour tous.

Ayant été nommé aumônier dans un régiment de la Légion étrangère, j'avais le devoir militaire d'assister au rapport du lundi matin (pour tout le régiment), avec le lever des couleurs. Comme nous étions en tenue de sport avec une couleur pour chacune des unités qui composaient le régiment, j'avais *ma place* dans la compagnie de commandement (débardeur blanc bordé de vert et de rouge, les couleurs Légion). À la suite de cela, nous allions tous ensemble en séance de sport et à l'issue, un café réparateur nous attendait.

Par cette anecdote, le lecteur comprend que le padre – comme les aumôniers de tous les cultes – fait partie d'un corps dont il est l'un des membres.

A fortiori, parce qu'il connaît ce que peut faire la désespérance dans les cœurs, tout padre accepte d'aller avec ses frères soldats là où l'incertitude, la violence, la blessure et parfois la mort conjuguent leurs efforts pour déstabiliser le cœur et le corps. Il est la personne idoine – et missionnée pour cela –, qui, aimant les soldats *jusqu'au bout* comme le Christ, a le devoir fraternel de proposer des moments de recueillement et des célébrations, de promouvoir tout ce qui est en son pouvoir pour restaurer la force de l'âme blessée. Cela peut déboucher, pourquoi ne pas l'évoquer, sur une initiation chrétienne, lorsque le porteur d'*armes,*

1. Rassemblements régimentaires (quotidiens ou hebdomadaires) durant lequel le drapeau est hissé sur le mât des couleurs, et où le commandant du régiment prend la parole pour donner ses objectifs.

qui a bénéficié de la présence affective et effective du padre, voit en celui-ci plus grand que lui, comme le Christ, même s'il ne sait pas encore qui il est vraiment.

Ceci n'étant pas exhaustif, sa mission d'orant actif – et contemplatif – comporte encore beaucoup d'autres choses de *feu* qui font de lui ce que les soldats de *fer* en attendent, un soutien de leur âme. C'est en ce sens qu'il est accepté et que les porteurs d'*armes* le considéreront comme *l'un des leurs.*

TROISIÈME PARTIE
UNE PASSION…

« Ce saint homme aima Dieu de tout son cœur
et imita son exemple. Comme il apparut en ce que,
de même que Dieu mourut pour l'amour qu'il portait à son peuple, à
son tour, il s'exposa à plusieurs reprises,
par amour pour son peuple. »

Jean de Joinville, à propos de Saint Louis,
saint patron du Diocèse aux armées

« Celui qui aime sa vie la perd,
et celui qui cesse de s'y attacher en ce monde
la gardera pour la vie éternelle. Si quelqu'un veut me servir,
qu'il se mette à ma suite, et là où je suis, là aussi sera mon serviteur. »

(Jn 12, 25-26)

1
La passion de l'autre

Comme il n'y a pas de vocation sans mission, il n'y a pas de mission sans passion. C'est ce que le lecteur est invité à découvrir.

Pour être en état de passion, il faut aimer et désirer la paix des cœurs. La passion est un élan d'amour porté vers un autre. Le premier à l'avoir vécu d'une manière parfaite, et donc exemplaire, est, selon tout chrétien, le Christ. Il aima *passionnément* jusqu'à vivre affectivement et effectivement cette Passion en mourant sur la croix du manque d'amour reçu. Ce *compte de faits* de la charité montre à quel point le Christ a souffert ce qu'il ne devait pas souffrir et combien il a souffert davantage qu'il ne devait le faire. Cette passion-là, véritable surplus de charité, a été rédemption du genre humain. C'est un article de la foi chrétienne. L'amour de Dieu, que l'homme n'a pas accepté, a été donné une fois pour toutes. Jamais il ne sera repris. Le lecteur est informé qu'ici se vit le cœur de la passion.

Le disciple du Christ, qui a choisi en son âme et conscience de « prendre sa croix et de suivre Jésus » (cf. Mt 16,24), a librement accepté cet amour rédempteur divin. Il n'est pas l'esclave de cette décision, mais il perçoit en elle sa vocation humaine qui l'appelle au dépassement de soi au profit *passionné* du service des autres. En ce sens, il rejoint quelque peu la vocation militaire. Le lecteur peut voir ici que les deux vocations ont vraiment des points de convergence.

La passion est donc un état d'amour – mieux encore, une dynamique – qui va jusqu'au bout, et parfois jusqu'au bout de la souffrance lorsqu'on ne lâche pas l'amour. Il est d'ailleurs intéressant de constater que le mot même de « passion » vient du latin *passio*, voulant dire « souffrance », traduit en grec par *pathos*, qui a donné les verbes « pâtir » et « compatir »[1], mais aussi le mot « patience », dont chacun sait qu'il évoque à la fois la résignation et la persévérance.

Par déduction, il n'y a donc pas de passion sans autrui. Le soldat le sait bien, lui qui est au service des autres. Le Christ a montré ce chemin du décentrement de soi au profit du frère. Il a communié avec l'humanité – sauf le péché – jusqu'à prendre sur lui le mal qui la détruisait en l'éloignant du Père du Ciel. La passion du Christ est communion. D'une certaine manière, le chef militaire ressemble au Christ : lui aussi montre à ses *disciples*[2] le chemin d'un décentrement de soi pour le secours à apporter au prochain.

Le disciple, qui suit son Maître, reçoit en lui les moyens pour vivre à sa suite, comme lui. Sans cela, il est impossible de suivre un guide. Pour le chrétien, en l'occurrence le padre, il s'agit d'entendre résonner dans son âme, malgré le brouhaha du monde, cette parole vivante, et toujours actuelle, qu'il doit mettre en acte : « Aimez-vous les uns les autres. Comme je vous ai aimés, vous devez vous aussi vous aimer les uns les autres. Si vous avez de l'amour les uns pour les autres, *tous* reconnaîtront que vous êtes mes disciples » (Jn 13, 34-35). Ainsi, ce *tous* est appelé à rejoindre aussi ceux qui ne croient pas. C'est en voyant les œuvres d'amour charitable qu'ils peuvent alors se poser la question du « pourquoi pas moi ? ».

Cette communion à la parole de Dieu est la véritable passion vibrante qui meut l'âme, l'esprit et le corps du disciple chrétien. La pas-

---

1. *Pâtir* renvoie à la souffrance languissante individuelle et *compatir* (préfixe *com* : avec) signifie plutôt prendre part à la souffrance d'autrui.

2. Le mot « disciple » est pris ici dans son sens étymologique : celui qui met en œuvre la *discipline* (l'attitude, le comportement et l'action) de son maître, dont il perçoit le bon exemple.

sion est donc une communion. Et cette façon de la concevoir rejoint directement la façon militaire de la vivre. Il y a toujours, en vue de la réussite d'une mission, communion entre le chef et les subordonnés qui voient en lui un guide et un exemple qui *a fait ses preuves.*

Si le disciple est destiné à vivre ainsi, à la suite d'un autre dont il voit le bon exemple fructifiant, il est évident que celui qui a été *ordonné* comme envoyé de l'Évangile doit, lui aussi, vivre de cette communion divine, *passionnément.*

La passion de la mission du padre n'est donc pas autre chose qu'une communion avec son *Chef,* le Christ. Cependant, celle-ci n'a de sens que si elle devient communion avec les porteurs d'*armes*, ces hommes et femmes de *fer* qui lui sont confiés par l'Église afin d'attiser en eux le *feu* de leur force d'âme. Et comme cette communion n'est aucunement limitée par de stériles frontières, elle s'ouvre sur « *ceux du dehors* ».

En quoi cela rejoint-il le soldat ? Le lecteur vient de lire qu'il est appelé à vivre *passionnément* la mission qui est la sienne et qu'il reçoit au profit de la protection des autres, quitte à donner sa vie pour cela. Les deux passions, celle du soldat pour son Armée, et celle du padre pour l'Évangile, ne sont pas étrangères l'une à l'autre, il semble nécessaire de le redire. La *force d'arme* a besoin de la *force d'âme*.

À cette intention, le padre priorise, affectivement et effectivement, les moyens de réaliser ce *compte de faits* entre l'une et l'autre passion : l'accompagnement, l'écoute, le soutien et l'amour, dont saint Vincent de Paul rappelait qu'il est *inventif à l'infini*.

2
Accompagner, écouter, soutenir, aimer

Quoi de plus pertinent que la parole d'un soldat pour que chaque padre – et par extension, *tous* les aumôniers – entende ce qu'on attend de lui. Le micro est donné à l'ancien chef de corps du 3e régiment d'infanterie de marine, le général de corps d'armée Xavier de Woillemont :

> L'aumônier des forces armées, homme de spiritualité, de réflexion et d'éthique, est aussi homme d'écoute, d'accueil et de conseil pour celui qui le souhaite, quelle que soit sa conviction religieuse ou philosophique. Ce soutien, comme le service cultuel, s'adresse également aux militaires blessés ou hospitalisés ainsi qu'aux familles[1].

L'attente des soldats, de la base au plus haut de la hiérarchie, est claire et pertinente.

Finalement, même s'ils ne sont pas tous confrontés à la mort et aux questions du sens à donner à leur vie, les porteurs d'*armes* savent bien qui sont les aumôniers, particulièrement les padres, et ce qu'ils sont appelés à faire pour eux afin de devenir l'*un des leurs*. Et lorsque le padre, ce souteneur des âmes, entend, de la part d'un soldat pourtant

1. Xavier de Woillemont, « L'aumônerie militaire », revue *Inflexions*, janvier-mars 2009, n° 10, p. 86.

aguerri, ce genre de parole : « *La mort est passée par là. La mort est en action devant moi. J'en suis l'auteur*[1] », il y a urgence à mettre en œuvre son ministère de toute son âme, de tout son esprit et de tout son corps.

Certes, il est encore utile d'insister auprès du lecteur pour souligner que le padre ne reçoit pas sa mission des soldats mais de l'Église. Même s'il doit la vivre dans l'*Honneur* et la *Fidélité*[2] au Christ et dans un milieu particulier, cette mission ne lui appartient pas. Une de ses finalités, peut-être la plus importante, est la sanctification du milieu militaire, en lien avec l'*Honneur* et la *Fidélité* qu'il déploie aussi envers ce milieu de *fer* extérieur et de *feu* intérieur. Le padre, parce qu'il vit au cœur de son organisation, sait que cet univers déploie des armes qui doivent toujours être opérationnelles. De plus, l'Armée dispense un entraînement basé sur le recours aux limites humaines auquel le padre peut lui-même participer, à sa juste place. Encore une fois, on ne va pas lui demander d'être le meilleur au tir et de tester des nouvelles armes plus destructrices que les précédentes, mais on attend de lui qu'il exerce une présence d'accompagnement visible. C'est là une nécessité.

Étant présent affectivement et effectivement, le padre participe à la gestion de la reconnaissance et de l'acceptation des limites humaines, soulignant, de la sorte, que ces limites ne doivent pas être comprises comme mauvaises, puisqu'elles sont intrinsèquement liées à la condition humaine. Le *transhumanisme* militaire est à bannir.

C'est dans cet univers particulier, qui ne renie aucunement la dignité humaine et qui cherche *in fine* la paix entre les peuples, que le padre doit être force de sanctification et de sérénité pour les âmes.

*

Après une opération particulièrement « chaude » et « mouvementée » ayant entraîné les blessures de deux soldats, un des fantassins qui avaient vécu toute la journée sous le feu de l'ennemi et qui avait dûment riposté, me tint ce langage : « Padre, j'ai tiré beaucoup de balles, j'ai vu tomber des

1. Gérard Chaput, in *La densification de l'être, op. cit.*, p. 26.
2. *Honneur et Fidélité* : par ailleurs, une devise de la Légion étrangère

ennemis. Cette violence a entraîné en moi une certaine jouissance que je n'avais encore jamais ressentie. Padre, j'ai peur... J'ai peur que la violence me fasse jouir intérieurement. J'ai peur parce que j'ai des enfants et j'ai peur, parce que je sais maintenant que j'ai cette violence en moi, d'être violent avec mes enfants. Padre, j'ai besoin de votre aide. » D'abord surpris par ces révélations, je ne suis pas là pour lui donner des leçons ni pour le juger. Je lui propose d'accompagner cette connaissance qu'il a maintenant des limites de lui-même, afin de la canaliser, de la purifier et d'en faire une force positive. Je l'invite s'il le souhaite, à aller en parler au médecin, qui est un ami, et dont j'ai pu mesurer la compétence, tout en lui disant qu'il n'est pas « malade ». Je ne suis pas là pour le culpabiliser et l'écraser sous le poids de l'amoralité de ses propos mais pour le remettre debout, justement avec passion. Nous avons cheminé durant tout le séjour et bien après notre retour, alors qu'il était revenu dans sa famille, jusqu'à ce qu'il assume pleinement cette connaissance de lui-même et qu'il la maîtrise dans la paix d'une sérénité retrouvée. Il est important de ne pas laisser le soldat qui vient de subir un choc né de la violence de sa mission, seul avec lui-même. Il serait en danger « de mort ». Il pourrait aussi mettre en danger la vie de ses proches.

*

Trouver la sérénité de l'âme est assurément bâtir l'équilibre intérieur qui fera tenir debout l'édifice extérieur. Le padre le sait par expérience. Chercher à promouvoir la dignité des peuples commence par la promotion de la dignité individuelle, de celui que l'on croise, qui est le prochain, le camarade, le frère d'armes, et par extension, celui que le soldat protège là où il se trouve. C'est ainsi qu'il peut annoncer, sans trembler, ce que l'Église entend par *dignité humaine* et *paix entre les peuples*. À cet égard, il est bon de noter, encore une fois, qu'il peut y avoir une certaine connivence de pensée entre l'Église et l'Armée. Aucune des deux institutions n'est fermée sur elle-même au nom de la paix à répandre, vaille que vaille, et de la dignité de l'homme à sauvegarder, à temps et à contre temps.

C'est ainsi que l'on peut entendre ce que souligne, d'une manière pertinente, le général Irastorza, ancien chef d'état-major de l'Armée de terre, avec lequel j'ai eu plaisir à servir en Côte d'Ivoire : « Le droit international de la guerre (*jus ad bellum*) et le droit international humanitaire (*jus in bello*) ont pour but de faire respecter ces deux principes[1] » que sont justement la *dignité humaine* et la *paix entre les peuples*. Le padre est donc une aide précieuse du commandement militaire lorsqu'il met en acte sa connaissance spirituelle sur ces sujets dont il apparaît nécessaire qu'ils l'aient intéressé en amont. Le service de la *force d'âme* du soldat passe concrètement par le désir qu'a le padre de développer, chez les tenants de la *force d'arme* de tous les grades, une réflexion spirituelle sur ce que sont effectivement la *dignité humaine* et la *paix entre les peuples*.

Tout padre, quel que soit son statut, prêtre, diacre, laïc ou religieux, est mandaté pour ce faire, comme, du reste, les aumôniers des autres cultes. De tout son charisme, il le fait, en veillant à ne jamais outrepasser sa tâche spirituelle d'accompagnement, d'écoute, de soutien et d'amour, même s'il ne doit pas craindre d'avoir « *de l'audace, toujours* », comme l'annonce la devise du 68e régiment d'artillerie d'Afrique.

1. Général Elrick Irastorza, revue *Inflexions*, art. cit., p. 64. On peut traduire *jus ad bellum* par le « droit de faire la guerre (entrée en guerre) » et *jus in bello* par le « droit dans la guerre (conduite de la guerre) ». Le général Bachelet précise : « Pour le jus ad bellum, la guerre est légitime, dès lors que : le but est clairement et sans ambiguïté de restaurer la paix ; l'autorité qui en décide est elle-même légitime ; les moyens employés sont strictement adaptés aux violences à contrer ; les dégâts occasionnés ne seront pas supérieurs à ceux que l'on peut éviter ; les chances de succès sont réelles. Le jus in bello est le respect de l'adversaire, notamment blessé ou prisonnier, et le souci marqué d'épargner ceux qui ne portent pas les armes » (*Pour une éthique du métier des armes*, *op. cit.*, p. 22). Mgr Antoine de Romanet complète cela en évoquant le *jus post bellum* (droit après la guerre) qui « vise à inscrire la paix dans un temps long et assurer la concorde entre les États en favorisant l'épanouissement d'une société internationale fondée sur le droit, ce à quoi ne cesse d'appeler le pape François » (« *Violence et religions entre guerre et paix* », art. cit.) Voir aussi le livre du général Renaud de Malaussène, *Une guerre juste ?*, Éditions Alisio, 2019.

3
Diversité de charismes pour une même passion

Même si sa tâche peut être comprise comme l'évangélisation du monde, l'Église n'est pas un monolithe dans sa façon de l'exercer. Le lecteur sera peut-être surpris de savoir que l'unité qu'elle promeut dans la communion n'est pas une uniformité. Cela se vit aussi dans ses instances locales.

Le lecteur est invité, à présent, à entrer dans un domaine qui pourra lui paraître quelque peu flou, à savoir l'organisation ecclésiale qu'il semble nécessaire d'évoquer ici pour apprécier la mission dévolue à l'aumônier catholique.

Même s'il n'a pas de limites géographiques[1], le Diocèse aux armées vit cette communion dans la diversité des ministères qui sont *tous* en vue de l'évangélisation du milieu militaire, de ses familles et par extension, des retraités militaires qui le désirent, notamment dans les associations d'anciens combattants.

*

Alors que je suis aujourd'hui aumônier en réserve citoyenne, j'ai le grand plaisir d'exercer une partie de mon ministère auprès des « anciens »

1. Le Diocèse aux armées est présent partout où se trouvent des soldats. À ce titre, il n'est pas territorial.

qui vivent parfaitement la devise signifiante du 1er régiment d'infanterie disant « Fidèle au passé, exemple pour l'avenir ». Je fais donc partie de l'association des Porte-drapeaux. Je suis moi-même porte-drapeau adjoint pour l'Ordre national du Mérite de mon département de résidence. Je suis bien intégré au sein de l'Union nationale des Combattants qui m'a remis la médaille du mérite, échelon argent. J'ai toujours un vif plaisir à retrouver les anciens de la Légion étrangère vivant aux alentours. Nous commémorons fièrement chaque année le combat de Camerone. J'ai la joie de rencontrer les membres de la Légion d'honneur. J'essaie de répondre avec Honneur et Fidélité aux appels des uns et des autres, que ce soient pour des obsèques, pour des messes anniversaires, ou pour les cérémonies officielles et les congrès. Modestement, j'essaie, à travers cette présence, d'être un témoin de ce qui nous dépasse, l'histoire de notre Patrie et la sacralité qu'elle peut en tirer en Dieu.

*

Encore une fois, que le lecteur ne s'y trompe pas, il ne s'agit nullement d'une sournoise action de prosélytisme mais d'une simple proposition de foi qui est présentée, en actes et en paroles, par tout chrétien qui est persuadé que le bonheur de l'homme est dépendant de sa rencontre avec Dieu.

On l'a évoqué en début de traité, même si tous sont appelés « *aumôniers militaires catholiques* », les padres ont divers statuts, non pas au sens de la hiérarchie – conçue comme à l'Armée par exemple – mais au sens du service[1]. Ainsi donc, même si c'est une *identique* mission qui motive chacun, celle-ci se décline, pour chacun, d'une manière différente, en lien avec son statut particulier qui ne doit jamais être perçu comme un handicap ou un frein.

1. Par exemple, au sein de l'aumônerie catholique, lorsqu'un aumônier reçoit un mandat pour exercer, durant un temps, la mission d'aumônier régional de zone, il doit être prêt, à l'issue de son mandat de « responsable », pour retourner « simple » aumônier de base de défense, de base aérienne ou de régiment.

Ce statut est lié à la façon dont chaque aumônier catholique a été appelé dans l'Église. « Il y a diversité de dons, mais c'est le même Esprit ; diversité de ministères mais c'est le même Seigneur ; divers modes d'action mais c'est le même Dieu qui produit tout en tous. Chacun reçoit le don de manifester l'Esprit en vue du bien de tous » (1 Co 12, 4-7).

Cette diversité de ministères, soulignée, dans la Bible, par l'Apôtre saint Paul, induit qu'à partir du sacerdoce[1] commun – dit aussi baptismal ou des fidèles – auquel *tous* sont rattachés, il existe un sacerdoce dit ministériel[2] qui demeure une marque particulière du Christ sur la personne choisie en vue de son service. Saint Jean-Paul II rappelait cette évidence :

> Si le sacerdoce commun vient du fait que Dieu a choisi le peuple chrétien pour l'établir comme un pont vis-à-vis de l'humanité, et s'il concerne chaque croyant en tant qu'il est inséré dans ce peuple, le sacerdoce ministériel est, en revanche, le fruit d'une élection, d'une vocation spécifique : Jésus appela ses disciples et en choisit douze (Lc 6, 13-16). Grâce au sacerdoce ministériel, les fidèles prennent conscience de leur sacerdoce commun et ils le mettent en pratique (cf. Ep. 4,11-12)[3].

Quant à la Congrégation pour le clergé, elle précise qu'« au sein du peuple sacerdotal le Seigneur a donc institué le sacerdoce ministériel,

---

1. Le sacerdoce est une consécration. Tous les baptisés sont consacrés au Christ. Parmi eux, le Christ en choisit certains pour assurer une responsabilité de service dans l'Église et participer à son propre sacerdoce : « Guérissez les malades, ressuscitez les morts, purifiez les lépreux, chassez les démons. Vous avez reçu gratuitement, donnez gratuitement » (Mt 10, 8), « Tout ce que vous lierez sur la terre sera lié au ciel et tout ce que vous délierez sur la terre sera délié au ciel » (Mt 18, 18), et encore : « Ceci est mon corps donné pour vous, faites ceci en mémoire de moi » (Lc 22, 19).
2. Sacerdoce lié au service du Christ, un service qui ne compte pas ses heures. Il s'agit d'une consécration à une mission qui engage *tout* l'être, en *tout* temps et en *tout* lieu, d'où la nécessite du célibat pour le prêtre.
3. Jean Paul II, *Allocution aux participants de l'Assemblée plénière de la Congrégation pour le clergé*, 23 novembre 2001.

auquel sont appelés certains fidèles pour servir tous les autres avec charité pastorale et au moyen du pouvoir sacré. Le sacerdoce commun et le sacerdoce ministériel se différencient l'un de l'autre par leur essence et non seulement en degré : il ne s'agit pas seulement d'une plus grande ou moins grande intensité de participation à l'unique sacerdoce du Christ, mais d'une participation essentiellement différente. Le sacerdoce commun se fonde sur le caractère baptismal, qui est le sceau de l'appartenance au Christ qui "rend capable et engage les chrétiens à servir Dieu dans une participation vivante à la sainte Liturgie de l'Église et à exercer leur sacerdoce baptismal par le témoignage d'une vie sainte et d'une charité efficace"[1]. Le sacerdoce ministériel, en revanche, se fonde sur le caractère imprimé par le sacrement de l'Ordre, qui configure au Christ Prêtre, de façon à pouvoir agir en la personne du Christ Tête avec le pouvoir sacré, pour offrir le Sacrifice et pour remettre les péchés[2]. Ainsi, (se) personnifie... la triple charge – prophétique, cultuelle et royale – du Christ lui-même en tant que Tête et Pasteur de l'Église... (Ce sacerdoce ministériel) provient du Christ lui-même. Il est lié au pouvoir de former et de diriger le peuple sacerdotal[3]. (Son accomplissement est lié au Christ) qui, lui-même "sert" sans cesse le Père dans l'œuvre de notre salut. L'existence sacerdotale est et doit être profondément imprégnée de ce service[4] ».Rajoutons que, si « le prêtre, alter Christus[5], est dans l'Église le ministre des actions salvifiques essentielles, il n'est pas la source de la vie spirituelle mais il est celui qui la distribue à tout le peuple de Dieu. Il est le serviteur qui, dans l'onction de l'Esprit, a accès au sanctuaire sacramentel : le Christ crucifié (cf. Jn 19, 31-37) et ressuscité (cf. Jn 20, 20-23) de qui jaillit le salut[6] ».

---

1. *Catéchisme de l'Église catholique*, n° 1273.
2. Concile Vatican II, décret *Presbyterorum Ordinis*, n° 2 et 13.
3. Concile Vatican II, constitution *Lumen Gentium*, n° 10.
4. Congrégation pour le clergé, « Le prêtre, pasteur et guide de la communauté ecclésiale », Instruction, 2002, n° 6-7.
5. Autre Christ. Saint Vincent de Paul rappelait à ses prêtres qu'ils étaient « *configurés à lui* ».
6. *Ibid.*, n° 8.

Le lecteur, qui découvre peut-être dans le cadre de sa culture générale cette vie d'Église qui peut lui paraître encore imperméable, ne doit pas être étonné d'entendre qu'il ne s'agit pas d'opposer les charismes et les statuts dans l'Église. Pour faire la volonté de Dieu, *tous* les baptisés sont complémentaires les uns des autres. Cette complémentarité vient du désir du Christ qui appelle les uns au sacerdoce ministériel et les autres à la sanctification des structures de la société au nom du sacerdoce commun[1]. Ceci est aussi valable pour les missionnaires catholiques déployés comme soutien des âmes au sein de la *force d'arme.*

Pour *tous* les aumôniers de tous les statuts et même de tous les cultes, cette société particulière, dont ils soutiennent la *force d'âme,* est militaire. Il s'agit pour eux *tous,* de vivre une complémentarité spirituelle. Si *tous* les aumôniers sont invités à ne pas jouer une certaine concurrence de terrain, *tous* les padres doivent, quant à eux, c'est une certitude, s'*aider* et s'*aimer* les uns les autres.

Un exemple concret de cette aide spirituelle, et de cet amour charitable qu'ils doivent avoir les uns envers les autres, est l'institution de la mission de « modérateur de la charge pastorale » que certains aumôniers prêtres reçoivent pour accompagner les aumôniers diacres et laïcs. Il s'agit là d'une charge d'épiscope[2], pour reprendre un terme biblique, non pas tant pour *sur-veiller* que de *veiller sur*, en vue de grandir soi-même dans la foi et de faire grandir l'autre, au profit du bien de tous, *a fortiori* dans le cas présent pour le bien des porteurs d'*armes* dont les âmes restent toujours à soutenir.

Ainsi, lorsque cette charge est faite dans la fraternité évangélique[3], elle aide le padre – quel que soit son statut ecclésial – à se laisser reconnaître pour un disciple aimant du Christ, lui qui reste le seul

---

1. *Ibid.*, n° 7.
2. Terme issu du grec qui renvoie à « ancien qui veille ». Cf. citation biblique au chapitre 2 de la première partie.
3. Le *Catéchisme de l'Église catholique* souligne que « l'exercice de l'autorité liée au sacrement de l'Ordre doit se mesurer d'après le modèle du Christ qui par amour s'est fait le dernier et le serviteur de tous » (n° 1551).

Maître à tous. Les padres, s'ils ont compris cette diversité de ministères évoquée par saint Paul, restent ensemble serviteurs des hommes à cause de Jésus (cf. 2 Co 4, 5), en lui, par lui et avec lui.

Ainsi, la parole que le padre délivre, quel que soit son ministère, est celle de Dieu que l'Église a méditée et qu'elle lui confie *pleinement* au profit d'êtres concrets, ses frères militaires et leurs familles. Comme le précise le vénérable père Casta, l'Église « a pour mission de conduire les hommes à Dieu, l'Armée, d'instruire, de former et de préparer techniquement, physiquement et psychologiquement ces mêmes hommes au combat, mais de telle manière que cette préparation ne les empêche pas d'entrer en contact avec Dieu[1] ».

La mission pastorale de *tout* padre est claire, puisqu'il est envoyé dans l'Armée au nom de l'Église et non en son nom propre, un peu comme le soldat qui ne choisit pas sa mission et qui est envoyé sur le terrain hostile au nom de sa Patrie. Cette mission est participante de la formation de l'humain, puisque le padre prend conscience que l'homme n'a de sens qu'en Dieu. C'est cette mission pour laquelle *tout* padre développe sa capacité à l'accompagnement, l'écoute, le soutien et l'amour du prochain. Il fait cela en vue de Dieu et non de sa propre gloriole.

1. François Casta, *Homme de Dieu, homme de guerre*, *op. cit.*, p. 141.

4
Accompagner…

Dans notre monde où l'individualisation prend le pas sur la collectivité, dans ce même monde où l'émotion domine la volonté, ou la subjectivité écrase l'objectivité, où l'intérêt individuel éradique le bien commun, où sa propre liberté devient la norme de toute pensée, où la culture et l'histoire deviennent des erreurs à condamner, il apparaît comme une prouesse de vouloir accompagner quelqu'un d'autre sur le chemin de sa propre vie. Pourtant, n'en déplaise aux égocentriques forcenés, l'accompagnement n'est pas un lavage de cerveau mais une libération. D'aucune manière, il est la soumission d'un esprit à un autre. L'Église en fait le pari et l'Armée en fait une nécessité.

Étymologiquement, le compagnon est celui qui partage le pain avec son frère. On voit déjà ici la nécessaire crédibilité d'être affectivement et effectivement proche du frère pour oser partager le pain avec lui. L'aumônier n'est nullement un *compagnon* de route s'il reste dans son coin à manger son pain tout seul et ne cherche pas le contact. Il a une mission d'accompagnement spirituel et humain basée sur le partage de vie. Il doit oser sortir de lui-même pour vivre cette tâche missionnaire, à la manière de la devise du 4e Régiment d'Hélicoptères de Combat qui prône « *Nulle part sans nous* » !

Le padre doit être là, non seulement où les soldats l'attendent et l'espèrent, mais aussi là où on ne l'attend pas et où il semblerait qu'il n'ait rien à apporter. Par exemple, pour reprendre ce thème vu plus haut, accompagner la troupe dans des célébrations officielles. Sa présence permet ainsi à cette *liturgie* militaire, qui code chaque moment de ces cérémonies, d'avoir un supplément d'âme, juste par le fait même d'être là, au garde-à-vous, au milieu des porteurs d'*armes* dont il est aussi, de cette manière *l'un des leurs.*

Bien entendu, et c'est là une part non négligeable de sa mission ecclésiale, il doit accompagner, avec passion, la foi des soldats qui confessent le Christ. Il est la braise incandescente qui attise leur *feu* intérieur. Accompagner les militaires chrétiens qui vivent dans le *fer* des armes exige du padre qu'il se donne du temps et des moyens pour cela. L'insistance pour avoir un lieu de respiration sacramentelle (une chapelle ou un endroit qui servira aux offices) n'est pas inutile en ce sens. Le padre peut proposer, comme on le fait en paroisse, des temps de réflexion, ou un accompagnement précis, qu'il soit en vue des sacrements de l'initiation chrétienne (baptême et confirmation d'enfants par exemple) ou de réconciliation. Il peut aussi développer des œuvres de charité auprès des populations défavorisées, comme par exemple, en mettant les soldats et les cadres en contact avec des organismes tel le Secours catholique de la ville de garnison. Ces œuvres de charité étant porteuses du bien en elles-mêmes, ceux qui y participent et qui ne connaissent pas la foi peuvent émettre le désir d'y voir un peu plus clair, ce qui peut aller, pourquoi pas, jusqu'au baptême. Le padre sait donc gérer son temps, afin de concevoir que les longs moments consacrés pour ces démarches d'accompagnement spirituel ne sont jamais du temps perdu pour lui !

S'il éprouve de la difficulté à sortir de ses sécurités à cause d'un caractère timide, il doit se laisser lui-même « secouer » par ses pairs qui lui assurent à ce moment-là un soutien de véritables *compagnons.* Lui-même, par ailleurs, peut exercer ce ministère d'accompagnement fraternel auprès d'autres aumôniers en retour de cette aide reçue, et pas uniquement auprès des aumôniers de son culte.

Le padre doit donc avoir l'humilité de reconnaître ce qu'il est pour se laisser accompagner spirituellement et demander de l'aide lorsqu'il en ressent le besoin. Considérer que l'on est un surhomme et que l'on peut vaincre seul, à la force de son bras et à la sueur de son front, les adversités trop brutales, est un orgueil létal. Le padre n'est pas là pour lui-même mais en vue des autres. À ce titre, il ne doit jamais oublier que la mission qu'il a reçue d'un autre reste l'accompagnement passionné de ses frères d'armes, puisqu'il a le souci pastoral d'être *l'un des leurs*.

5
Écouter…

Écouter : dans la Bible, on sait toute l'importance de ce verbe, puisqu'il introduit, comme un *compte de faits,* les dix commandements que Dieu donne à son peuple. Pour le croyant, l'écoute est perçue comme un acte de foi, le premier, ou, du moins, celui qui conditionne les autres.

Par excellence, Jésus est, avec passion, l'homme qui écoute et qui, ce faisant, pose son regard aimant sur celui qui lui parle. Il lui manifeste ainsi son amour libérateur. Le disciple du Christ a la même tâche. Avec la grâce de Dieu aidant, il est l'homme de l'écoute.

Au sein du monde militaire, le soldat est formé à l'écoute. Il sait donc ce qu'elle est : une nécessité pour comprendre la mission qu'il reçoit. S'il n'écoute pas le chef lui présenter ce qu'il doit faire pour la mettre en action, c'est tout le groupe qui en subira les conséquences, et celles-ci peuvent être désastreuses. En ce sens, l'écoute est aussi, *militairement parlant,* une vertu *religieuse* puisqu'elle *relie* intimement le soldat et son chef.

C'est dans un contexte quelque peu équivalent que se situe le padre. En premier lieu, il écoute son *chef,* le Christ. Sans ce présupposé, il ne peut être padre !

Ensuite, fort de cette écoute *religieuse* du Seigneur, l'aumônier, même s'il n'est pas le seul à avoir cette capacité[1], est l'homme idoine pour écouter ses frères. Ce moment est un moyen privilégié d'être au service de chacun.

*

À l'issue de la fin du second séjour en Afghanistan, j'ai pu bénéficier de cette « cellule d'écoute » mise en place par l'Armée qui en avait bien vu la nécessité (notamment depuis les terribles opérations au Rwanda en 1994). En ce qui me concerne, je n'avais pas compris son utilité et, comme beaucoup de frères d'armes présents avec moi dans ce « sas de décompression », il ne me tardait qu'une chose : rentrer chez moi ! Or, dans l'entretien psy (obligatoire) avec un médecin colonel (que je connaissais par ailleurs), j'ai dit la phrase suivante : « Finalement, je n'ai pas envie de retourner en France car ma monotonie quotidienne va m'agacer. » Cette phrase, que je croyais bénigne, a déclenché une réflexion qui partait de sa réponse : « Tu ne vas retrouver ta monotonie quotidienne, mais ta vie normale. Ce que tu as vécu en Afghanistan durant 6 mois est anormal, ce n'est pas la norme de ta vie. C'est maintenant fini. » Ces mots, il me fallait les entendre. Si je les avais entendus lors de la fin de mon premier séjour (il n'y avait pas encore ce sas), j'aurais sans doute évité de péter les plombs comme je l'ai fait, étant pendant un temps incapable d'aligner une phrase correcte, m'énervant pour un oui ou un non, et bien entendu ne pouvant rien dire sur cette « expérience » du terrain, durant laquelle, durant mon premier séjour de 6 mois, j'avais été au contact direct de la mort de plusieurs soldats dont j'avais, avec les infirmiers, nettoyé les corps défigurés ou brûlés par la mort et le feu du fer des armes ennemies. À chaque fois qu'un corps

1. De fait, il existe tout un personnel formé à l'écoute au sein du monde militaire, en plus des aumôniers. Il y a les médecins, les assistantes sociales, les présidents de catégorie (officiers, sous-officiers et militaires du rang), mais encore il existe aussi une cellule d'accompagnement psy, notamment au profit des soldats de retour de théâtres d'opération difficiles. Bien entendu, le premier niveau de l'écoute se fait avec le chef direct (de section, commandant de compagnie…) qui peut diriger le soldat vers un « spécialiste ».

meurtri arrivait au service médical, j'essayais d'être présent, non seulement pour accompagner les jeunes infirmiers mais aussi pour les faire rompre un silence mortifère au moyen de leur parole libératrice. Lorsqu'on est infirmier, on n'est pas là pour nettoyer les morts mais pour soigner les vivants, il fallait donc être là pour leur donner une main secourable. En outre, je donnais une prière qu'ils acceptaient tous et je mettais une médaille miraculeuse de la Vierge Marie[1] *sur le front ou le cœur de chaque soldat tombé au champ d'Honneur. Ensuite, nous fermions ensemble le sac mortuaire. Tous ces événements, s'ils restent enfouis dans une résilience mal assumée, peuvent un jour ou l'autre remonter à la surface et faire vraiment du mal. Il est donc essentiel, et même existentiel, de faire jaillir la parole et l'écoute pour mieux les assumer.*

*

Le padre est, comme la cellule d'aide aux blessés, formé à l'écoute. Du moins, doit-il l'être. Il sait *toujours* se rendre disponible, car écouter le frère qui a besoin de parler est toujours une urgence pastorale[2]. Son aumônerie doit être connue pour cela. Le serviteur de la *force d'arme* doit pouvoir y trouver l'espace chaleureux où l'écoute sera mise en valeur, pour son propre bien être et pour la *force de son âme.*

Alors si l'écoute est bien un acte de foi, c'est pour aider l'écouté à tenir dans l'espérance, au nom de la charité qui habite le cœur de l'écoutant, c'est-à-dire, au nom de Dieu qui, dans son humilité, se fait le premier écoutant. Le padre est dans son identité d'envoyé de Dieu lors de cette écoute. Il sait que l'écoute, c'est la libération de la parole de l'écouté. Et la libération, c'est ce que, passionnément, Jésus est venu offrir aux hommes : « L'Esprit du Seigneur est sur moi parce qu'il m'a conféré l'onction pour annoncer la bonne nouvelle aux pauvres. Il m'a envoyé proclamer aux captifs la libération » (Lc 4, 18). Le padre, lui

1. Médaille dite aussi de « la rue du bac » (Paris). En 1830, une jeune novice Fille de la Charité a été témoin de l'apparition de la Vierge Marie, dans la chapelle de la communauté. La Vierge demanda à cette jeune fille, sainte Catherine Labouré, de faire frapper une médaille ovale dont elle lui présenta les deux faces en vision.
2. Sur la nécessité de l'écoute, lire mon livre *Le café du padre* , Salvator. 2019.

aussi se laisse envahir par la grâce de l'Esprit Saint afin de se désarçonner de lui-même en vue de laisser Dieu être le primo-écoutant. Le padre apportera alors une réponse juste et appropriée à cette écoute, qui en amont de sa vie aura été l'objet de sa prière.

Le padre le sait, parce que lui-même communie à la vie des soldats, souvent faite de douleurs et de violence. L'écoute est, de fait, une part importante de son ministère de missionnaire du Christ. Et cela, tous les soldats le savent. Ceux qui ne le savent pas l'apprennent de leurs chefs, même si ces derniers ne sont pas chrétiens. Les témoignages sur l'écoute sont, à cet effet, on ne peut plus nombreux au sein de l'aumônerie militaire catholique.

En voici un parmi d'autres : Le padre Christian Vénard est au Kosovo, en juillet 1999. Le caporal-chef Marc vient le voir : « Padre, je peux vous parler un peu ? – Évidemment, mon grand, je suis quand même là pour ça ! – Padre, ça va pas bien dans ma tête, j'ai besoin de parler ! – Eh bien, qu'est-ce qui se passe ? – Je vais péter un câble ! – Bon, raconte-moi si tu veux. – Padre, mon binôme avec qui j'ai tout fait, vient de se suicider en France, au service psy où il est depuis qu'il est rentré du Rwanda. J'ai trop mal pour lui et j'ai peur pour moi. – Qu'est-ce qui a pu se passer ? – Vous savez, Padre, on nous a fait faire des trucs pas possibles au Rwanda. Des horreurs. On ne devrait pas demander des trucs pareils à des êtres humains. Et puis, on en a trop vu. Quand on est rentré, personne ne s'est occupé de nous. Lui, il est parti en vrille. Il a fallu l'interner. Moi j'ai essayé de survivre. Et alors, quand ça (ne) va pas, j'ai trouvé un truc : je vais parler au padre. Aujourd'hui, c'est vous[1]. » Chaque padre, ayant vécu avec les soldats sur des théâtres dangereux, a en mémoire ce genre de moments forts

1. Christian Vénard, in *La densification de l'être, op. cit.*, p. 16. Un *binôme* est un soldat solidaire d'un autre au combat, qui a été souvent formé en même temps. Ce temps de fraternité se poursuit souvent au-delà du temps opérationnel. L'opération Turquoise fut une opération militaire organisée par la France au Rwanda pour mettre fin au génocide, en 1994. Voir la note n° 4, page 16, du livre cité.

qui deviennent inoubliables. Ceux-ci enseignent le bien-fondé d'être un véritable écoutant.

Sans vouloir forcer le trait, le lecteur peut voir dans cette écoute qui appelle à remettre debout l'écouté en lui redonnant de l'espérance, un signe sacramentaire de la présence de Dieu. Sans écoute attentive et sérieuse de la parole du frère, sans lien avec la grâce divine, sans lier cette écoute à la foi, la réponse attendue par l'écouté n'est que le reflet de la pensée de l'aumônier se faisant fort de donner son point de vue qui peut alors être déconnecté des préoccupations partagées. Puisque le padre sait, avec passion, que l'humain est au-delà de ce qu'on voit et qu'on entend de lui, il doit porter toute son attention sur cette faculté de l'écoute.

S'il a quelques doutes sur sa compétence, il peut se former pour cela ; chacun, honnête envers lui-même, sait très bien qu'il aura toujours à apprendre en ce domaine. D'autant mieux que nous avons *tous* une capacité de temps d'écoute qui est limitée[1] et qu'il serait vain de vouloir surpasser notre humanité en ce sens.

Pour autant, puisque cette écoute prônée est une qualité spirituelle, elle ne peut être vécue que dans la simplicité, l'humilité et la communion avec le Christ qui est toute force. Ainsi, le padre qui écoute ne doit jamais oublier de prioriser un regard aimant et compatissant qui appelle à l'espérance, dans un soutien concret pouvant prendre parfois beaucoup de temps, souvent en dehors des heures classiques du service, et rythmé par une overdose de café !

1. En moyenne, la qualité optimale d'écoute d'un individu est d'environ 7 minutes. Au-delà de cette durée, celui qui écoute doit faire un effort toujours conséquent pour tenir. C'est pourquoi, il convient, à celui qui parle, de varier l'intonation de sa voix ou de briser la « monotonie » d'un discours par des anecdotes qui remettent le « compteur » de l'écoutant proche de zéro.

6
Soutenir…

Souvent en lien avec l'écoute, le soutien en est donc une logique continuité. Il est une présence assurée, souvent discrète mais patiente et habillée de bonté, de considération, de respect, sans pour autant être une fusion avec celui qui est soutenu. Chacun a son histoire et toute histoire est unique. Chaque histoire est même sacrée aux yeux des hommes, et sainte aux yeux de Dieu, nonobstant les chemins tortueux qui auraient été empruntés. C'est dans la distance qui maintient chacun à sa place que ce soutien est réalisable et fertile.

Ce soutien est, certes, donné *prioritairement* aux soldats. Cependant, le soldat n'est pas un être isolé socialement. Il vit en lien avec sa famille. Marié, il est avec son conjoint et ses enfants. Célibataire, il a ses parents, frères et sœurs. Quel que soit ce qu'il vit, il n'est pas déconnecté de ses racines. Le soutien englobe alors toute la famille militaire dont le padre a *aussi* la charge spirituelle. Et comme le padre n'a jamais l'outrecuidance de penser qu'il a la science infuse, il œuvre avec les autres composantes de la vie sociétale militaire pour apporter son aide à la personne dans toutes ses dimensions. À l'inverse, il ne doit pas se dérober à cette tâche ni penser que ces autres composantes pourraient faire sans son aide. À ce titre, l'aumônier – et cela quel que soit son culte – ne doit pas avoir crainte de dire à l'ensemble du *cercle social* qu'il y a toute sa place.

L'aumônerie et les activités qu'il met en place pour soutenir, non seulement la foi des soldats croyants, mais également pour guider celui qui cherche une porte ouverte pour se confier, participent à l'aide apportée par toute la chaîne de l'écoute. La présence affective et effective du padre est existentielle à tous les niveaux, auprès des soldats bien entendu, eux qui en sont les premiers bénéficiaires, mais aussi de ceux qui œuvrent pour lui. Souvent, il existe, dans les régiments et les bases, une commission de suivi des blessés, des malades et des familles ; il est important que les aumôniers – de tous les cultes – n'en soient pas exclus.

À l'instar du soldat qui répond toujours présent lorsqu'il reçoit une mission à effectuer pour le bien commun, le padre doit montrer qu'il est *toujours là*. Cette proximité sans faille existe de deux manières en lien avec la passion qu'il a de sa mission reçue par vocation. D'une part, il assure un compagnonnage physique, en visitant les uns et les autres, à la manière de la Vierge Marie qui, riche de la Parole de Dieu qui allait s'incarner par elle, alla porter la *Bonne Nouvelle* à sa cousine[1]. D'autre part, sa présence est spirituelle. Il apporte chacun au pied de la croix du Christ rédempteur, par sa prière d'intercession et son lien avec le culte eucharistique[2].

---

1. « Marie dit à l'ange de Dieu : “Je suis la servante du Seigneur, que tout se passe pour moi comme tu l'as dit.” [...] Marie partit en hâte pour se rendre [...] dans la maison de Zacharie [grand prêtre] et salua Élisabeth [sa vieille cousine stérile]. Lorsqu'Élisabeth entendit la salutation de Marie, l'enfant bondit dans son sein (Jean-Baptiste) et Élisabeth fut remplie de l'Esprit Saint. Elle poussa un grand cri et dit : “Tu es bénie entre toutes les femmes, béni aussi le fruit de ton sein [Marie attendait Jésus, le Christ].” » (Lc 1, 38-42).

2. Saint Charles de Foucauld avait ces mots : « La sainte Eucharistie, c'est Jésus, c'est tout Jésus ! Tout le reste, ce n'est qu'une créature morte ». In « Le compagnon de l'adoration » (hors-série *Magnificat* n° 67, 2015, p. 126). Il ne s'agit pas pour autant de penser que la fuite humaine doit être dans l'Eucharistie, mais de souligner que ce sacrement est la source et le sommet de toute vie chrétienne et que sans lui, rien ne peut être vraiment missionnaire. Voir en annexe le témoignage apporté par l'ancien évêque aux Armées, Mgr Le Gal, sur le soutien que Charles de Foucauld peut apporter au soldat et au padre.

Ce portement de vie au pied de la croix du Christ, surtout dans les moments de solitude et de tension que les soldats peuvent rencontrer, chaque padre qui a été déployé sur des théâtres d'opérations dangereuses pourrait en parler.

Cependant, la vie quotidienne en base arrière est du même acabit. Il n'y a pas de mission de moindre importance. Il n'y a pas de soldat de moindre importance ! Il n'y a donc pas de padre de moindre importance ! Le soutien est en tout lieu et en toute circonstance.

Le soutien spirituel est un pilier de l'apostolat, quels que soient le statut ecclésial et l'affectation militaire du padre. À ce titre, il est bon de rappeler au lecteur que « toute l'Église est apostolique, en tant qu'elle demeure, à travers les successeurs de saint Pierre et des apôtres, en communion de foi et de vie avec son origine. Toute l'Église est apostolique en tant qu'elle est "envoyée" dans le monde entier ; tous les membres de l'Église, toutefois de diverses manières, ont part à cet envoi[1] ».

1. *Catéchisme de l'Église catholique*, n° 863.

7
Aimer…

Aimer : toute vie humaine est basée sur l'amour. Sans lui, il n'y a pas de vie qui puisse naître, grandir, fructifier et aimer encore et encore. *Aimer* est aussi un verbe qui a tout son sens dans le monde militaire. Un soldat ne peut pas vivre sa mission s'il ne se sent pas aimé par ses chefs. À l'inverse, une mission ne peut être réussie si le chef n'est pas aimé en retour. Il n'y a pas de vie militaire sans cet amour de base.

En Église, le chrétien chante que « Dieu est amour, Dieu est lumière, Dieu est notre père ». C'est pourquoi toute mission d'Église est basée sur l'amour qui vient de Dieu, un amour que l'on peut qualifier de charité[1]. C'est le commandement que chaque disciple a reçu du Christ et qu'il doit honorer : « Aimez-vous les uns les autres. Comme je vous ai aimés, vous devez vous aussi vous aimer les uns les autres. Si vous avez de l'amour les uns pour les autres, tous reconnaîtront

---

1. Trois façons d'aimer existent. Le grec ancien les nomme : *Eros, Philia* et *Agapé.* L'Eros est l'amour pulsionnel, la captation de l'autre pour soi, une puissance exercée sur l'autre. La Philia, c'est l'amour de réciprocité, de contrat, en lien avec des intérêts, un équilibre subtil mais uniquement vu dans le donnant-donnant. L'Agapé, c'est l'amour pur, celui qui donne sans attendre de recevoir. C'est l'offrande parfaite, gratuite, sans violence. C'est cet amour-là, qui est source de paix, que les disciples du Christ mettent en œuvre. Cf. Benoît XVI, encyclique *Dieu est Amour*, 2005.

que vous êtes mes disciples » (Jn 13, 34-35). Ce que dit Jésus est bien un commandement, c'est-à-dire qu'il fait abstraction de l'émotion du moment et du sentimentalisme suggestif. Il n'y a pas d'autre voie que celle-ci, et elle dépasse la propre conception individualisée de la mission qui, parfois, lorsqu'elle est trop subjectivée, fait *davantage* aimer ceux qui se ressemblent.

L'envoyé spirituel, que le padre a accepté d'être, doit aimer *tout* frère à la suite du Christ et à son imitation. S'il n'aime pas son frère – même aux idées très éloignées de lui –, il ne peut aimer Dieu : « Celui qui n'aime pas son frère, qu'il voit, ne peut pas aimer Dieu qu'il ne voit pas… Celui qui aime Dieu aime aussi son frère » (1 Jn 4, 20-21).

Même si le padre peut se reposer sur la force de l'amitié qu'il entretient avec les soldats croyants qui vivent une vie d'aumônerie, sa mission est d'aller vers les porteurs d'*armes* qui sont le plus loin, ceux qui n'ont pas encore perçu la grandeur sacrée de leur âme. C'est ceux-là qu'il doit aimer par-dessus tout, parce que le Seigneur, en premier, les aime absolument. Le padre doit donc *oser.*

Cet ordre d'aimer – puisqu'un commandement est un ordre – n'est aucunement un fardeau. Certes, il existe un dépassement de soi en osant aller aux périphéries de la foi, mais c'est bien là la mission du padre. La peur de l'autre n'a pas de mise.

*

Lors de ma mutation en base aérienne, j'ai pris le parti de visiter tous les services. J'ai été bien reçu par quelques-uns et complètement ignoré par d'autres. Certains militaires ont refusé de me serrer la main, de me parler et m'ont dévisagé de bas en haut comme si j'étais une bête de foire. Je suis repassé dans ces services un peu « difficiles » et au bout de quelques mois, un café me fut proposé, puis des discussions, puis même des repas pris en commun. Je ne dis pas que ce fut simple, humainement parlant. Au début je sortais de ces services avec un certain découragement et une envie de ne pas y retourner… C'est la mission que j'avais reçue et acceptée qui m'a aidé à « repartir au combat ».

*

Jésus donne lui-même les moyens de cette mission à ceux et celles qu'il a envoyés dans le monde, en l'occurrence ici, le monde militaire. Pour un padre, ces commandements *constitutionnels* d'une vie de disciple sont comme les lanières de son sac à paquetage[1]. Ils *(sou)tiennent* solidement tout l'ensemble de sa mission reçue.

Chacun sait également que pour aimer, il faut connaître. Bien entendu, il ne s'agit pas de maîtriser, ce qui entraînerait un amour possessif et destructeur. Tout chef militaire digne de ce nom sait faire cette différence d'appréciation. Connaître pour aimer et aimer pour connaître est aussi une tâche dévolue à l'aumônier digne de ce nom. Ce qui inclut pour lui le fait, d'aller *gratuitement* et *régulièrement* au contact afin que cet amour soit bien un *compte de faits* et non pas seulement de la belle théorie. Se faisant « *tout à tous* » (1 Co 9, 22), l'aumônier se laisse alors considérer par les soldats comme « *l'un des leurs* », non pour se glorifier lui, mais pour les sanctifier, eux.

Sanctifier l'âme des porteurs d'*armes* n'est évidemment pas dans la capacité humaine, le lecteur le comprendra. Le padre sait que c'est là l'œuvre de Dieu, nous l'avons esquissé plus haut, mais celui-ci se sert de celui-là à cette fin. La tâche la plus ardue de la sanctification de l'âme du soldat est lorsque cette dernière entend la parole de Jésus, la plus difficile à *avaler* lorsqu'on est confronté à la mort d'un camarade provoquée par un ennemi : « Aimez vos ennemis et priez pour ceux qui vous persécutent » (Mt 5, 44). Mais cette parole est-elle faite pour ces moments-là ?

Le padre doit se méfier de ne pas donner la parole de Dieu en pâture, même si elle a l'intrinsèque capacité de changer les cœurs, et même si les petits chiens mangent les miettes sous la table pendant que les enfants mangent le pain (cf. Mc 7, 24-30). Lorsque le Christ appelle à l'amour des ennemis, il s'adresse aux disciples – et parmi eux, à ceux qui écoutent – et non à une foule disparate. De plus, bien que le but ultime de ces mots soit de changer l'ennemi en ami, il ne la pro-

1. Voir plus loin, le chapitre 18.

nonce pas dans une ambiance belliqueuse. Simplement, sans fioriture, à la suite du récit des Béatitudes (cf. Lc 6), il interpelle ceux qui ont accepté de le suivre, lesquels sont invités à la *miséricorde* (cf. Lc 6, 36), et même à la *perfection* comme le Père céleste (cf. Mt 5, 48).

Le padre peut donc donner cette parole de Jésus aux soldats chrétiens, mais devra adresser une parole différente aux autres, sans pour autant remettre en cause l'amour dû à tout être humain, ami ou ennemi. Il est envoyé dans ce monde de la *force d'arme*, où semble parfois triompher le *fer* de la violence et s'éteindre le *feu* de la paix, afin de délivrer une parole de réconfort qui donne de la *force* à l'â*me*, et non des mots d'accusation et de culpabilisation, et des mots inaudibles dans la souffrance. Les âmes des porteurs d'*armes* qu'il a en face de lui, à ce moment tragique où la mort a frappé un camarade, sont souvent incapables de comprendre les mots du Christ. Le padre sait bien, par expérience, que la douleur et parfois le désir de vengeance sont à la porte de leurs cœurs meurtris qu'il doit *humainement* apaiser.

Il faut que le padre se souvienne que la miséricorde est au-dessus de la loi, si importante soit-elle. La miséricorde est la vertu idoine qui rejoint la souffrance. C'est elle qui ouvre la porte de l'âme, mais elle est un don de Dieu qui en reste le Maître. Cette conception liée à la foi n'est pas comprise, et même admise, par tous. Pour la comprendre, il faut d'abord *rencontrer* ce Maître-là. C'est pourquoi le padre ne peut oublier que la foi chrétienne est d'abord une rencontre personnelle et *miséricordieuse* avec le Christ et non un étalage de lois[1] ou une logorrhée de paroles qui tombent dans le néant. Lorsque cette rencontre n'est pas encore d'actualité, tout missionnaire de l'Évangile de la vie doit savoir attendre l'action *miséricordieuse* de Dieu lui-même.

Par contre, l'appel à l'amour des ennemis est toujours possible à adresser aux soldats chrétiens, lorsque ceux-ci sont *prêts* à l'entendre.

1. « À l'origine du fait d'être chrétien, il n'y a pas une décision éthique ou une grande idée, mais la rencontre avec un événement, avec une Personne, qui donne à la vie un nouvel horizon et par là son orientation définitive » (Benoît XVI, encyclique *Dieu est Amour*, 2005, n° 1).

Cette parole, qui secoue indéniablement, est une parole de foi. Elle demande directement à Jésus sa grâce agissante pour arriver à un tel sursaut d'amour. Qui peut, en effet, aimer *humainement* un ennemi qui a tué un ami, lorsqu'on est en face d'un cercueil de zinc dans lequel git un jeune soldat qui, la veille encore, était riche de son avenir et avec lequel on buvait un café ou une bière ?

La mission du padre n'est pas simple, car lui aussi est un être humain. Il a aussi des émotions qui peuvent être fortes, notamment lorsque le soldat décédé au combat était, pour lui, un proche. Mais il n'a jamais été dit que la mission devait être simple ! S'il est difficile d'aimer, il reste toujours aussi difficile de *faire aimer...*

Pour tenir contre vents et marées, pour ne pas faillir et connaître la désespérance chaque fois qu'il constate que l'amour n'est pas aimé, le padre doit être un être d'oraison, c'est-à-dire de prière. Par elle est attisé le *feu* du désir d'être uni en Christ au moyen de l'écoute et de la méditation de la parole divine, quand bien même le *fer* des armes ravage l'alentour. Saint Vincent de Paul, dans sa sagesse, nommait cette communion fortifiante avec le Christ, la *petite méthode.*

Peut-être qu'à ce titre, un des mystères du Rosaire – la prière liée au petit objet nommé chapelet – que le padre pourrait méditer particulièrement devrait être celui de la *Visitation.* Dans ce mystère déjà évoqué plus haut, on voit la Vierge Marie, enceinte de Jésus, franchir les montagnes pour aller porter, à Élisabeth sa cousine, la grâce féconde du Christ qui détruit, dans la joie, toute stérilité, et donc toute crainte. Cette scène n'est pas passéiste. Le padre, lui aussi, d'une certaine manière, doit vivre de cette *visitation* aux porteurs d'*armes* qui peuvent ouvrir leurs âmes à la fécondité divine, même s'ils n'en ont pas encore l'idée.

Pour autant, le padre – mais aussi les aumôniers des autres cultes – devra toujours se rappeler que, même s'il souhaite que les soldats le considèrent comme *l'un des leurs,* son objectif premier n'est pas d'être reçu, comme si on attendait que lui. *Visitant* les uns et les autres, et cherchant les plus éloignés, il est envoyé pour porter le message d'amour divin, à temps et à contretemps, dans des moments où ce message parait le moins audible, face à la mort. Son cœur, rendu disponible pour aimer, sera un véritable laissez-passer qui, la grâce de Dieu aidant, permettra au soldat rencontré, qui reste le centre de la mission, de découvrir, parfois avec surprise, qu'il est aussi un être spirituel appelé à la vie, même s'il meurt.

8
La spiritualité du soldat

Le soldat n'est pas comme le Zouave du pont de l'Alma de Paris. Ce dernier reste impassible quelle que soit la hauteur de l'eau de la Seine qui le recouvre. Nos soldats ne sont pas des impassibles. Et même si « on ne fait la guerre qu'avec des hommes qui ont foi dans le succès, qui, par la maîtrise d'eux-mêmes, savent dominer les événements[1] », les soldats ont un cœur, un esprit et un corps. Ils ressentent des émotions, ils font preuve de sentiments, ils peuvent rire et pleurer comme chacun. Ils ne sont pas qu'un uniforme de *fer* équipé d'une *arme*. Ils ont aussi un *feu* intérieur que l'on appelle l'âme. Il convient de le souligner pour le lecteur qui aurait encore des doutes sur sa capacité à vivre son humanité en société. Il a aussi toutes les capacités pour s'ouvrir à Dieu. Comme chaque être humain, il est *capax Dei*.

À l'instar de ce qui a été fait plus haut pour la description de la vocation du soldat dans sa généralité, il est bon de se tourner vers un autre « spécialiste ». Mgr Michel Dubost a été évêque aux Armées françaises durant une bonne dizaine d'années. Il a travaillé avec passion le sujet de la spiritualité du militaire. Ses recherches sont toujours d'actualité.

1. Maréchal Joffre (1852-1931), in Jean-Paul Huet, *Joseph Joffre, le vainqueur de la Marne*, Anovi. collection « Vitae », 2004, p. 19.

La vocation spirituelle du soldat se décline à l'aide de vertus reprises ici : « le service loyal et désintéressé, le courage, la discipline, la solidarité, la réconciliation, le commandement et l'autorité[1] ». Et c'est par le biais de ces vertus qu'il est appelé à la vérité de sa vie, ce que l'Église nomme sainteté, comme chaque chrétien de ce monde : « Nous sommes tous appelés à être des saints en vivant avec amour et en offrant un témoignage personnel dans nos occupations quotidiennes, là où chacun se trouve[2]. »

D'emblée, le lecteur constate que cette liste vertueuse – non exhaustive – n'est aucunement en contradiction avec les vertus que soulignait avec force le général Pierre de Villiers. Faut-il y voir une convergence ? On a vu plus haut qu'il fallait se méfier de la danse des mots et qu'il était inconvenant de croire trop rapidement en une harmonie de circonstance, même si le pape Jean-Paul II rappelait, en son temps, qu'« il n'y a pas de difficulté de fond, ni d'impossibilité de vivre ensemble la vocation chrétienne et la vocation militaire[3] ».

Etre militaire et choisir de vivre *sous des ordres* s'apparenteraient donc à répondre à une vocation, au même titre, semble-t-il, qu'un jeune homme, entendant l'appel du Seigneur, entrerait *dans les ordres*. On peut, certes, y voir une similitude, dans la mesure où le militaire, comme le religieux, ne compte pas ses heures. Le soldat et le prêtre – *Le Rouge et le Noir* de Stendhal – ont ceci en commun qu'ils n'exercent pas leur *métier* uniquement aux heures de bureau !

Cette relative convergence de disponibilité a pour conséquence de faire penser que le professionnalisme militaire n'est pas un *métier* au sens strict mais bien une consécration de tout l'être, en tout temps et en tous lieux. Jadis, cette totale et entière disponibilité du soldat

1. Mgr Michel Dubost, *Ministre de la paix*, *op. cit.*, p. 100-105.
2. Pape François, exhortation apostolique *Gaudete et exsultate*, 2018, n° 14.
3. Jean-Paul II, « Vocation militaire et vocation chrétienne », discours prononcé lors de l'audience réservée à des militaires italiens, le 2 avril 1989.

entraînait pour lui la difficulté de contracter un mariage pour lequel une autorisation de la hiérarchie était exigée[1].

Ce que disait Jean-Paul II est donc pertinent pour apprécier le fait que la vocation chrétienne peut très bien s'entrelacer dans la vie militaire. Rappelons au lecteur que la vocation est une réponse à un appel qui donne du sens à la vie et à la mort. Celui qui y répond connaît alors le but de sa vie et l'assume en son âme et conscience. De fait, la vocation religieuse fait de Dieu le compagnon qui éclaire la vie de celui qui veut le suivre. Quant à la vocation militaire, elle fait de l'idéal de la défense d'une Patrie un noble éclairage sur le but de la vie ainsi offerte.

C'est pourquoi, les deux vocations peuvent, sans lutte intestine, jouer de concert le service loyal et désintéressé, le courage, la discipline, la solidarité, la réconciliation, le commandement et l'autorité, vertus que déclinait opportunément l'ancien évêque aux Armées, comme habillage spirituel de la vocation chrétienne militaire.

Cependant, confronté au terrain de la vie quotidienne, le soldat chrétien peut entretenir une lutte farouche entre la *force d'arme* et la *force d'âme*. Parfois, il est constatable que le soldat chrétien vive une certaine dualité de comportement, surtout lorsqu'il freine son ardeur à vouloir rencontrer le padre, craignant d'être trop vite catalogué « *catho* ». Monseigneur Dubost précise qu'il arrive que certains militaires chrétiens « font deux parts dans leur vie : domaine civil qui comporte la vie religieuse, en paroisse notamment, et un domaine militaire qui est "laïque"[2] ». Or, il nous faut insister auprès du lecteur novice en connaissance militaire, la foi en Christ n'est pas interdite à l'Armée ! De plus, la foi n'est pas un moyen de division interne, même si elle véhicule la Parole de Dieu qui peut secouer l'âme jusqu'en sa profondeur. La foi est unificatrice de la personnalité et elle fait prendre

---

1. C'est sous la présidence de Valéry Giscard d'Estaing (1974-1981) que cette autorisation a été abandonnée. Cependant, elle reste valable à la Légion étrangère, notamment pour les militaires du rang (légionnaires, caporaux et caporaux-chefs de plus de cinq ans de service) en raison de la vie intense qui y est menée.
2. Mgr Michel Dubost, *Ministre de la paix*, *op. cit.*, p. 109.

des décisions *sensées*. Ainsi donc elle n'est pas une affaire privée[1], même si elle ne doit pas être non plus l'objet d'une manifestation exubérante frisant le prosélytisme, voire le fanatisme.

La foi du soldat chrétien meut toute la personnalité qui se trouve appelée à exercer pleinement son métier et sa responsabilité en cohérence avec la parole de Dieu, notamment celle de Jésus dans les *Béatitudes*[2] qui sont une *charte* de vie.

Monseigneur Patrick Le Gal, lui aussi ancien évêque aux Armées, précise :

> Cela passe d'abord par l'acquisition, dans le cadre de sa formation militaire, d'une aptitude à un usage maîtrisé de la force armée en vue de pouvoir s'opposer de façon victorieuse à la violence dans les actions auxquelles il serait appelée à participer. Au-delà du savoir faire professionnel – nécessaire –, une telle aptitude requiert des soldats comme de leurs cadres une force morale et des qualités spirituelles pour mener, y compris dans la durée ou dans les combats « haute intensité », leurs responsabilités. C'est bien dans l'exercice courageux de son métier et des exigences qui en découlent que le soldat chrétien se sanctifie et non pas en cherchant à éluder ses responsabilités ou en renonçant à une partie de leur exercice[3].

1. « Professer par la bouche indique que la foi implique un témoignage et un engagement publics. Le chrétien ne peut jamais penser que croire est un fait privé. La foi, c'est décider d'être avec le Seigneur pour vivre avec lui » (Benoît XVI, lettre apostolique *La porte de la foi*, 2011, n° 10).

2. « Heureux les pauvres de cœur, le Royaume des cieux est à eux. Heureux les doux, ils obtiendront miséricorde. Heureux ceux qui pleurent, ils seront consolés. Heureux ceux qui ont faim et soif de la justice, ils seront rassasiés. Heureux les miséricordieux, il leur sera fait miséricorde. Heureux les cœurs purs, ils verront Dieu. Heureux ceux qui font œuvre de paix, ils seront appelés fils de Dieu. Heureux ceux qui sont persécutés pour la justice, le Royaume des cieux est à eux » (Matthieu 5, 3-10).

3. Mgr Patrick Le Gal, *Sentinelles de la paix*, *op. cit.*, p. 15. Le combat dit « haute intensité » désigne, en opposition au combat « basse intensité », une phase de combat intensif.

Le soldat chrétien ne fuit pas, car « *qui ose gagne* », comme le souligne la devise des Forces spéciales. Le soldat a le courage de vivre sa *force d'âme* au sein de la *force d'arme* qu'il comprend, nous l'avons déjà souligné, comme la force servante de la paix. C'est alors qu'il fait marcher d'un même pas cadencé sa foi et sa vie militaire. Il sait associer ainsi les deux vocations dans une unité de vie qui ne divise pas sa façon d'être. C'est là son témoignage joyeux même s'il passe par l'incompréhension de l'entourage. Il doit chercher à devenir un être unifié sous peine de ne pas accéder à la joie de Dieu promise à *tous*. S'il vit une division interne, il aura alors une faille suffisamment grande pour que le doute, la perte de la foi et le jeu du Diable se conjuguent pour l'éloigner de la communion divine.

Au nom de la sacralité de leurs âmes, le padre doit veiller sur ces fragiles *brebis* que sont les porteurs d'*armes* chrétiens. Il est leur responsable spirituel. C'est son devoir de ministre de l'Église de penser qu'il serait « une erreur, et même une hérésie, de vouloir bannir la vie dévote (sainte) de la compagnie des soldats[1] ».

1. Saint François de Sales, *Introduction à la vie dévote*, chapitre 3.

9
Le service loyal et désintéressé

Le militaire s'engage dans une institution dont il connaît qu'elle n'est pas décisionnaire. Il entre dans une famille dont le *compte de faits* dépend d'une autre. Le soldat dépend du politique. Il est son bras armé. Il ne « *croche et tient* » – devise du 21e régiment d'infanterie de marine – que parce qu'il se sait soutenu par lui. Il n'existe que pour être un exécutant de ses ordres et pour pallier, il est vrai par la force armée, l'impossibilité humaine de la concorde entre les peuples, bien que tous s'accordent, malheureusement en regardant uniquement ses propres intérêts, à la rechercher[1].Pour autant, le soldat n'incarne nullement la

1. En ce sens, la Première Guerre mondiale devait provoquer un sursaut d'humanité pour « arrêter les conflits ». Après les terribles dégâts de cette guerre meurtrière (11 millions de morts), certains hommes politiques rêvent d'un monde sans guerre dans lequel il n'y aurait plus d'armes. Les Américains défendent cette idée du désarmement (surtout pour l'Europe). En 1928, 60 pays déclarent « la guerre hors-la-loi » par le pacte de Briand-Kellog. Il symbolise tous les efforts déployés pour parvenir enfin à une paix mondiale. Cependant, ce traité ne comporte aucune idée de sanction pour la nation qui mettrait la paix en danger. Ainsi, les tentatives de désarmement échouent. Dès 1931, le Japon envahit la région chinoise de la Mandchourie. En 1933, ce pays sort de la Société des Nations, née après 14-18, suivie peu après de l'Allemagne qui se réarme. On connaît hélas la suite de l'Histoire. La Seconde Guerre mondiale fera près de 60 millions de morts.

violence. « Saint Augustin écrivait au général romain Boniface : "*Esto bellando, pacificus*"[1]. »

Le chrétien peut devenir un tel soldat, dans la mesure où il comprend qu'il se donne, non seulement comme un devoir, mais surtout comme un bien profondément *pacifique* parce que déjà pacifié en lui. Il convient donc au militaire de se préparer intensément pour vivre ce que le chef d'état-major actuel, le général Thierry Burkhard, écrit dans ce qui peut être compris comme sa vision stratégique : « Gagner la guerre avant la guerre, tout en étant apte à s'engager dans un affrontement de haute intensité[2]. » Ce gain de la guerre avant la guerre est d'abord le gain de la paix, tout en se préparant à l'éventualité de la perdre, en vue de la rétablir au plus vite. Voilà le bien auquel est appelé tout soldat.

Le bien est pour lui davantage que le devoir, même si les deux sont intrinsèquement liés et dessinent un même chemin. En effet, le bien illustre une qualité qui attire et cause l'amour en orientant l'âme sur ce chemin étroit. Le bien vient déjà de l'intérieur de l'âme qui se laisse nourrir d'une force supérieure que le padre considère comme la grâce divine, alors que le devoir peut être vu comme quelque chose venant de l'extérieur, des événements, d'une certaine nécessité politique, sociale ou économique.

Le bien, même s'il passe par le sacrifice suprême, donne la joie et le bonheur, surtout quand il est orienté vers la paix pour tous. En ce sens, il n'est pas lié à une émotion personnelle mais à une définition *objective.* Le bien *objectif* est donc paradoxal dans un monde où l'on fait de son *ego* le centre du monde et sa propre référence *subjective.* Le bien est un témoignage vivant et vibrant du don de soi. À ce titre, il est *objectivement* aimable et désirable par tous et, bien entendu, il rejoint la vocation du soldat capable d'un tel don.

1. Mgr Michel Dubost, *Ministre de la paix, op. cit.*, p. 100. « *Esto bellando, pacificus* » : sois pacifique en faisant la guerre.
2. Général Thierry Burkhard, automne 2021.

Le soldat chrétien accepte donc les *contraintes* militaires en vue du bien qui dépasse son quant-à-soi. Il accepte l'aguerrissement du *corps* et la formation technique de l'*esprit* pour devenir serviteur de ce bien commun. Et, chose essentielle pour lui, il fortifie son âme par sa communion intime avec le Christ, dans la prière et les sacrements, en lien avec le padre qui sera son allié indéfectible pour cela, lui qui a reçu la charge d'être le gardien et le serviteur de cette âme ouverte au Ciel.

Ainsi paré, le soldat chrétien se décentre de lui-même. Devenant un exemple pour ses frères d'armes, il s'offre à une cause qui le dépasse. Il sert l'intérêt général qui coïncide avec la protection des personnes vulnérables et la volonté de construire une paix durable et profitable à tous. Sa communion spirituelle avec le Maître et Seigneur Jésus le Christ, ne fera que renforcer ce don de lui-même, à l'image de ce que le Sauveur a fait pour le salut de tous. Soldat des hommes, il sera aussi soldat de Dieu…

10
Le courage

Encore une fois, nous retrouvons cette belle vertu du courage. Déjà, elle a été présentée comme constitutive de la vie de tout soldat, quels que soient son origine, sa formation et son grade. Elle a aussi été donnée comme vertu essentielle pour la vocation du padre. Elle se retrouve comme une composante existentielle, à présent, dans la vocation du soldat *chrétien.*

Le soldat chrétien n'est pas naïf sur la marche du monde. Le courage qui le meut est lié à sa connaissance des faiblesses de ce monde qui est le sien. Ainsi le courage du soldat chrétien est lié à l'intérêt qu'il porte aux enjeux qui le conduiront peut-être à sacrifier sa vie au *champ d'honneur.*

Le soldat chrétien sait que la question fondamentale qui le meut est celle de la paix à gagner *avant* la guerre et même à sa place. Il ne doit pas faire montre de découragement devant le contexte international qui se dégrade considérablement vite depuis une bonne dizaine d'années, mais plus rapidement encore avec le conflit entre l'Ukraine et la Russie, et plus largement entre la Russie et l'OTAN[1]. Il ne doit

1. OTAN : Organisation du Traité Atlantique Nord qui a été initialement constitué pour contrer le bloc formé par le Pacte de Varsovie, dissous à la suite de l'éclatement de l'URSS. Aujourd'hui, ce traité représente une force militaire qui borde

pas avoir peur du fait que le contexte stratégique soit maintenant celui d'un monde tripolaire, avec les États-Unis, la Chine et la Russie. Il ne doit pas se voiler la face devant la compétition entre nations qui prend de l'ampleur dans bon nombre de domaines comme le diplomatique, l'industriel, le numérique et bien entendu le militaire. Son courage ne doit pas faillir lorsqu'il découvre que la compétition entre pays se mue en contestation lorsque sont transgressées des règles admises par le concert des nations. Il doit raison garder lorsque *tout* semble bousculé, la politique, l'économie, l'histoire, la sociologie, l'éthique, la géographie, le droit et même le spirituel[1]. Il doit laisser son âme rattachée à plus grand que lui pour ne pas défaillir. Le padre, qui sert tous les porteurs d'*armes* témoins des mêmes faits, est pour lui celui qui l'aide à cela et ainsi à *garder courage*.

Le courage dont il s'agit ici peut être résumé ainsi : « Dieu doit régner dans notre cœur. Il y règne effectivement lorsque nous sommes prêts à lui obéir et à observer tous ses commandements[2] ». Alors même s'il obéit aux commandements militaires, le soldat chrétien doit avoir le courage de ne jamais perdre la boussole des commandements divins. Le lecteur n'est pas surpris de lire qu'ils sont, pour *tout* soldat chrétien, un guide opportun pour que ce service rendu à la mission militaire soit toujours coloré de respect de toute dignité humaine, y compris lorsqu'il s'agit de l'ennemi. Le soldat chrétien a la double tâche d'honorer Dieu et de servir sa Patrie, sans diviniser cette dernière. Les deux ensemble sont toujours possibles, comme le rappelle saint Thomas d'Aquin :

> Dieu occupe la toute première place, parce qu'il est absolument parfait et qu'il est, par rapport à nous, le premier principe d'être et de gouvernement. Mais ce titre convient aussi, secondairement [...] à

---

les frontières russes (et qui a inclus dans ses membres des anciennes républiques satellites soviétiques), créant des tensions entre l'Occident et la Russie, la guerre en Ukraine étant une manifestation belliqueuse de ces tensions.

1. D'après la *Lettre aux amis* du Diocèse aux armées, rédigée par Mgr Antoine de Romanet. Carême 2022.

2. Saint Thomas d'Aquin, *Le Pater et l'Ave*, n° 41, Nouvelles Éditions Latines. 1967.

> notre Patrie, dans laquelle nous avons reçu la vie et l'éducation. C'est pourquoi, après Dieu, l'homme est surtout redevable [...] à sa Patrie. En conséquence, de même qu'il appartient à la religion de rendre un culte à Dieu, de même, à un degré inférieur, il appartient à la piété de rendre un culte [...] à la Patrie[1].

Ici, intervient, affectivement et effectivement, et sans nul doute, le padre qui ne doit négliger aucune âme. Il doit savoir indiquer le bon chemin pour faire la part des choses. Il doit éviter une division dans l'âme. Celle-ci peut se troubler devant ce qui semble paraître, d'une part, comme la divinisation de la Patrie et de son drapeau, chez certains politiques et militaires de haut rang, et d'autre part, comme un rejet pur et simple de cette même Patrie dont les valeurs fondatrices sont foulées au pied par la bêtise de certains citoyens égoïstes dont le courage n'est pas ce qui pourrait les qualifier.

Le courage du soldat chrétien ne s'enracine donc pas dans l'aguerrissement du corps et la formation de l'esprit, même si cela y participe en partie, mais dans sa foi en Dieu et sa parole de Vie qui devrait être, le lecteur s'en doute, une nourriture quotidienne pour chaque baptisé. Le courage spirituel est une assurance, une confiance et aussi une audace qui effacent toute crainte, notamment face aux changements brutaux de ce monde. Ce courage-là est en lien avec le témoignage de foi dont chaque chrétien devrait se sentir redevable. Oui, chaque baptisé a reçu pour cela, et d'une manière pleine et entière, la grâce de Dieu, prévenante, sanctifiante et agissante, et même subséquente, puisqu'elle permet de développer en l'âme les vertus qui la font persévérer dans le bien.

1. Saint Thomas d'Aquin. *Somme Théologique* IIa IIae, q.101, a1. De plus, saint Thomas rajoute : « Après Dieu, l'homme est surtout redevable à ses père et mère et à sa Patrie. En conséquence, de même qu'il appartient à la religion de rendre un culte à Dieu, de même, à un degré inférieur, il appartient à la piété de rendre un culte aux parents et à la Patrie... Dans le culte de la Patrie, est compris le culte de tous les concitoyens et de tous les amis de la Patrie » (*Somme théologique* II-II q.40 a.1).

Le soldat chrétien, ainsi revêtu de l'armure de ce courage spirituel, peut affronter tout ce qui va à l'encontre de sa foi, sans rougir ou avoir honte d'elle. Pour autant, il sait que dans le monde de la *force d'arme*, il est parfois délicat d'évoquer la *force d'âme*, tant à cause de la laïcité souvent comprise comme un athéisme empêchant toute manifestation religieuse, qu'à cause de l'environnement pas toujours favorable qui prône plus souvent le *carpe diem* hédoniste que la charité vertueuse à long terme.

C'est ainsi que le soldat chrétien, soutenu par le padre, entend constamment cette phrase du Christ, qui est un appel sans bornes à la confiance : « En ce monde, vous faites l'expérience de l'adversité, mais soyez pleins d'assurance[1], j'ai vaincu le monde » (Jn 16, 33). Ainsi, le soldat chrétien et le padre doivent être « unis pour faire face » comme le clame la devise de l'Armée de l'Air et de l'Espace.

Pour conclure sur cette vertu extraordinaire qu'est le courage spirituel, il apparaît comme une évidence de l'illustrer par une figure contemporaine. Au nom du courage spirituel qui nourrissait son courage militaire vocationnel, ce témoin de l'impossible a su sacrifier son corps, son esprit et son âme, au profit du bien commun qui consistait à ce moment-là, à sauver d'autres vies. Cette figure, devenue un exemple pour les soldats d'aujourd'hui, croyants ou non, est celle du colonel de gendarmerie Arnaud Beltrame[2] dont personne ne doit ignorer le sacrifice suprême.

1. D'autres traductions bibliques évoquent bien le mot de « courage » à la place d'« assurance ».

2. Christophe Carichon, *Arnaud Beltrame, gendarme de France*, Éditions du Rocher, 2018. Nicole Beltrame, *C'était mon fils*, Albin Michel, 2019.

11
La discipline

Là encore, la notion de discipline est un bien commun jonglant entre la vocation militaire et la vocation religieuse. Elle est aussi requise dans la vie chrétienne ordinaire, le mot de *discipline* renvoyant de fait à celui de *disciple,* et indirectement au suivi d'un maître ou d'un chef. Pour autant, la discipline n'est ni l'aveuglement ni l'effacement devant une décision qui pourrait paraître injuste, voire injustifiée. À ce titre, la loi du 24 mars 2005 sur le *Statut général des militaires* est claire, et d'une certaine manière conforte les soldats qui au nom de leur foi chrétienne, ne peuvent s'engager dans l'irrespect de la dignité humaine :

> Les militaires doivent obéissance aux ordres de leurs supérieurs et sont responsables de l'exécution des missions qui leur sont confiées. Toutefois, il ne peut leur être ordonné et ils ne peuvent accomplir des actes qui sont contraires aux lois, aux coutumes de la guerre et aux conventions internationales. La responsabilité propre des subordonnés ne dégage leurs supérieurs d'aucune de leurs responsabilités.

Ainsi, au nom du principe du respect de la dignité humaine, il existe pour le soldat, chrétien ou non – pour autant le chrétien a reçu une formation éthique solide en ce sens – le droit, et même le *devoir* de désobéir à un ordre qui ne respecte pas la dignité humaine, sans pour autant faire preuve d'indiscipline ou de rejet de l'institution. Ce qui induit le fait, le lecteur le comprendra aisément, que le concept de *dignité humaine* ne soit pas compris d'une manière subjective mais assimilé d'une manière objective. On ne joue pas avec la vie au moyen d'idées faussées par une conscience voilée.

Pour la foi chrétienne, le disciple est celui qui, selon son libre arbitre[1], suit et imite Jésus. Son *compte de faits* est un engagement à sa suite. Ce chef-là ne donnera jamais un commandement reniant la dignité humaine. Au contraire, il est judicieux de rappeler au lecteur que le chrétien croit qu'il donne sa vie pour que cette dignité humaine soit totalement restaurée, dans son combat *quotidien* pour écraser les assauts destructeurs du mal.

Le soldat chrétien connaît l'action de Jésus, du moins il est appelé à la connaître *via* la présence à ses côtés de son aumônier. Il le suit, épaulé en ce sens par ce même aumônier qui ne lâche pas d'un pas son âme dont il soutient la force. Le soldat chrétien sait, par sa foi qu'il devrait nourrir quotidiennement, que la confiance qu'il met en ce donneur de commandements de vie qu'est le Christ ne sera jamais trahie ni déshonorée. Avec le padre qui lui propose des temps opportuns, il saura méditer sur cette communion de vie christique qui est la source de toute joie, même quand la difficulté se fait présente, la joie n'étant pas le bonheur humain mais un don de Dieu, comme le lecteur a pu le découvrir en amont.

Ainsi la véritable discipline de vie, librement choisie, « ne peut exister que si le chef est sincère, croit à ce qu'il fait et le vit : il n'y a pas de discipline possible sans exemple[2] ! » Pour le soldat chrétien, le Christ est l'archétype de cet exemple, et le padre doit en être un reflet.

---

1. Le libre arbitre existe pour l'exercice vertueux de la liberté de l'esprit, de l'âme et du corps. Si l'homme n'en disposait pas, celui-ci ne pourrait faire que ce à quoi il est voué (par exemple, la *soumission* à Dieu en islam). Le christianisme défend cette notion, malgré le fait que ce libre arbitre (incomplètement formé) puisse faire que l'homme se détourne de Dieu. Le christianisme reconnaît le libre arbitre qui aide à poser les fondements d'une morale juste, une façon de vivre respectant la dignité humaine, qui promeut la sacralité de la personne et engendre une prise de responsabilité dans la marche du monde et dans la recherche de la paix. À ce titre, le christianisme invite tout homme à se rattacher *librement* à Dieu qui connaît toutes ses valeurs.
2. Mgr Michel Dubost, *Ministre de la paix*, *op. cit.*, p. 102

12
La solidarité

Le lecteur l'a vu en amont, la solidarité est une composante de la fraternité, y compris de la fraternité d'armes. Pour les croyants monothéistes, la fraternité engendre *de facto* une solidarité qui prend le nom de charité. Cette fraternité est dite *verticale* parce qu'elle renvoie à une origine paternelle commune, Dieu. Pour les agnostiques, les athées et par extension les francs-maçons, c'est la *Patrie*[1] qui engendre la fraternité, dont la viabilité ne repose que sur l'exercice vertueux de la solidarité humaine qui, alors, est considérée comme *horizontale.* Cette solidarité, conçue en dehors de toute religion, repose sur le fait que les hommes se comprennent comme appartenant à une même communauté de destin qui doit se forger par elle-même.

Pour un soldat chrétien, la solidarité porte la trace de Dieu, même si elle se déploie au sein de l'humanité. Elle est le reflet de la fraternité voulue par Dieu, se rattachant à sa paternité. Elle est un *compte de faits* établi entre Dieu et les hommes, entre les hommes et Dieu. Initiée par Dieu, la solidarité – la charité – est elle-même une vertu, et *a fortiori* une vertu chrétienne, comme le soulignait le pape Jean-Paul II :

1. Le mot « Patrie » vient du latin *pater* qui signifie père. En ce sens *premier,* elle *enfante* donc des citoyens qui sont frères et qui lui doivent honneur, respect et fidélité, voire aussi un engagement pour la défendre si besoin.

> La solidarité est sans aucun doute une vertu chrétienne… On peut entrevoir de nombreux points de contact entre elle et l'amour qui est le signe distinctif des disciples du Christ (cf. Jn 13,35). A la lumière de la foi, la solidarité tend à se dépasser elle-même, à prendre les dimensions spécifiquement chrétiennes de la gratuité totale, du pardon et de la réconciliation. Alors le prochain n'est pas seulement un être humain avec ses droits et son égalité fondamentale à l'égard de tous, mais il devient l'image vivante de Dieu le Père, rachetée par le sang du Christ et objet de l'action constante de l'Esprit Saint. Il doit donc être aimé, même s'il est un ennemi, de l'amour dont l'aime le Seigneur, et l'on doit être prêt au sacrifice pour lui, même au sacrifice suprême : « Donner sa vie pour ses frères » (cf. 1 Jn 3, 16)[1].

Le soldat chrétien a ici le programme détaillé de ce qu'est la noble solidarité dont l'origine est divine. Comme tous les baptisés, il se doit, avec l'aide de son padre qui est un relais pour lui expliquer son fondement, de la vivre affectivement et effectivement jusqu'au bout, là où il se trouve, au sein de ce monde de *fer* qui a *toujours* besoin d'un *feu* spirituel.

1. Jean-Paul II, encyclique *La question sociale*, 1987, n° 40.

13
La réconciliation

La réconciliation est l'âme de la paix. Qu'elle soit à petite ou grande échelle, elle ne peut être omise si l'on veut vivre en fraternité dans un monde de paix. Pour autant, personne n'est dupe, elle n'est pas facile à mettre en œuvre car elle suppose un certain dessaisissement de soi au profit d'un autre. On appelle cela des concessions. Ce mot est employé dans tous les langages. En diplomatie, en stratégie militaire, en société comme en famille, et parfois même en religion, on rencontre cette idée. Or ce concept de *concessions* est un terme négatif qui renvoie au fait de *forcer* l'autre à donner quelque chose. La réconciliation véritable n'est pas faite de concessions qui suppriment quelque chose, surtout à contrecœur[1], mais d'un partage fraternel qui fait grandir deux entités, celle qui donne comme celle qui reçoit, celle qui *par*donne comme celle qui est *par*donnée.

Pour le porteur d'armes chrétien, dont un des soucis doit être le bien-être de son âme, la réconciliation est intrinsèquement liée à la

1. On se souvient du Traité de Versailles, à la fin de la Première Guerre mondiale, qui a été considéré par les allemands comme une profonde humiliation qu'il fallait réparer à tout prix. De fait, le pays vaincu a été mis en demeure d'exécuter les *concessions* unilatérales du Traité, sans mot dire. On sait où cela nous a mené…

confession de sa foi[1]. Il doit chercher et rechercher la réconciliation avec Dieu car le péché salit ce lien sacré. Le soldat chrétien sait que lorsque Dieu pardonne – par le ministère du padre envoyé pour cela –, la Divinité du Père créateur ne diminue pas mais son humanité à lui, celle qui l'établit fils de ce Père, grandit en maturité et en sainteté.

En conséquence, ce gage d'amour qu'il reçoit de la part de Dieu, *via* le padre, lui donne la force d'aller *construire* la réconciliation avec ses frères d'armes, quel que soit le grief qu'il a subi ou qu'il a fait subir. C'est déjà de la sorte que la paix que chacun recherche pourra déjà germer dans les cœurs. Le soldat chrétien est donc un exemple pour ses frères lorsqu'il a l'humilité de se reconnaître *fautif* – pécheur, dit la foi – et qu'il a la même humilité pour demander la réconciliation, à ses frères et à Dieu. Saint Thomas d'Aquin, encore lui, souligne que, « hormis à la Vierge Marie, à aucun autre des saints il ne fut accordé de ne pas tomber, au moins dans quelque faute vénielle. Si nous disons : nous sommes sans péché, affirme en effet saint Jean (1 Jn 1, 8), nous nous trompons nous-mêmes, et la vérité n'est pas en nous[2] ».

Cependant, outre cette conception typiquement chrétienne, le soldat baptisé, avec tous ses frères d'armes croyants ou non, a appris de ses chefs militaires que « la seule victoire dans une guerre est la réconciliation des peuples. Elle assure la paix[3] ».

Le soldat chrétien, *a fortiori* s'il est en responsabilité et s'il est conduit à prendre des décisions, devient une pièce maîtresse dans ce processus de réconciliation à grande échelle. Dans sa sagesse de foi, le soldat baptisé sait que sa mise en acte est le premier pas vers un chemin

---

1. Le pape François écrit : « Celui qui accueille la Bonne Nouvelle de Jésus sait reconnaître la violence qu'il porte en lui-même et se laisse guérir par la miséricorde de Dieu, en devenant ainsi, à son tour, un instrument de la réconciliation, selon l'exhortation de saint François d'Assise : "La paix que vos bouches annoncent, ayez-la plus encore en vos cœurs" » (Message pour la célébration de la 50e Journée mondiale de la Paix, 2017).
2. Saint Thomas d'Aquin, *Le Pater et l'Ave*, *op. cit.*, p. 111.
3. Mgr Michel Dubost, *Ministre de la paix*, *op. cit.*, p. 103

d'une paix durable qui bénéficiera à tous. Le lecteur comprendra qu'il ne s'agit pas pour lui d'avoir des grands desseins qui le dépassent. Il s'agit juste d'activer sa *force d'âme* au cœur de la *force d'arme*. Ainsi, dans son travail quotidien de militaire, sans craindre d'être taxé de naïf, de mou ou de gentil, le soldat chrétien, soutenu par le padre qui en fait autant, peut montrer de la douceur, du respect, de l'humilité, de la patience parfois, de la persévérance souvent, et du pardon toujours. C'est par le bien que l'on déracine le mal. À ce propos, tout disciple du Christ sait que « le pardon est la condition fondamentale de la réconciliation, des enfants de Dieu avec leur Père et des hommes entre eux[1] ».

Ces vertus constructives, qui habitent l'âme[2] et se manifestent *via* le corps, ne s'obtiennent que s'il les demande à celui qui en est, pour lui, la source infinie, Dieu. À cette occasion, ce soldat – qui est en situation de prise de décisions – se sait soutenu par le padre qui ne lésine pas sur sa présence pour l'assister spirituellement, d'autant plus que le padre – avec l'ensemble des autres aumôniers – se souvient qu'il est *conseiller du commandement.*

---

1. *Catéchisme de l'Église catholique*, n° 2844
2. Ici intervient la grâce du sacrement de réconciliation (confession) que le soldat chrétien est appelé à demander régulièrement. Si le padre auquel il s'adresse n'est pas prêtre et ne peut donc pas dispenser le sacrement, ce dernier fera appel à un confrère (son modérateur par exemple). Comme le souligne Mgr Dubost, ce sacrement « renforce le militaire dans sa diaconie, son service de la paix » (*Ministre de la paix*, *op. cit.*, p. 103).

14
Le commandement et l'autorité

Le militaire est formé à la fois au commandement et à son corollaire qui est l'obéissance. Le commandement a pour but de diriger le soldat de manière à ce qu'il puisse conduire sa mission, avec d'autres, pour le but recherché qui est, in fine, une victoire sur la force adverse. Le commandement doit être ferme, ce qui implique que celui qui le détient doit être apte à le faire, et reconnu comme tel. Le général américain MacArthur avait ces mots que les miliaires connaissent bien : « Des moutons dirigés par un lion sont plus redoutables que des lions dirigés par un âne[1]. » L'obéissance est le moyen déployé par l'Armée pour arriver à suivre le chef. Celle-ci ne peut se vivre que dans la reconnaissance légitime d'une autorité juste et compétente qui a mandat pour obtenir une adhésion de l'individu et du groupe.

Le soldat chrétien, comme tous ses frères porteurs d'armes, entre, de toute son âme, dans ce schème qui structure le fondement militaire. Comme se frères, il se soumet *volontairement* à l'autorité qu'il reconnaît comme bénéfique.

Toutefois, le lecteur entendra sans vergogne que le soldat chrétien n'est pas sans avoir en lui une attache spirituelle à une autre autorité

1. Cité par Max Schiavon in *Le livre qui va faire de vous un chef*, Éditions Pierre de Taillac, 2018.

qui exerce un commandement libérateur sur l'âme, dans l'espoir que celle-ci anime l'ensemble de son être unifié. Il ne s'agit pas, ici, de croire qu'il y a un déchirement entre l'autorité militaire et l'autorité spirituelle, dans la mesure où le chrétien pense que la première est issue et permise par la seconde.

Lorsque c'est lui, le soldat chrétien, qui exerce l'autorité militaire en recevant la fonction du commandement, il ne doit jamais oublier qu'il n'est qu'un serviteur de la communauté humaine qu'il reçoit des mains de Dieu pour la conduire à la réalisation réfléchie de sa mission. N'étant pas déconnecté de sa foi, il connaît cette parole de Jésus : « Vous le savez, ceux qu'on regarde comme les chefs des nations les tiennent sous leur pouvoir et les grands sous leur domination. Il n'en est pas ainsi parmi vous. Au contraire, si quelqu'un veut être grand parmi vous, qu'il soit votre serviteur. Et si quelqu'un veut être le premier parmi vous, qu'il soit l'esclave de tous. Car le Fils de l'homme est venu non pour être servi, mais pour servir et donner sa vie en rançon pour la multitude » (Mc 10, 42-45).

Jésus ne condamne pas le fait d'avoir une aptitude reconnue au commandement, ni même de désirer d'assurer une certaine autorité. Il replace ce souhait en lien avec ce qu'il vit et qu'il montre aux disciples comme un chemin de réalisation humaine, et pour soi et pour les autres. Ainsi donc, le soldat chrétien, qui est en situation de commandement – et qui, en ce sens, doit se laisser conseiller par son padre – reçoit une mission de serviteur de la communauté en vue du bien commun[1].

Le commandement est un service et non une gloire humaine, même si ce sont les compétences personnelles qui le permettent et que des grades et des médailles sanctionnent cette aptitude alors reconnue. L'autorité qui en découle – qui vient *finalement* de Dieu – est la sagesse qui garde les yeux de la raison ouverts sur le respect dû à chacun. En ce sens qui a déjà été souligné, l'autorité, au-delà d'être un certain pou-

1. Cf. *Catéchisme de l'Église catholique*, n° 1898.

voir, est ce qui fait grandir celui qui reçoit le commandement comme, du reste, celui qui obéit. Pour le soldat chrétien, cette autorité-là est chemin de sainteté, comme le précise le pape François : « *As-tu de l'autorité ? Sois saint en luttant pour le bien commun et en renonçant à tes intérêts personnels*[1] ».

L'autorité de commandement ne peut donc se vivre dignement – et saintement pour le militaire chrétien – que si le chef est au contact de ses hommes, qu'il les connaît en reconnaissant en eux une dignité sacrée, et qu'il sait ce qui peut leur demander, en étant avec le padre, *l'un des leurs*. C'est vraiment une nécessité pour un chef chrétien. L'autorité de commandement qu'il exerce est un regard d'amour porté sur tous les soldats dont il respecte l'âme. Quand un chef chrétien envoie des hommes au combat, ses hommes qu'il aime comme un père, il a la conscience aiguisée sur la lourdeur de cette tâche qu'il confie à Dieu, par sa prière personnelle et par le soutien de son padre. Ce *compte de faits* est à l'image de l'action de Jésus qui, croisant et connaissant intimement les uns et les autres, pose son regard sur eux et les aime.

Cette autorité, ainsi mise en acte, soutient la faiblesse des uns et permet aux plus forts de partager leur force. Le chef chrétien – comme doit le faire tout chef, quel que son itinéraire spirituel – donne à chacun la place qui est la meilleure pour lui. Il éduque tout soldat au respect de lui-même et d'autrui, y compris celui de l'ennemi, ce qui, le lecteur l'a déjà vu, n'est pas le plus aisé. Pour ce faire, il sait s'appuyer sur le *souteneur de l'âme* qu'est son padre, toujours à ses côtés pour l'aider dans cette tâche.

Avec cela, le chef chrétien est le garant d'une saine vie éthique. Montrant l'exemple par son comportement, il ne favorisera pas des décisions simplistes, notamment dans le cadre de possibles dérives comportementales issues d'une certaine promiscuité que l'on peut connaître en opérations extérieures. Le chef chrétien, conseillé en ce domaine pas le padre – comme il peut l'être aussi par les aumôniers

1. Pape François, exhortation apostolique *Gaudete et exsultate*, n° 14.

des autres cultes –, est un éducateur exigeant qui aime ses soldats et veut pour eux le meilleur. Pour ce faire, il se démène pour eux lorsque des cas délicats émergent, même s'il doit aussi parfois les sanctionner toujours justement et d'une manière pédagogique. Son but est de faire grandir l'autre, en vue du bien commun de tout le groupe…

In fine, le chef militaire de confession chrétienne vit avec *ses hommes*, à la fois dans la distance et la proximité, à la manière du Christ qui, constamment, est resté en contact spirituel avec ses premiers disciples sans faire fusion avec eux. Le chef chrétien, tout en honorant ainsi le Christ, et tout en demandant conseil au padre pour ce faire, respecte la parole de l'Église qui dit : « *nul ne peut commander ou instituer ce qui est contraire à la dignité des personnes et à la loi morale*[1] ».

1. *Catéchisme de l'Église catholique*, n° 2235.

15
Une charte du soldat chrétien

La charte de vie du chrétien se trouve, pour une bonne part, au sein du discours que Jésus délivre à la foule sous le nom des *Béatitudes* (cf. Mt 5). Il s'agit d'un appel au bonheur. Cependant ce bonheur n'est pas fait de pacotilles humaines éphémères. Ce bonheur est une dynamique de vie qui consiste à ne jamais lâcher la main du Seigneur conduisant les cœurs vers un véritable épanouissement de l'être. Le lecteur ne sera pas surpris de lire que, pour un chrétien dont la foi est bien vivante, c'est le Christ, et lui seul, qui est source de la vraie joie, celle qui ne passe pas et surpasse les moments de détresse et de souffrance[1].

Dans une vie militaire où se mêle tout ce qui fait la vie de l'homme, avec *en prime* un développement de la violence qui peut être supérieur à ce que connaît le reste de l'humanité, la charte de vie du chrétien a également toute sa place dans le cœur du soldat baptisé. Le padre le sait et se doit de partager cette certitude dans la servitude qu'il véhicule auprès des porteurs d'*armes* pour lesquels il a le souci de l'âme. Pour autant, cette charte peut, étant incarnée dans le *compte de faits* quotidien de la *force d'arme*, se décliner comme une *force d'âme*, selon quelques principes de vie qu'il est possible de décrire et d'affiner.

1. Cf. mon livre *Bonheur, Joie, Miséricorde, op. cit.*

Chacun sait que la discipline étant le ciment de la force de l'Armée, tout soldat – gradé ou non – doit savoir la respecter, le soldat chrétien comme les autres. Cependant, même s'il exerce l'autorité, s'il acquiert un savoir-vivre particulier, s'il apprend des compétences techniques et s'il obéit aux ordres légitimes de ses chefs, le militaire chrétien possède une manière *chrétienne* de vivre sa mission et sa vocation de soldat. En ce sens, tout en accomplissant fidèlement ce qui lui est prescrit pour « le bien du service, l'exécution des règlements militaires, l'observation des lois et le succès des armes de la France[1] », le soldat chrétien sait qu'il travaille aussi, en lien avec le padre qui n'est jamais loin, à l'avènement du *feu* du Royaume pacifique du Christ au sein même du *fer* du fracas guerrier des armes.

Monseigneur Michel Dubost écrivait en ce sens :

> Le militaire chrétien est fier d'avoir reçu la charge du service de la paix et cherche à donner ce sens à tout ce qu'il fait. Il refuse toute culture de la force. Il sait être un homme de la Croix. Le militaire chrétien se veut compétent et maître de sa force. Il sait appliquer les grands principes de la morale dans une situation où la lettre de ces principes ne semble pas pouvoir être respectée. Le militaire chrétien sait être fraternel avec tous. Il respecte et considère ses camarades, ses supérieurs, ses subordonnés. Il travaille à la cohésion de son unité. Le militaire chrétien est attentif à ceux qui sont seuls, qui peinent ou qui sont méprisés. Le militaire chrétien veut relever le défi de la réussite familiale et il fait tout pour rejoindre sa famille. Pensant aux difficultés qu'engendrerait sa mort, il se trouve dans une situation matrimoniale et parentale claire.

D'un point de vue plus spirituel, l'ancien évêque aux Armées précise : « Le militaire chrétien aime prier... Pour donner sa pleine signification à son travail, il reçoit souvent le sacrement de réconciliation. Le militaire chrétien sait qu'il ne peut être chrétien tout seul. Il se fait

1. Formule militaire de passation de commandement employée lors des cérémonies officielles.

connaî*tre des autres chrétiens… Le militaire chrétien ose témoigner de sa foi sans jamais faire pression sur les libertés de ses camarades. Sans renier en rien la vérité, il sait être ouvert à tous*[1]. »

Pour vivre pleinement ces conseils, le militaire chrétien n'hésite pas à prendre contact avec le padre qui, même s'il est là pour tous, est quand même présent pour conforter et confirmer la foi en Christ du baptisé. À ce titre, le soldat chrétien n'hésite pas à avoir une vie active au sein du Diocèse aux armées. Sa vie de foi ne s'arrête pas au moment où il revêt son uniforme de soldat, bien au contraire, elle est appelée, dans cet uniforme, à s'épanouir pour être porteuse de fruits. S'il donne un peu de son temps, il sait qu'il recevra beaucoup en retour, par sa vie fraternelle en Église.

Pour l'aider à vivre sa foi, l'aumônerie militaire catholique organise chaque année, depuis la fin de la Seconde Guerre mondiale, un pèlerinage militaire international[2] – nommé de l'acronyme PMI – à Lourdes. Là, se retrouvent, au pied de la Vierge Marie, dans la grotte de Massabielle, comme jadis le fit sainte Bernadette[3], de nombreux militaires d'une bonne trentaine de pays, avec les malades et les blessés, pour prier et chanter ensemble la gloire du Seigneur et la paix qu'il procure dans les âmes. Leurs cœurs unis dans la joie fraternelle et conviviale, ils vivent cette démarche de spiritualité accompagnés de

1. Mgr Michel Dubost, *Ministre de la paix*, *op. cit.*, p. 109-110

2. Ce pèlerinage international a été institué après la seconde guerre mondiale, au profit des soldats français et allemands (prisonniers de guerre). En 2022, les Armées de près de 30 pays se sont retrouvées à Lourdes après 2 ans sans rencontre en raison de la pandémie de COVID, pour vivre le 62e PMI. Il existait déjà, en 1919, un pèlerinage national mis en place à l'issue de la Première Guerre mondiale, qui se déroula du 11 au 13 novembre.

3. Sainte Bernadette Soubirous (1844-1879). Née dans une famille pauvre à Lourdes, morte à Nevers chez les sœurs de la Charité, elle est témoin, à l'âge de 14 ans, de dix-huit apparitions, à la grotte de Massabielle, de la Vierge Marie qui se présente à elle comme « L'Immaculée Conception ». Dès lors, des guérisons de malades attirent les foules à Lourdes qui devient le premier sanctuaire marial du monde par la fréquentation.

leur aumônier catholique. C'est durant ces moments chaleureux que sont également célébrés les sacrements de l'initiation chrétienne[1], reçus par les soldats qui ont fait un chemin de catéchuménat, au sein de l'aumônerie militaire catholique.

Le militaire chrétien est donc appelé, par vocation particulière, à vivre en ce monde sans lâcher la main de Jésus, qui lui donne la main de Marie, sa mère, pour aider son âme à entretenir sa force, que le padre a charge de soutenir, aidé en cela de l'intercession des saints Patrons d'Armes qu'il convient de ne pas oublier. Comme tous les baptisés, le soldat chrétien se donne les moyens de vivre sa foi, dont il comprend, en la vivant, qu'elle est la colonne vertébrale de sa réalisation humaine.

Cette façon de vivre est une *consécration* à Dieu. Pour le militaire chrétien, qui ne la *cache* pas même s'il respecte la neutralité de l'État et de ses représentants[2], elle est tripartite. La première est une *consécration personnelle* qui engage le soldat à ne pas ignorer le Christ dans sa vie. La deuxième est une *consécration familiale* pour réactualiser la grâce du sacrement de mariage *religieux,* et confier sa famille au Seigneur (s'il est célibataire, le soldat chrétien demande la grâce de vivre ce célibat dans la paix. Il peut prier le Seigneur de l'aider à rencontrer la personne idoine). Enfin la troisième est *une consécration désirée et toujours renouvelée de la France*[3]*,* en demandant à Dieu de répandre sa bénédiction sur celle qui reste *la Fille aînée de l'Église*[4]*,* et qu'il sert jusqu'à l'éventualité de donner sa vie pour elle.

1. Le Baptême, la Confirmation et l'Eucharistie.
2. En lien avec la Loi de 1905 sur la séparation des Églises et de l'État.
3. Cette dernière consécration est historique : les révélations faites à sainte Marguerite-Marie à Paray-le Monial se sont traduites par l'institution de la fête du Sacré-Cœur en 1856, la consécration de la basilique du Sacré-Cœur de Montmartre en 1919 et la consécration de la France au Cœur de Jésus, en communion avec le pape Pie XII, en 1945.
4. Expression très ancienne (qui pourrait remonter au IIe siècle et non au XIXe siècle comme certains voudraient le faire croire). Elle est en lien avec la fille aînée de saint Pierre, fille peut-être adoptive, Pétronille, à laquelle la France (les Gaules romaines, puis le royaume franc) fut consacrée. Pétronille fut donc, par conséquent, la « pre-

Il ne faut pas que le lecteur soit étonné de cette exigence de vie. Le soldat chrétien est souvent entier avec lui-même. Il ne veut pas vivre sa vie à moitié. En ce sens, il sait trouver soutien et réconfort auprès du padre qui comprend cette exigence, puisqu'il la vit également.

Cette triple consécration peut être un beau motif de prière déployé à Lourdes, lors de ce pèlerinage militaire international annuel auquel les soldats chrétiens sont conviés. Ils peuvent, tous ensemble, unis dans la joie et l'allégresse souvent débordante, confier leur âme de porteur d'*armes* à l'Immaculée Conception, comme sainte Bernadette l'avait fait jadis, et comme des milliers de militaires, malades, blessés ou en bonne santé, l'ont également fait avant eux.

Un peu de spiritualité de *feu* ne faisant aucun mal dans le monde du *fer* militaire, Sainte Bernadette offre aux soldats chrétiens et leurs padres, ses simples mots :

> L'âme fidèle accomplit tous les desseins de Dieu en l'Église : son Épouse la veut parfaite en ses voies et dans ses opérations, afin qu'en agissant toujours en foi et en charité, le Père soit le principe de son opération, le Fils de sa lumière et le Saint-Esprit de son amour. Union, union intime à Jésus, cœur à cœur avec Jésus, dans la pureté et dans l'amour. Gardez-moi, ô Jésus, comme votre bien et votre propriété. J'ai espéré en vous, Seigneur. Soyez ma maison de refuge, car vous êtes ma force[1].

---

mière » sainte Patronne de la France, avant sainte Geneviève qui le fut aussi, et donc avant même la Vierge Marie auquel le royaume de France fut consacré par le vœu de Louis XIII. Après la Première Guerre mondiale, l'Église a donné à la France, comme secondes patronnes, sainte Jeanne d'Arc et sainte Thérèse de Lisieux.

1. Sainte Bernadette Soubirous, *Carnet de notes intimes*, Éditions de l'Imprimerie Moderne de l'Est, 1977, p. 14-16.

16
Le padre, homme du contact fraternel

Lorsque les soldats parlent du mot *contact,* cela les renvoie principalement à la confrontation avec l'adversaire, et non d'abord à la relation hiérarchique avec leur chef. Les soldats ont cette formule assez significative : « Il faut aller au contact avec l'enn*emi* »...

À cette fin, ils se surpassent, quitte à aller chercher au plus profond d'eux le surplus d'adrénaline nécessaire à l'action. En vue de ce *contact,* les soldats développent en eux, d'une part, une bonne connaissance de la mission qu'ils doivent effectuer, et d'autre part une confiance sans bornes en leur groupe, et en leur chef qui les guide dans l'action. La crainte est légitime, personne n'y est insensible, mais elle est absorbée par des poussées d'adrénaline qui gèrent le stress inhérent à toute mission dangereuse, voire belliqueuse.

Contact étant un mot absorbé par la sphère militaire, le lecteur comprend aisément que ce mot soit aussi un mode de vie que l'aumônier de tout culte, signant un contrat avec l'Armée[1], fait sien. L'aumônier catholique ne déroge pas à la règle du *contact,* bien au contraire, il

---

1. Certes, il existe plusieurs statuts au sein des aumôneries, comme les aumôniers qui signent pour un contrat purement militaire (des périodes de 2, 4 ou 6 ans renouvelables jusqu'à l'âge de la retraite) ou comme les desservants civils, ou en réserve opérationnelle (qui portent la tenue militaire) ou citoyenne.

doit lui aussi *aller au contact*, même s'il n'a pas les mêmes armes, et que son combat à lui est différent.

Ce contact diverge d'un contact *tacticien* avec l'ennemi, puisqu'il est au service des soldats dont il doit se faire un ami concret et avec lesquels il doit vivre ce qu'ils vivent, quitte à faire sortir lui aussi son adrénaline.

*

Sur un chemin de terre et de pierres, lors d'une patrouille de reconnaissance en territoire afghan, composée de plusieurs véhicules blindés, il peut arriver le pire lorsqu'un engin explosif improvisé est déclenché à notre passage. Chacun le sait et l'a enregistré dans son esprit. Un jour, alors que j'étais dans le deuxième véhicule, et que j'étais mal équipé, notamment en bouchons antibruit pour les oreilles, puisque la hiérarchie militaire qui distribuait les tenues de protection (gilet pare éclat, lunettes balistiques, gants coqués, genouillères) considérait que le padre n'était pas un « personnel opérationnel » (sic), ce qui devait arriver arriva. Un engin improvisé explosa devant le véhicule. Heureusement il rata sa cible mais il m'abîma le tympan droit, chose que je n'ai pas remarquée sur le coup malgré quelques acouphènes qui me semblèrent de l'ordre de la normalité en pareille circonstance. C'est lors de la visite médicale de retour d'opération que l'on m'envoya à l'hôpital militaire pour des examens approfondis. Le spécialiste ORL m'explique, à coup de graphiques et de courbes, que j'avais eu un sérieux choc sonore dû à une violente déflagration, et que mon oreille droite ne récupérerait jamais. Je me souvins alors de cette journée dans la poussière afghane.

L'année suivante, je repartais en Afghanistan et j'ai eu droit au paquetage de protection – malgré le fait que, par anticipation, j'avais acheté les gants, les lunettes, les chaussures, et les bouchons auriculaires –, l'aumônier que j'étais étant devenu, pour la hiérarchie de bureau qui ne sortait pratiquement jamais de l'état-major, un padre opérationnel… Par la suite, je fis encore une opération extérieure. Ce fut la dernière en raison du staff médical qui, au vu de mon ouïe diminuée, me refusa l'agrément, malgré le fait que je dise que je n'étais pas donneur d'ordre, que je n'étais pas dans les écoutes sensibles, mais que je n'étais qu'un simple aumônier qui avait encore la capacité d'écouter ses soldats...

*

C'est un fait, il ne peut y avoir, pour le padre, de contact sérieux sans une anticipation et une préparation approfondie de la mission. Il faut qu'il soit apte à sa mission. Il convient que le padre possède une bonne connaissance de sa mission – militaire et spirituelle –, du terrain, des soldats eux-mêmes, et de *ceux* qui la commandent, d'une part le chef militaire et d'autre part le Christ.

Le padre, humble humain parmi les humains, peut connaître une crainte légitime à aller voir les uns et les autres, à faire *comme* eux, et pas uniquement lors des combats. Frapper à la porte de leurs cœurs qui peuvent être blindés par le refus d'entendre quoique ce soit sur la *religion,* peut entraîner une certaine retenue, voire un refus du contact qui peut ressembler à un blindage du cœur.

Au nom de l'amour charitable qu'il doit développer en son for interne pour les porteurs d'*armes* dont il a charge d'entretenir la force d'âme, le padre doit chercher et rechercher tout ce qui favorisera le contact humain sans que ces craintes ne prennent le dessus et le fassent reculer ou s'enfermer dans la sécurité de sa sacristie chauffée.

Sans pour autant devenir davantage militaire qu'aumônier, le padre doit vivre dans ce monde particulier en s'identifiant quelque peu à lui s'il veut, pour le besoin de sa mission, que les soldats le considèrent à sa juste place, c'est-à-dire comme *l'un des leurs.*

L'aumônier est au cœur de la vie des hommes et femmes militaires. Même si sa chapelle est excentrée, voire désespérément inexistante, le padre doit être une *chapelle vivante* qui donne la confiance, la paix de l'âme et laisse transparaître la seule *arme* qu'il détienne, la force de la prière. Il est pour eux *tous*, même s'il n'est pas tout à fait comme eux puisqu'il porte sur sa poitrine et ses épaules le grade sans hiérarchie le plus ancien qui soit, l'emblème de la croix de Jésus rendue visible à tous. Suiveur du Christ qui n'a rien *fait* sinon aimer et sauver les âmes, le *compte de faits* du padre n'est pas technique mais spirituel.

*

Un chef militaire dont je savais qu'il n'avait cure de la chose religieuse, me demande : « À quoi vous servez ici ? » Je lui réponds : « À rien. Je ne fais pas tourner les moteurs, je ne répare pas les machines, je ne compte pas les effectifs, je ne fais pas la cuisine, je ne monte pas la garde. Mais si je vous dis combien de baptêmes, de mariages et d'enterrements je célèbre, cela ne vous intéressera pas. Si je vous raconte combien de soldats viennent me voir pour chercher du réconfort, du soutien une aide morale et spirituelle, et combien viennent prier ici, cela ne vous touchera peut-être pas. Donc, effectivement, selon vos critères techniques et matérialistes, je ne sers à rien. »

*

C'est la croix que le padre arbore, qui est à la fois son identité et sa mission « invisible », qui lui exige intimement d'aller au contact – parfois ardu –, comme le lecteur le comprend dorénavant.

Cette identification, qui fait son identité militaire, il doit être honoré de la revêtir puisqu'elle fait partie de son paquetage. On peut dire qu'à l'Armée, l'habit fait le moine ! Et c'est cet habit de missionnaire, que l'Armée républicaine et laïque lui confie, qui l'aide aussi à vivre la mission et qui lui ouvre parfois des portes qui pourraient paraître fermées à double tour. Vêtus ainsi, *tous* les soldats, même ceux qui *bouffent du curé* ou qui se disent ne pas avoir *besoin de lui,* considèrent que le padre est *l'un des leurs.*

S'il se met à part, s'il ne revêt pas l'uniforme, s'il reste en dehors du monde dans lequel il est envoyé, comment pourra-t-il l'*accompagner*, l'*écouter*, le *soutenir* et l'*aimer*, afin de lui apporter affectivement et effectivement, corporellement et spirituellement, le Christ ? Comment pourra-t-il prétendre mettre en œuvre sa spiritualité pour *tous* s'il la garde pour lui en s'isolant, en s'absentant sans cesse, et en se donnant des excuses pour ne pas aller au contact ? Il ferait mieux de réfléchir et discerner si telle est alors sa vocation.

Le lecteur saura que la spiritualité de l'aumônier prend une de ses sources dans l'attitude de Jésus, qui, après sa résurrection, va sur le chemin d'Emmaüs, et s'intègre dans la discussion des deux marcheurs qui reviennent tout penauds après la mort en croix de Jésus. Le Ressuscité s'intéresse à ce qu'ils vivent et ressentent, à ce qui les blesse et les questionne, à ce qui les déçoit et leur met le moral à zéro. Le Seigneur vient au *contact* et, tout en leur coupant la parole, ose demander : « Quels sont ces propos que vous échangiez en marchant ? » (Lc 24,17) Il ne dit pas cela par simple curiosité, mais au nom de la vie qu'il transmet à chacun de ceux qu'il croise. Oui, à temps et à contre temps, vaille que vaille, Jésus va bien au contact, quitte à être rabroué : « Tu es bien le seul à séjourner à Jérusalem qui n'ait pas appris ce qui s'est passé ces jours-ci ! »

Mais Jésus les pousse à aller plus loin et à chercher au fond de leur cœur : « *quoi donc ?* » Alors, comme aveuglés par l'événement qu'ils ont vécu sans le comprendre, ils rétorquent : « Ce qui concerne Jésus de Nazareth, qui fut un prophète puissant en action et en parole devant Dieu et devant tout le peuple : comment nos grands prêtres et nos chefs l'ont livré pour être condamné à mort et l'ont crucifié. » Et Jésus, poursuivant son contact nettoyeur de l'âme, va user de pédagogie pour les amener petit à petit à comprendre ce qu'ils ont vécu, ce qu'ils sont et quelle est cette puissance de vie, jusqu'à lors inconnue, qu'ils ont en eux.

Ensuite, à la faveur du repas partagé, il se laisse découvrir par eux comme le Messie ressuscité. L'espérance revient alors dans le cœur – désormais tout chaud – des marcheurs d'Emmaüs. Sans crainte aucune, ils s'en retournent à Jérusalem, dans la nuit, annoncer cette bonne nouvelle à d'autres. Voilà le résultat du contact spirituel : un cœur ouvert à la foi et le désir de la partager, sans crainte de la nuit, pour que d'autres puissent à leur tour se réjouir d'être ainsi aimés de Dieu et promis à la vie en lui, par lui et avec lui, à jamais, et cela, quelle que soit la vie menée.

L'aumônier fait comme son Maître et Seigneur. « Il ira donc chercher les soldats qui lui sont confiés jusqu'au fond de leur compagnie ou de leurs postes isolés, afin d'ouvrir leurs oreilles à l'appel de Dieu et de les accompagner tout au long de leur marche spirituelle[1] », jusqu'à

1. François Casta, *Homme de Dieu, homme de guerre*, *op. cit.*, p. 149.

ce qu'ils découvrent que le Seigneur marche à leur côté en s'intéressant à ce qu'ils vivent. Au milieu des soldats dont il se fait « l'un des leurs », le padre a charge d'être un instrument de Jésus, lui qui est totalement « l'un des nôtres ». Le padre laisse passer le Christ à travers ses paroles et ses gestes. Il révèle ainsi que la vie du Christ se donne à chacun, et en particulier à ceux qui sont blessés dans leur corps, dans leur esprit et dans leur âme. Et si le padre a la peur du contact, alors qu'il doit y aller, qu'il se sache porté par ses confrères qui l'aident à la vaincre par leur propre exemple.

Le père François Casta qui, fort de l'expérience qu'il a vécue, est, là encore, l'homme idoine pour rappeler ce fondement : « Destiné à l'apostolat militaire, l'aumônier doit s'organiser en fonction de la vie militaire elle-même. Il n'a pas à remplacer cette unité sociologique qu'est l'Armée. Chargé par l'Église de ce peuple très particulier, il est intégré organiquement à la communauté religieuse du Diocèse aux armées. » Le père Casta cite son Directoire d'aumônerie : « On ne s'improvise pas aumônier militaire, même si l'on pense bien connaître le monde militaire. » Ensuite, le père Casta précise : « Au départ, il ne suffira pas à l'aumônier d'être en possession de sa "lettre de service" et d'une feuille de route… Il devra devenir membre actif, et effectif, de ce groupe humain… La hiérarchie l'a bien compris, qui se conformant à la tradition la plus sûre, a autorisé ses aumôniers à revêtir l'uniforme sommé de la Croix. » On le voit, tout se tient !

Insistons encore pour dire que comme atout cœur pour cette mission, en plus de *l'uniforme sommé de la Croix* qui est déjà un témoignage vivant de ce qu'il est, le padre se revêt du vêtement d'humilité, qui « est la disposition qui facilite le libre *accès de l'âme aux biens spirituels et divins*[1] ». Cette vertu sera son assurance de communion avec la grâce divine, afin de ne pas vouloir être Dieu à la place de Dieu en se croyant suffisant en lui-même. Finalement, c'est Dieu qui va au contact par le padre. C'est lui qui écrit le *compte de faits* qui unit l'âme

1. Saint Thomas d'Aquin. *Somme Théologique* IIa-IIae, q.161, a5.

du soldat à celle du padre, car c'est lui qui est ressuscité et non, pour l'heure, le padre.

Ainsi donc, il est bon d'entendre ce que rappelait saint Clément de Rome[1] aux disciples chrétiens : que « chacun d'entre nous, à son rang, plaise à Dieu par une bonne conscience, sans vouloir franchir les limites régulières de son office, en toute dignité[2] ».

1. Saint Clément (mort martyr en 97) fut le troisième successeur de saint Pierre en tant que pape. Il aurait même été ordonné prêtre par lui. Vers 95, il écrit sa Lettre à l'Église de Corinthe.

2. Clément de Rome, *Épître aux Corinthiens* XLI, 1, in *Les pères apostoliques*, *op. cit.*, p. 100

17
Le padre, homme du contact spirituel

Le lecteur est invité à découvrir encore davantage cette richesse spirituelle qui habite le padre, richesse spirituelle qui, n'en doutons pas, doit aussi habiter les aumôniers des autres cultes selon leur foi intime et particulière.

Le contact fraternel que met en œuvre le padre, au nom de sa mission, est la conséquence d'un contact permanent qu'il entretient avec le Christ. Le padre sait que son ministère n'est pas un long fleuve tranquille où il rencontrerait à longueur de journée, des hommes et des femmes soucieux de l'aider et de l'accompagner en étant acquis à sa cause. Certes, les soldats chrétiens sont des compagnons de route qui ne sont jamais de trop, mais le padre est là pour conforter leur foi, non pour être conforté par la leur, bien que cela reste toujours de l'ordre du possible lors des *coups de blues* qui n'échappent à personne. Son compagnon de vie numéro un, celui qui est l'éclaireur de son chemin, à l'image de l'éclaireur d'un groupe qui dit à ce dernier d'avancer lorsque tout est dégagé, celui-là est le Christ.

Le père François Casta explique :

> Présence de l'Église à l'Armée, l'aumônier militaire doit le plus souvent se suffire à lui-même pour vivre spirituellement. Pour autant, il ne sera pas un isolé. Le Diocèse aux armées demeure pour lui une famille spirituelle, puisque c'est de lui qu'il a reçu mission officielle

> d'implanter l'Église : – en la faisant connaître et en facilitant les approches à ceux qui désirent entrer en contact avec elle ; – en refusant le péché et les déviations de tous ordres, incompatibles avec cette implantation, et qui peuvent se glisser dans la mentalité et les structures de l'Armée ; – en groupant les baptisés autour de lui pour que, sanctifiés par les sacrements, ils le déchargent d'une partie de son travail, approfondissent leur foi, et vivent intensément de la charité[1].

De fait, on peut résumer cet exigeant passage en disant que si le ministère de l'aumônier catholique est parfois isolé, il n'en est pas pour autant isolant.

Ceci étant acté, le padre, qui est un soutien de la *force d'âme* des soldats au cœur de leur *force d'arme*, a l'exigence de développer sa vie intérieure. L'aumônier doit prendre du temps pour sa prière personnelle et pour son propre accès aux sacrements de vie que sont l'eucharistie et la réconciliation. Assurément, il sait que le temps qu'il prend pour son âme n'est pas du temps perdu pour le *feu* de sa mission, car il lui donne tout son sens et sa force au sein même du monde de *fer* véhiculé par les *armes*.

L'aumônier doit également avoir le souci de s'intégrer dans l'Église locale car il ne fait pas Église tout seul, il est frère parmi d'autres frères. À ce titre, si son aumônerie n'a pas le statut de paroisse militaire, il doit pousser les soldats chrétiens à vivre leur vie chrétienne familiale au sein de leur paroisse civile, histoire qu'ils soient là aussi, des témoins de leur foi. Ce faisant, il a tout loisir, voire le devoir, de proposer régulièrement des messes de garnison. Ces riches moments voient les familles de militaires se retrouver avec joie, de temps à autre, et partager, à l'issue de la messe, un moment de retrouvailles fraternelles autour de valeurs communes qui embellissent l'âme. Le padre peut aussi se rendre visible en paroisse, en célébrant avec le curé du lieu. Par exemple, il peut également accepter de rendre service à cette Église locale, qui en retour peut aider le padre. Un padre isolé est un padre en danger. Pire encore,

1. François Casta, *Homme de Dieu, homme de guerre*, *op. cit.*, p. 149.

un padre qui ne célèbre pas Jésus est un mort *spirituel*, à l'image du mort *clinique*.

Comment, en effet, vivre sans cette force *communautaire* qu'il reçoit de Dieu et qu'il doit aller chercher et demander sans cesse dans sa prière ? Comme un soldat seul est en danger et qu'il doit être soutenu par son groupe, le padre ne peut *tenir* seul.

De fait, il est porté par la famille du Diocèse aux armées qui prie pour lui, comme pour chacun des aumôniers, et même pour tous les soldats dans une chaîne de prière incessante. Beaucoup de messes sont dites aux intentions des soldats, de leurs familles et... des padres. Tout padre sait, lorsqu'il va sur des théâtres d'opérations difficiles, qu'il est accompagné de cette fraternité d'âmes que véhicule la communauté des aumôniers, qui est une communauté ecclésiale unie autour de son évêque, du pape et de l'ensemble des chrétiens de ce monde.

18
Appelé à la sainteté

La sainteté ! Un drôle de mot ! Un mot qui fait peur et qui renvoie, pour certains et peut-être pour beaucoup d'entre nous, aux vieilles statues poussiéreuses montrant des visages sans sourire, figées sur des socles de pierre dans des églises tout autant poussiéreuses et usées par le silence de la désertion des fidèles… Si c'est ça la sainteté, ça ne fait pas trop envie au commun des mortels…

Toutefois, et c'est un paradoxe dans un monde qui prône la réalisation de soi par le bonheur d'avoir ce qu'il faut pour sa propre satisfaction, le padre, à contre-courant de la marche sociétale, sait que tous les soldats chrétiens sont appelés à la sainteté, celle qui grandit « par de petits gestes[1] ». La charte du soldat chrétien en fait l'éloge. Cependant, le padre sait que ceux qui ne confessent pas la foi en Christ sont aussi destinés à cette sainteté.

Le lecteur est averti, à présent, que ce chapitre est assez particulier. Il traite, d'une certaine manière, de l'unité de la vie intérieure du padre, qui demeure un aspect essentiel, voire existentiel, pour la crédibilité de son enfouissement dans le monde des porteurs d'*armes* dont il a charge d'âme.

1. Pape François, exhortation apostolique *Soyez dans la joie et l'allégresse*, n° 16.

Le padre est appelé à cette sainteté qui est la qualité de vie ordinaire que *toute personne,* y compris les soldats, doit absolument rechercher ici-bas, la grâce de Dieu aidant.

Cette sainteté vigoureuse et exigeante ne ressemble pas aux statues figées dans le plâtre. Au contraire, elle réveille le *feu* de l'âme pour qu'elle agisse, affectivement et effectivement, au cœur même du fracas du *fer* des *armes.* C'est un défi ! Quelques fois, l'appel à la sainteté peut dépasser les bornes communément reconnues.

*

À l'époque de l'opération menée au Kosovo par la coalition internationale appelée KFOR, qui avait été déployée pour une interposition entre les Serbes, de confession orthodoxe, et les Kosovars d'origine albanaise (et pour 95 % d'entre eux de religion musulmane), on aurait pu croire qu'un soutien était davantage porté sur une partie au détriment de l'autre. Ainsi, lors d'une tournée dans une enclave serbe réduite à une école désaffectée, j'ai vu que ces réfugiés étaient complètement délaissés, et par nous et par les autorités locales, et même par l'Église orthodoxe du lieu. Je fus apostrophé par un homme au visage buriné par la détresse qui m'invita à entrer pour constater la misère de leur condition. Effectivement, dans un coin se mourrait une vieille dame sous un tas de couvertures mitées. Des rats circulaient dans les couloirs. Le froid envahissait les pièces où s'entassaient quelques familles qui n'avaient rien, ou si peu, à manger. Pas de bois pour le chauffage. L'homme me dit qu'une personne est morte ici et que le prêtre orthodoxe n'a pas voulu célébrer l'enterrement car il n'y avait pas d'argent pour le payer. Découvrant que j'étais prêtre, il me demanda ma bénédiction, et avec lui beaucoup d'autres… Peu de temps après, à l'issue d'un entretien houleux avec le général français qui commandait l'opération et qui ne comprenait pas pourquoi je m'intéressais à ces personnes, malgré le fait que je lui ai dit que les ONG qui étaient sur le territoire ne s'occupaient que des Kosovars, je pris avec moi quelques légionnaires (j'étais aumônier à la Légion) et nous avons apporté à ces pauvres d'entre les pauvres, à ces oubliés de notre moralité bien-pensante, des couvertures, des rations de combat, du raticide, du savon, bref de quoi tenir un peu… Grâce à un légionnaire qui comprenait le serbo-croate, j'ai rencontré, avec bonheur, le prêtre ortho-

doxe pour lui évoquer la situation de ses fidèles. Hélas, il n'a pas daigné venir avec moi pour constater mes dires…

*

Le padre doit être un exemple de vie qui tranche, parfois, avec la bien séance courante. Sa façon de vivre et de se battre pour le respect des plus pauvres, soldats ou non, à l'image du Christ humble et doux, est déjà, en elle-même, un témoignage qui nourrit d'abord la vie des militaires chrétiens qui attendent cela de lui. Ensuite, et c'est tout le charme du témoignage qui pose question, cet exemple touchera ceux qui, de bonne volonté, verront dans la vie du padre quelque chose qui les questionnent positivement sur leur propre façon de vivre. S'il reste cloîtré, comme un Missel dans sa sacristie, il n'a rien compris de la sainteté qui lui est demandée. Sa sainteté se vit au-dehors, même si elle se nourrit au-dedans. La finalité de cela étant, bien entendu, que les uns et les autres, tous ceux qui sont proches de la foi, comme ceux qui en sont loin, soient guidés dans leurs âmes, afin de changer tel aspect de leur comportement qui serait contraire au bien commun, et *a fortiori,* pour les *déjà* chrétiens.

Le padre doit, de plus, avoir l'honnêteté de se poser les bonnes questions qui peuvent parfois le mettre en porte-à-faux avec la hiérarchie militaire. Comment être une parole de *feu* lorsque le *fer* de l'idéologie bien pensante ignore la dignité humaine et le respect du plus pauvre ? Et d'une manière plus spirituelle qui, de fait, permet de mener le combat de la question ci-dessus, comment dénoncer ce qui enchaîne l'homme, si lui-même, envoyé du Christ, ne se laisse pas désenchaîner de son propre péché par l'approche du sacrement de réconciliation ? Comment avoir une parole de libération des âmes s'il n'y a pas de lien avec la Parole de Dieu ? Comment façonner en l'homme le désir du respect de toute dignité humaine sans avoir pour attache ce qu'en dit Dieu ? Comment rassembler la communauté des baptisés autour du Christ, si rien n'est fait pour secouer leur vie de foi ? Comment être force de proposition spirituelle pour tous les autres si le padre craint de se heurter, à la fois à l'hyperactivité du monde militaire, à ses principes laïques, et au dialogue exigeant avec ses autorités ?

Également, comment prétendre *soutenir la force d'âme*, s'il refuse tout soutien de la sienne ? Comment, enfin, vivre l'universalité de l'Église s'il s'enferme sur lui-même et n'a aucun contact avec des confrères ou le clergé local ? Ce que mentionne la lettre de Barnabé, écrite à la fin du Ier siècle, est éloquent : « Ne vivez pas dans l'isolement comme si vous étiez déjà justifiés, mais rassemblez-vous et étudiez ensemble ce qui concerne l'intérêt commun, car l'Écriture dit "malheur à ceux qui se croient sages et s'estiment très avisés" (Is 5,21)[1]. »

Comment donc avoir la prétention d'accompagner, d'écouter, de soutenir et d'aimer sans prendre en compte le cœur de la mission qui n'a de vérité que parce que le Christ, en premier, accompagne l'aumônier, l'écoute, le soutient, l'aime et le forme ? Comme tout chrétien, le padre doit faire, en sa vie, l'expérience personnelle du Christ. Il se laisse secouer par lui. Il se laisse transfigurer par lui. Il se laisse *former*, *reformer* et même *réformer* par lui.

Le lecteur a suivi la triste actualité récente de l'Église. À la suite d'événements malheureux et fortement dramatiques qui ont bousculé l'institution ecclésiale et ont mis la notion de sainteté à terre, les médias de toutes les sensibilités, y compris catholiques, laissent entendre, sans pour autant étayer leur point de vue assez réducteur, que l'Église *doit* être réformée et, plus encore qu'elle *doit* s'adapter. Ces mots dédouaneraient presque chaque chrétien de sa propre réforme intérieure qui reste toujours nécessaire. Bien entendu, les padres, et ceux qui exercent une responsabilité ecclésiale, doivent, en premier, être conscients de cette *dérive* qui accuse facilement.

Face à un monde qui voudrait tout changer et qui ne vit d'ailleurs que dans le changement, qu'il soit climatique ou autre, il n'est pas hors sujet d'évoquer ici un extrait du Dialogue du Christ avec sainte Catherine de Sienne[2], afin d'éclairer le chemin à parcourir : « Ce sera

1. Lettre de Barnabé IV, 10-11, in *Les pères apostoliques*, *op. cit.*, p. 275.

2. Sainte Catherine de Sienne (1347-1380) est affiliée à l'ordre de saint Dominique, en tant que tertiaire (et non religieuse). Elle rassemble autour d'elles des personnes attirées par sa foi et sa gaieté. Elle agit au plus haut de l'Église, demandant au pape

la réforme et la sainteté des ministres de l'Église qui fleuriront pour la gloire et l'honneur de mon Nom, et qui élèveront vers moi le parfum de toutes les vertus. Ce sont les ministres de mon Église qui seront réformés, et non pas mon Église, car la pureté de mon épouse ne peut être diminuée et détruite par les fautes de ses serviteurs[1]. » Le padre, comme les autres responsables en Église, doit se regarder lui-même avant de rejeter une quelconque faute sur l'institution dont il est un membre actif. Même s'il n'est pas fondamentalement acteur du mal, en tant qu'être pécheur, il porte une certaine responsabilité, surtout s'il se permet de juger trop vite ceux qui ont fauté et que la foule a déjà jetés en pâture.

À ce titre, c'est bien le Christ qui, au nom du sacerdoce commun, d'une part, le renvoie à toujours plus d'humilité – et même d'humanité – et d'autre part, le charge des vertus théologales[2], pour sa constante réformation et pour la réformation spirituelle de chaque chrétien, en l'occurrence les soldats. Tous sont liés et appelés ainsi à une sainteté qui demeure exigeante si elle veut être porteuse du témoignage de l'amour de Dieu pour tous les hommes. Le Code de Droit Canon – en quelque sorte, la loi de l'Église – précise : « Entre tous les fidèles du Christ, du fait de leur régénération dans le Christ, il existe, quant à la dignité et à l'activité, une véritable égalité en vertu de laquelle tous coopèrent à l'édification du Corps du Christ, selon la condition et la fonction propre de chacun[3]. » Aucun chrétien n'est au-dessus des autres, même le plus grand des saints, le lecteur approuvera sans doute ce point de vue. Le Christ lui-même s'est abaissé pour laver les pieds de ses disciples (cf. Jn13). Ainsi, il les a *formés* au véritable sens du service,

---

installé à Avignon depuis plus de soixante ans, de revenir à Rome et d'engager un travail sur l'Église. Grégoire XI accepte. Son successeur, Urbain VI la fait appeler à ses côtés. Elle meurt épuisée à 33 ans. Ne sachant pas écrire, elle dicte ses *Dialogues* et ses lettres. Elle est la seule laïc Docteur de l'Église.

1. Sainte Catherine de Sienne, *Dialogue*. Cité par cardinal Robert Sarah in *Pour l'éternité*, Fayard, 2021.

2. La foi, l'espérance et la charité.

3. Code de Droit Canon, 1983, n° 208.

en *reformant* en eux le principe de leur humanité, et en *réformant* leur conception du don de soi qui n'était ni juste, ni ajusté à l'amour divin.

En se laissant ainsi *réformé* par le Christ, le padre sera sur le chemin de la sainteté qu'il doit chercher à tout prix, non pour lui seul, mais en vue de la *réformation* de chaque âme de porteur d'*armes*. Le soutien que le padre doit à la force de chacune de ces âmes est donc son chemin de sainteté. C'est là qu'il marche, d'une part revêtu du vêtement de soldat du Christ, qui se voit sur son uniforme militaire, et d'autre part, harnaché de son sac à dos *spirituel*.

19
Le sac à dos du padre

Tout soldat reçoit, lors du sympathique et toujours émouvant moment de son incorporation, un sac à dos, et même plusieurs sacs, tellement le paquetage est fourni. On rit parfois des jeunes recrues de petite taille et frêles qui, une fois le sac bien rempli accroché à leur dos, semblent *disparaître* sous sa grosseur, comme des tortues dans leur carapace.

En effet, au fur et à mesure de l'avancée dans les travées du service habillement, le volontaire engagé reçoit des effets qu'il place comme il peut à l'intérieur. Ainsi, au fil des minutes, son sac devient de plus en plus lourd mais aussi de plus en plus complet. Avec tous ses effets, la recrue pourra affronter la pluie, le vent, le froid et le chaud. Il aura des épaisses chaussures pour *crapahuter*, et même des chaussures de sport pour courir, dès potron-minet, avec sa section, et parfois avec le padre qui la rejoindra. Ce sac sera son essentiel quotidien, il y puisera ce qu'il est nécessaire de porter au gré de sa formation. Il ne devra perdre aucun de ses effets, sous peine de rendre-compte à ses supérieurs d'une perte handicapante. Il devra donc veiller précieusement à son paquetage et l'entretenir pour qu'il dure. Cet habillage extérieur lui permettra d'être prêt pour l'habillage intérieur de son esprit aux lois et règles militaires qui, dorénavant, vont rythmer sa vie, au moyen d'une formation intense.

Le padre aussi passe à la chaîne d'habillement. Il reçoit ce même sac à dos de soldat. Il aura les mêmes treillis, les mêmes chaussures pour crapahuter par monts et par vaux, les mêmes couverts pour partager les rations de combat, etc. Mais cet habillage extérieur marquera une petite et discrète différence, au niveau du galon solidement accroché sur la poitrine. Dès l'instant de son incorporation, il sera porteur de la croix du Christ. Cette croix sera le signe *visible* qui l'autorisera à être une *force d'âme* au sein de la *force d'arme*. Il devra prendre acte que, même s'il reçoit le statut d'officier (alors qu'il n'a rien fait pour), ce bout de tissu brodé d'une croix soutenue par deux rameaux d'olivier sur un petit carré vert kaki ne sera pas un galon de grade mais un galon de service. Ce *petit* signe, que chaque militaire verra distinctement, l'engagera à un *compte de faits* pour lequel il acceptera d'être jugé par son maître qu'est le Christ[1]. Ce bout de tissu carré, véritable laissez-passer spirituel lui permettant d'aller dans tous les recoins de l'enceinte militaire, oblige le padre à faire acte de *grandes* vertus qui le rendent digne de ce service de la charité à rendre auprès de *tous* les soldats.

Ces vertus, qui ont été présentées dans ce traité, sont nécessaires à sa mission de serviteur de la force d'âme des porteurs d'*armes* qu'il reçoit en plus de son sac à dos.

En tout état de cause, le padre reçoit ces vertus humblement comme un sac à dos léger *supplémentaire* qui lui permet de marcher avec les soldats. C'est un fardeau qu'il accepte de voir porter par le Christ qui le devance sur les chemins chaotiques de la mission. Le padre se dessaisit ainsi parce qu'il sait que ce fardeau de la mission est trop lourd pour lui s'il se borne à le porter seul : « *Venez à moi, vous tous qui peinez sous le poids du fardeau, et moi je vous donnerai le repos. Prenez sur vous mon joug et mettez-vous à mon école, car je suis doux et humble de cœur,*

---

1. Lors de la Guerre du Golfe, au début des années 1990, des padres ont été déployés avec les troupes. Dans certains endroits musulmans, il était interdit de porter cette croix pour ne pas *souiller* la terre d'islam. Quelques padres ont usé d'un subterfuge en coupant deux galons d'adjudant et en les croisant l'un sur l'autre, afin de dessiner cette croix pour laquelle ils avaient accepté leur mission.

et vous trouverez le repos de vos âmes. Oui, mon joug est facile et mon fardeau léger » (Mt 11, 28-30). Si le padre se repose sur le Christ, il sera lui-même capable de prendre sur lui les fardeaux de ses frères soldats. Il aura l'âme libérée et totalement disponible pour rejoindre ses soldats de *fer* là où ils sont. Pour cela, il sera équipé du *feu* de l'arme de lumière, afin de les conduire vers leur propre sainteté.

Dans ce sac à dos pastoral, se trouve aussi ce qui fait sa tenue de missionnaire qu'il doit revêtir, à temps et à contre temps, tous les jours de sa vie, même lorsqu'il est en repos. À ce propos, lorsque l'aumônier prend un repos qui est nécessaire[1], à l'image de Jésus qui invitait ses disciples à se reposer, il reste toujours aumônier, car il n'est pas en congé de sa mission et demeure disponible à l'appel éventuel. Il en est ainsi pour tout disciple chrétien, *a fortiori* des soldats baptisés qui ne mettent jamais leur foi en Dieu dans un mouchoir au fond de leur poche, ou en congé maladie.

Voici, à titre non exhaustif, ce que le sac à dos spirituel peut contenir comme *outils* de mission taillés sur mesure pour le padre : *un esprit christique, une grâce de confident, une graine de conseiller,* sans oublier *une étole de confesseur*[2], *un manteau charitable (capable d'être coupé en deux*[3] !), *un bréviaire de célébrant,* le tout servi avec un bon *café consolateur et des biscuits de la marque « com-ciel*[4] ». Bon, si le padre a en prime

1. Le padre ne doit pas se considérer comme un surhomme invincible. Il doit se donner un jour de repos par semaine et suivre, une fois l'an, un temps de retraite spirituelle, qui est un temps de ressourcement indispensable.
2. Évidemment, l'étole de confesseur est réservée aux padres prêtres, mais rien n'empêche le padre qui n'est pas prêtre d'en appeler un pour ce sacrement, lorsque cela est demandé ou s'avère nécessaire.
3. Comme celui de saint Martin qui partagea le sien en donnant la partie qui lui appartenait au pauvre qu'il a croisé. C'est ce même pauvre qui, plus tard, lui apparut en songe sous les traits de Jésus. L'autre partie du manteau appartenant à l'Armée romaine, il n'a pas pu la donner.
4. *Com-Ciel* est une appellation amicale donnée par les soldats au padre, surtout en opération extérieure. Il ne s'agit pas pour lui de croire qu'il est « *Commandeur*

une vieille *bagnole* pour faire du *foifoicar*[1] avec les soldats, chrétiens ou non, c'est un plus !

*

Lorsque j'étais élève sous-officier, l'aumônerie se trouvait en face de la compagnie. Étant quelque peu sans famille, j'allais voir le padre, qui était le père André Glantenet dont il est fait mention en amont. Chez lui, il y avait toujours une table accueillante, un tourne-disque, une télévision, des livres… et il avait une voiture dans laquelle il me promenait les jours de repos que je passais en caserne. À l'époque, la chapelle ne m'intéressait pas… Cet accueil gratuit, sincère et paternel, sans esprit de prosélytisme, m'a fait du bien et j'ai toujours essayé de le reproduire dans mes diverses affectations de padre.

*

Ces outils pastoraux cités ci-dessus répondent, certes, aux impératifs liés à la mission de soutien de la force d'âme, mais aussi à l'attente des porteurs d'*armes* eux-mêmes. Ce qu'en dit le général Irastorza est, à ce titre, éclairant : « je considère que l'aumônier répond à un besoin opérationnel d'assistant psychologique, d'accompagnateur spirituel dans les périodes de doute parfois existentiels que peut connaître tout soldat… Il peut aussi donner du sens à nos vies… et lorsqu'il l'estime, avec autant de doigté que d'intelligence des situations, faire sentir au chef militaire les attentes, les angoisses de ses subordonnés, voire l'alerter sur ce qui constitue les atteints graves à leur dignité… (de plus) le soutien spirituel qu'il donne constitue un complément irremplaçable à la formation éthique et morale[2] ».

*

J'ai pu apprécier, au moins par deux fois, la profondeur humaine d'Elrick Irastorza, profondeur que l'on retrouve dans les paroles ci-dessus.

---

du Ciel » mais de se dire qu'il est simplement un « *Communicateur du Ciel* », un instrument quelconque de transmission de la Parole de Dieu.

1. Référence au site de covoiturage Blablacar.

2. Général Elrick Irastorza, art. cit., p. 64

Lui, à moitié basque, comme il me l'a dit un jour, et moi, entièrement gascon comme je lui ai répondu, nous avons sympathisé. La première fois, je l'ai croisé en Côte d'Ivoire où il venait d'arriver au commandement de la Force Licorne, après la désolante « affaire Mahé[1] » *du nom de cet homme dont la mort avait défrayé la chronique, événement attisé par des médias pas toujours honnêtes avec l'Armée. Plusieurs fois, dans son bureau, nous avions discuté des conséquences sur le moral des troupes, le sien y compris.*

Une autre fois, ce fut en Afghanistan. Il était chef d'état-major de l'Armée de terre. Je suis entré en contact – un peu direct, je l'avoue – avec lui au sujet de la mort au combat d'un de nos soldats qui, certes n'avait pas été tué d'une balle mais était bien mort en service commandé. Au départ, il a été difficile à certains – qui n'étaient pas sur le terrain – de reconnaître que ce sous-officier était bien « mort pour la France ». Je remercie le général de sa clairvoyance et de son intervention pour cette reconnaissance qui a irrigué notre fraternité.

*

Ce que le padre fait pour le bien commun des soldats n'est pas une chose qui déborde de sa mission, même si la spiritualité ne semble pas visible. Il met en œuvre des outils pastoraux car l'homme est un tout, un corps, un esprit et une âme. Les outils pastoraux utiles à cette mission sont fournis par la grâce de Dieu, en vue du Bien commun qui donne du sens au bien individuel de chacun. Or, « aujourd'hui, plus que jamais, la question du sens est d'actualité ; sans doute faut-il y voir là l'effet du désarroi d'une civilisation qui, pour la première fois dans l'histoire, se conçoit au regard d'un libre-service des valeurs, dans le même temps où le progrès génère autant, sinon plus, d'inquiétude que d'espérance[2] ». Le défi est grand pour le padre qui ne doit pas se laisser envahir par la peur et le désarroi face à l'enjeu spirituel et éthique. Il sait que l'affirmation du sens en lien avec le Bien suprême qu'est Dieu

1. Cf. général Renaud de Malaussène, *Une guerre juste ?*, *op. cit.*, p. 21-41 et 217-234.

2. Général Jean-René Bachelet, *Pour une éthique du métier des armes*, *op. cit.*, p. 13-14.

est un combat contre Satan qui ne manque pas d'affûter son aiguillon, surtout auprès des soldats confessant la foi au Christ que ce démon pervers choisira d'emblée comme proie.

En référence à la prière que le prêtre récite lorsqu'il revêt l'amict[1] pour la célébration de la messe, prière qui dit : « Placez, Seigneur, sur ma tête, le casque du salut, afin que je puisse repousser les assauts du démon », le padre se sait combattant du Bien. Il est armé du vêtement intérieur de la lumière de Dieu pour vivre, affectivement et effectivement, un compte de faits ancré dans son action auprès des soldats, devenant capable de porter le sac à fardeau des plus fragiles.

Cette participation au Bien divin, que le padre accepte, fait sa joie, même lorsque celle-ci se heurte au malheur qui ne manque pas de frapper la vie des soldats. Pour autant, le padre sait qu'il doit offrir cette joie de Dieu qui surpasse toute détresse. Cette joie devient une réelle force car, d'une part, elle purifie de toute crainte et d'autre part, elle console l'inconsolable en donnant part à la joie divine, à l'image de la prière que le prêtre récite en revêtant l'aube blanche pour la messe, prière qui dit : « Revêtez-moi de l'aube blanche, Seigneur, et purifiez mon cœur ; afin que lavé dans le sang de l'Agneau, je puisse jouir des joies éternelles. »

La responsabilité est donc énorme puisque, acceptant de se munir du sac à dos pastoral, le padre accepte d'œuvrer, à sa petite place, pour le salut du monde et donc pour sa vraie joie.

Aumônier – et cela rejoint sans doute tous les cultes – n'est donc pas un *métier* ou une *profession*, encore moins un *job*, le lecteur l'aura compris. Ce n'est pas une recherche de l'avoir sécurisant, c'est une quête de l'être en joie. L'aumônier ne court pas après la sécurité de l'emploi, il accepte librement, et parfois dans l'insécurité, une vocation qui engage totalement le corps, l'esprit et l'âme, et qui se laisse joyeusement nourrir des vertus théologales que sont la foi, l'espérance et la charité, la plus grande étant la charité (cf. 1 Co 13, 13). L'aumônier

1. Linge que le prêtre se met parfois sur les épaules avant de revêtir l'aube.

ne court pas non plus après la solde venant du ministère des Armées puisqu'il est appelé aussi au partage et à la saine déontologie dans l'utilisation de ses biens. S'il reçoit une rétribution financière, c'est parce qu'il se donne au service d'une mission exigeante et belle qu'il reçoit du Christ qui s'est fait pauvre par son Incarnation sur cette terre. À ce titre le padre doit savoir être une balise de lumière pour partager avec les plus nécessiteux, il y va d'une certaine crédibilité de son statut. Rappelons au lecteur que le mot « aumônier » vient, comme on l'a déjà dit, des aumônes faites au nom de la charité.

C'est pourquoi, face aux assauts du monde, le lecteur doit savoir que le padre doit faire œuvre d'intelligence de la foi pour vivre sa mission. Il sait que Dieu a créé en chaque homme une intelligence raisonnable. Le padre doit avoir la volonté de la former au moyen de la doctrine de la foi, qui l'orientera vers le bien. C'est ainsi que, dans la joie de la mission, il sera rendu capable, la grâce de Dieu aidant, de soutenir la *force d'âme* au cœur de la *force d'arme,* afin de faire grandir l'une et l'autre, l'une dans la sainteté, l'autre dans la paix. Grandissant aussi lui-même, le padre discerne, et aide ainsi chaque soldat, chrétien ou non, à discerner « ce qui est bon, ce qui plaît à Dieu, ce qui est parfait » (Rm 12, 2).

20
Grandir…

Il arrive que certains soldats, une fois formés dans leur spécialité militaire, technique ou autre, se croient alors capables de tout et se disent qu'ils sont maintenant compétents pour tout. L'orgueil est parfois la première faute que commet un soldat, et cette faute est souvent sans indulgence de la part du haut commandement. Il est malheureusement connu que certains jeunes officiers sortis frais et moulus de l'École de Saint-Cyr arrivaient en régiment avec, dans leur sac à dos, la certitude d'avoir la science infuse en s'imposant de fait, par le biais de leur galon encore sans poussière, auprès des plus anciens moins gradés qui avaient l'expérience éprouvée du terrain[1]. Ces jeunes gens ont vite été rattrapés par la difficulté du terrain et du commandement concret des hommes qui ne leur pardonnent aucune approximation. Certains ont même craqué. D'autres, restant cantonnés dans leur orgueil ont été

1. Un jeune sergent, sortant de l'École nationale des sous-officiers, a cru, lui aussi, qu'il était au-dessus des autres, notamment des caporaux-chefs riches d'une expérience de plusieurs années de service. Ce jeune sergent, de 20 ans, se présentant dans sa première affectation, a refusé de serrer la main d'un *vieux* caporal-chef, lui ordonnant de se mettre au garde-à-vous devant lui. Ce jeune sergent n'a rien compris de la fraternité d'armes et pire encore, n'a rien retenu de sa formation. Il est évident que sa notation annuelle (car les miliaires sont notés par leurs supérieurs) a tenu compte de cet orgueil déplacé.

mis de côté par les autres cadres, cela pouvant déboucher sur un palliatif à trouver qui peut être, par exemple, l'alcoolisme, pour n'évoquer que lui. C'est un fait, pour progresser, il faut accepter de grandir. Pour cela, il faut accepter d'être *petit* et constamment en devenir, en à venir.

Le padre n'a pas, lui non plus, la science infuse. Certes, après ses nombreuses années de formation, il a une certaine compétence humaine, psychologique et spirituelle pour vivre la mission qu'on lui a confiée, mais lui aussi, doit sans cesse savoir qu'il ne sait pas tout et qu'il est toujours en à venir.

À la suite de Jean le Baptiste qui, voyant arriver Jésus à lui, s'effaça pour lui laisser toute la place, puisqu'il ne se considérait pas digne de défaire les lanières de ses sandales, chose qui était, jadis, réservée aux esclaves (cf. Mc 1,7), le padre est appelé à *diminuer* pour laisser grandir le soldat chrétien en Dieu, tel Jean le Baptiste qui se considérait plus *petit* qu'un esclave.

Cependant, le padre sait bien que sa mission ne se cantonne pas à laisser grandir le soldat chrétien en Dieu. Comme le lecteur en a été souvent informé, sa mission déborde puisqu'il est envoyé auprès de *tous* les soldats. Même si chacun vit une sacrée histoire, tout soldat est appelé à découvrir que son histoire est sacrée. Le padre est le maillon de cette divine chaîne pour faire grandir l'âme des porteurs d'*armes* en ce sens.

Il reçoit du Christ *l'ordre de mission* de dire à chacun qu'il est appelé à « progresser vers ce projet unique et inimitable que Dieu a voulu pour lui de toute éternité : "Avant même de te former au ventre maternel, je t'ai connu; avant même que tu sois sorti du sein, je t'ai consacré" (Jr 1,5)[1] ».

Grandir, c'est, par conséquent, se reconnaître en situation d'enfance.

*

1. Pape François, exhortation apostolique *Gaudete et exsultate*, n° 13.

Il y a beaucoup d'occasions qui permettent de retrouver un peu l'innocence de l'enfance, même si on a des cœurs d'adulte et que l'on soit sur un terrain des combats. Lors des troubles vécus en Macédoine, j'étais, pour la première fois, déployé au sein d'une compagnie de légionnaires. C'était Noël. Il neigeait comme jamais je n'ai vu ! Noël à la Légion, c'est sacré ! Noël est la deuxième fête la plus importante de la Légion étrangère, après la commémoration du combat de Camerone (fêté le 30 avril). À Noël, il est de tradition que les sections fassent chacune une crèche avec les moyens du bord et une histoire inventée qui réunit la Sainte Famille à la vie légionnaire, passée ou présente. Le 24 décembre, en après-midi, avant la messe de la nuit de Noël, un jury passe pour « noter » chaque crèche. Quelle émotion devant les histoires racontées ! Quel bouleversement du cœur en voyant que la sainte Famille fait bien partie de la vie légionnaire. Quel esprit d'enfance sur les visages des rustiques soldats qui ont, pour la plupart, une histoire personnelle cabossée ! Oui, quelle joie d'avoir partagé cet esprit d'enfance qui rappelle à chacun, sans avoir besoin de le dire, que nous sommes tous enfants de Dieu et que nous sommes issus de cette Sainte Famille ! Ce sont les légionnaires eux-mêmes qui nous le disent à cet instant ! Ce fut mon premier Noël à la Légion (j'en ai eu d'autres ensuite). Quel bonheur m'a habité, à ce moment-là, un bonheur où l'émotion n'était pas absente – même les larmes étaient au bord des yeux –. Cette douce émotion, que d'autres partageaient avec moi, m'aidait à entrer dans cette communion de frères d'armes que j'ai toujours plaisir à vivre encore aujourd'hui avec les Anciens de la Légion.

*

Grandir, c'est aussi accepter d'avoir besoin d'un autre pour apprendre. Grandir, c'est apprécier le fait d'être aimé en vue d'apprendre à toujours mieux aimer, et soi et les autres, et *in fine* Dieu. Grandir, c'est prendre acte de son origine sacrée et de sa finalité tout autant sacrée qui permettra un total épanouissement de son humanité. Grandir, c'est savoir donner la main à quelqu'un qui marche avec soi en vue de découvrir en soi cette même possibilité de donner la main à un autre. Grandir, c'est comprendre que Dieu ne veut que du bien pour nous et qu'il n'est pas un rival de la liberté humaine comprise alors comme une composante de la fraternité universelle[1].

Grandir est ainsi le doux chemin de l'humanité en marche vers Dieu. Grandir, c'est écrire ensemble un *compte de faits* spirituel qui épanouisse les âmes. C'est la raison pour laquelle, même si le padre est appelé à diminuer devant le soldat qu'il rencontre et qu'il doit éveiller à l'amour et à son grandissement en Dieu, lui-même grandit ainsi. En apprenant davantage sur la sacralité de tout être humain, même celui qui a une vie de barreau de chaise, il en apprend encore sur lui-même et *a fortiori* sur Dieu dont il ne possédera jamais la complétude de la connaissance.

Grandir ainsi c'est, pour chaque soldat, œuvrer pour la paix, celle du monde, celle des hommes, celle des cœurs, celle des âmes, et *in fine* celle de Dieu qui surpasse toutes les autres et leur donne de la force et du sens. Grandir, c'est donc accepter que la *force d'âme* sanctifiée se déploie dans la *force d'arme* pacifiée.

Le padre grandit, lui aussi, en reconnaissant sa petitesse devant la tâche missionnaire à laquelle il a été appelé par l'Église du Christ. Ainsi, chaque jour il est « plein de reconnaissance envers celui qui (lui) a donné la force, Christ Jésus notre Seigneur ; c'est lui qui (l') a jugé digne de confiance en (le) prenant à son service » (1 Tim 1, 12).

De fait, le padre et le soldat sont appelés à grandir ensemble, dans le *feu* et le *fer*, main dans la main, à marcher côte à côte sur les mêmes chemins chaotiques, dans la foi, l'espérance et la charité. *L'un avec l'autre*, munis de leur sac à dos respectif, ils peuvent apprendre *l'un et l'autre* – et *l'un de l'autre* – que la force de leurs âme*s* unies est portée par Dieu.

Un éminent Père de l'Église laisse maintenant cet ultime conseil de sagesse au soldat et au padre :

---

1. Cf. pape François, encyclique *Fratelli tutti*, 2020.

Ce que nous sommes personnellement diffère de ce que nous possédons et de ce qui nous entoure. Nous sommes âme et esprit, en tant que nous avons été faits à l'image de notre Créateur. Notre corps nous appartient ainsi que les sens. Nous avons autour de nous la fortune, les métiers et tout ce qui sert à l'entretien de notre vie... Ne poursuis pas par tous les moyens ce qui lui fait du bien, la santé, la beauté, la jouissance des plaisirs et une longue vie. N'accorde pas ton admiration à la fortune, à la gloire et à la puissance... Applique-toi à toi-même, c'est-à-dire à ton âme. Embellis-la. Prends soin d'elle, afin de la débarrasser par ton application des souillures que la perversité y introduit, de la purifier de toute tâche du vice et de l'orner de la beauté et de l'éclat de la vertu. Examine-toi pour savoir qui tu es ; connais ta nature ; sache que ton corps est mortel, que ton âme est immortelle, que notre vie est double : la vie de la chair passe vite, celle de l'âme n'a pas de limites. Ne t'attarde pas aux biens mortels comme s'ils duraient toujours ; ne méprise pas les éternels comme s'ils passaient[1].

1. Saint Basile le Grand (329-379), évêque et Docteur de l'Église. Né à Césarée de Cappadoce (Asie mineure), il a pour frère saint Grégoire de Nysse, et pour ami saint Grégoire de Naziance. Il rédige une règle de vie pour les moines. Il lutte contre les hérésies de l'Église. Homélie 3, in *Textes ascétiques des Pères de l*'Église, p. 111 et 112.

Conclusion
La guerre n'est pas l'enjeu

Dans la conscience populaire qui prend souvent les choses au premier degré, il apparaît difficile de penser le soldat comme un représentant et un *fabricant* de la paix en ce monde. Son équipement *guerrier* semble, en effet, soutenir ce point de vue, d'autant mieux que « la perception du militaire dans la société est souvent associée à la symbolique du corps, en particulier à travers le port de l'uniforme[1] », qui comprend la *force d'arme*. À cette pensée sociétale, le défilé du 14 juillet apporte indirectement de l'eau au moulin.

Cet essai a voulu, en lien avec une étroite relation entretenue avec la présentation, assez détaillée, de la vocation du padre, montrer que la guerre n'est jamais l'enjeu recherché lorsqu'un soldat est équipé d'une arme, ou lorsqu'un détachement militaire se déploie dans un endroit du globe, en lien avec des décisions politiques nationales, européennes ou internationales[2].

---

1. Colonel Pierre-Joseph Givre, « Dresser le corps », in *Le soldat du XXe-XXIe siècle*, *op. cit.*, p. 25

2. En 2007, le chef d'état-major des Armées disait : « Aujourd'hui comme hier, l'Armée reste déterminée par un principe unique : elle consiste à utiliser ou à menacer d'utiliser la force pour infléchir les intentions ou contraindre la volonté d'un adversaire armé » (*Revue de Défense nationale*, mai 2007, p. 46).

On l'a vu tout du long de ce travail utile en ce sens, la raison d'être de la vocation du soldat, également présentée en parallèle de celle de son padre, « est de défendre son pays, et par extension ses intérêts hors du territoire national, par l'emploi de la force armée[1] ».

Cette vocation se conjugue alors avec celle du padre qui « est bien de contribuer à la formation spirituelle et morale des militaires en vue de les aider à devenir pleinement aptes à *servir la paix dans et à travers ce métier des armes, exercé dans les conditions – jamais faciles – du moment*[2] ». Pour l'un comme pour l'autre, le lecteur a bien perçu qu'il ne s'agit donc ni de promouvoir la guerre ni de la voir comme un enjeu. Pour autant, si celle-ci doit avoir lieu d'être, chacun à son rang et selon sa vocation propre devra être force de paix, paix des esprits et des corps pour le soldat, paix des âmes pour le padre, bien que l'une et l'autre paix ne soit viables, réalisables et durables qu'ensemble.

Ce traité a voulu montrer que le soldat et le padre ne peuvent vivre l'un sans l'autre. Ils sont attachés comme les pampres à la vigne. La *force d'arme* ne peut vivre sans la *force d'âme*. Ensemble, pour le bien de la paix des âmes, des esprits et des corps, les leurs et ceux des hommes et des femmes qu'ils sont appelés à servir, le soldat et le padre, chacun selon sa vocation propre, écrivent, à l'encre sacrée, un *compte de faits* que rien ne peut venir contredire, tant il peut aller loin dans le sacrifice de la vie de l'un et de l'autre.

Si le soldat s'émancipe de l'accompagnement spirituel de celui qui a la charge de *soutenir sa force d'âme*, il se prive d'une épaule importante, notamment en cas de moments délicats comme la gestion de la violence, celle de la haine de l'ennemi qui peut advenir après la mort d'un camarade, celle de la gestion de sa propre mort et de la possibilité de donner lui-même la mort. Seul dans ces moments-là, il risque de perdre son âme au point de voir celle-ci se laisser dominer par la *force d'arme* qui peut alors ne plus être contenue. Le *fer* peut éteindre le *feu* !

1. Général Brice Houdet, « Le contrôle des foules », art. cit., p. 252.
2. Mgr Patrick Le Gal, *Sentinelles de la paix*, *op. cit.*, p. 16.

Si le padre s'enferme sur lui-même et sur ces certitudes, préférant son petit confort humain à l'insécurité d'une mission spirituelle, s'il s'émancipe du soldat vers lequel il est pourtant envoyé, il participe à la mort spirituelle de l'âme ainsi abandonnée à son triste sort.

Sans son souteneur de *l'âme*, le porteur d'*armes* peut plonger dans un océan de ténèbres et noyer son âme dans un climat de guerre, guerre contre lui-même, contre l'autorité, contre la mission reçue, contre ses camarades… et parfois contre la vie elle-même.

Quant au padre, le lecteur a vu l'importance de sa présence et admet que sa vocation n'a de sens que s'il sacrifie ce qu'il est pour les soldats. Sa mission de *soutien de la force d'âme*, si discrète soit-elle, n'est pas une mince affaire, il le sait. C'est une affaire spirituelle de vie ou de mort. Il ne peut vivre cette mission existentielle sans habiter lui-même la *force d'arme* afin de la sanctifier et de la vivifier, par sa présence affective et effective, la grâce de Dieu aidant.

Pour ce faire, et nous avons bien développé cet aspect, il a besoin de la communion permanente avec son Seigneur dont il sait qu'il est son roc, sa forteresse, son bouclier, et son tout. Le padre mène une guerre *spéciale*. Il la mène, *toujours* la grâce de Dieu aidant, contre lui-même lorsqu'il a peur d'aller au contact, lorsqu'il craint de ne pas être à la hauteur de l'exigence militaire, lorsqu'il se laisse submerger par l'acédie, cette paresse de la prière qui le rend triste et morne, lorsqu'il se croit seul et isolé, lorsqu'il pense qu'il est inutile, lorsqu'il se heurte à de l'indifférence ou au rejet de sa présence, etc. Il mène aussi la guerre contre les événements dramatiques qui peuvent le mettre à genoux. Il se bat pour que ces événements ne le broient pas. Pour ce faire, il a appris à gérer son stress et son humeur. En outre, un autre combat est mené contre les déceptions provoquées par toutes ces choses qui font la vie, mais qui ne procurent finalement aucune satisfaction durable. Il lutte contre la tentation d'être un surhomme et de n'avoir besoin de personne pour sa mission qu'il estime alors venant de lui-même et non plus de Dieu, etc.

Fort de tout cela, l'aumônier participera au combat de la vie dont l'enjeu n'est aucunement la guerre au moyen du *fer* destructeur, mais davantage au moyen du *feu* spirituel qui a le pouvoir de mettre, dans les cœurs des hommes les plus insensibles, un supplément d'âme.

Le lecteur le sait, le padre et le soldat également, la guerre contre un adversaire désigné par la force politique n'est pas humaine. Elle est une faute suprême. Elle est condamnable. Même si elle apparaît *juste*, elle ne l'est jamais parce que chacun sait que ses conséquences non maîtrisées sont hyper mortifères pour l'homme, pour la nature, et pour la planète entière. L'enjeu, même s'il n'est pas un conte de fées où tout est pour le meilleur des mondes, est plus subtil que cela. L'enjeu est bien la vie elle-même, une vie en communion humaine et spirituelle qu'aucun ennemi, si sournois soit-il dans sa méthode, ne peut venir détruire.

Parce qu'elle est un don de Dieu et qu'elle retourne à lui, la vie ne peut être pleinement vécue que si un sens lui est donné, car on ne peut demander à quelqu'un d'aller jusqu'au bout de lui-même s'il n'a pas réfléchi sur ce *bout*.

Voilà pourquoi le soldat et le padre sont unis, comme le soleil à ses rayons, comme la lumière à la chaleur. Voilà pourquoi ils *crapahutent* ensemble et partagent le même pain, comme deux compagnons qui sont des frères, en l'occurrence des frères d'*armes* et des frères d'âmes. Voilà pourquoi le padre accompagne le soldat sur les terrains de guerre, non pas pour la faire mais pour être force d'accompagnement qui dit, par elle-même, que le soldat, même s'il est envoyé dans la guerre en tant que porteur d'armes, ne combat que dans l'espérance qu'ainsi il arrête la guerre. C'est le paradoxe militaire mais c'est ainsi. Le soldat est envoyé faire la guerre pour la faire cesser. Voilà pourquoi le soldat a besoin du padre. Voilà pourquoi l'âme du premier a besoin du soutien du second. Voilà pourquoi, les deux sont associés, ensemble, pour écrire la belle histoire de la vraie paix, en toute justice. Oui, « *le fruit de la justice sera la paix; la justice produire le calme et la sécurité pour toujours* » *(Is. 32,17)*. Voilà ce qu'est leur fait commun.

Paix, justice, mais aussi liberté de conscience, fraternité, charité, miséricorde et amour inventif à l'infini : voilà, finalement, ce qui fait le lot commun de l'humanité en général, mais particulièrement lorsqu'elle marche vers Dieu. L'être humain et le missionnaire *lambda,* ainsi que tout homme de bonne volonté, peuvent se retrouver dans ce qui a été dit tout du long de cette présentation d'un *compte de faits* commun entre le soldat et le padre. Le combat spirituel n'est pas réservé à une élite militaire, chaque croyant le sait. Voilà pourquoi, ce qui est écrit dans ce traité peut être lu par tous et rejoindre chaque lecteur.

Ce *compte de faits* commun au soldat de *fer* et au padre de *feu*, qui est construit d'une manière affective et effective, spirituelle et corporelle, certifie, à *tous*, que là où il y a des hommes à protéger et accompagner, il y a des esprits à éclairer et à relever, et *in fine* une force d'âme à soutenir, à aimer, à guider, et à sauver, la grâce de Dieu aidant…

Postface

J'étais pratiquement sûr que le Bon Dieu m'appelait à son service. Mais dans quelle direction ? Prêtre diocésain, moine, missionnaire, religieux ? Finalement j'ai opté pour le milieu que je connaissais de par mon père et par un frère aîné, jeune officier parachutiste, mort pour la France en Algérie.

Après 6 ans comme vicaire près de Châtellerault, j'entre dans l'Aumônerie militaire en 1970, au sein du « Vicariat aux Armées françaises » sous la responsabilité de l'Archevêque de Paris. J'avais aussi dans la tête de belles figures de l'Aumônerie aux côtés de leurs soldats, lors de grands conflits : les pères Brottier et Doncoeur, les pères Jégo, Chevalier et Delorme et plus tard le père Casta… Figures qui, pour la plupart, ont également touché le père Ducourneau…

À cette époque existait le service militaire, et pour le jeune aumônier militaire, c'était un apport de première importance en vue de son futur ministère. Le milieu militaire est tout un monde, comme le rappelle avec force Jean-Yves Ducourneau, notamment en direction des lecteurs qui ne le connaissent pas. Ce monde fait peur ou on l'admire, et à l'époque, la société civile – surtout les universités – était antimilitariste. Les campagnes contre l'Armée, après l'Algérie, restaient d'actualité. On savait que les militaires n'avaient pas toujours la vie facile à cause du climat, de l'éloignement du pays et de la famille, de la dangerosité des situations… mais c'était son affaire !

Aujourd'hui, l'époque a changé. Si le jeune aumônier militaire n'a pas eu de contact avec l'Armée, d'une manière ou d'une autre, il ne doit pas être évident d'arriver une première fois dans un régiment, qui plus est opérationnel. Espérons qu'il aura eu des consignes claires et abondantes de la part de celui auquel il succède. Peut-être aura-t-il eu la riche idée – je n'y crois pas trop – d'aller trouver un ancien aumônier, à la retraite, qui lui donnerait quelques enseignements vécus sur ce monde militaire et sur le ministère qui l'attend ?

Quoiqu'il en soit, même s'il peut intéresser un très large public, le livre du père Jean-Yves Ducourneau me semble un précieux document pour le jeune aumônier qui vient d'être affecté, comme pour tout aumônier déjà en exercice. Ce document parle, éclaire, donne d'excellents conseils, il permet même de se remettre en cause… Un ouvrage qui sera lu et relu bien des fois, car il apporte des éléments entièrement riches sur le rôle de l'aumônier comme sur la vie des soldats qu'il vient servir.

J'apprécie que le père Ducourneau rappelle bien des fois à l'aumônier chrétien que Celui qui l'envoie auprès des soldats, c'est le Christ, par l'Église. Oui, c'est bien en Dieu que le padre puise sa force d'âme, qu'il se configure au Christ, lui qui est sa force et son roc, dont il reste l'humble serviteur. C'est bien en Dieu que le padre trouve sa joie d'être au service des soldats, à commencer par les plus petits en grade, les plus jeunes engagés… Quelle chance pour un prêtre d'être « *au cœur des masses* », avec les plus jeunes et de pouvoir les accompagner ici et au loin, et ainsi de redorer quelque peu le blason de notre Église, si souvent terni !

Le padre est aumônier militaire, redit l'auteur de ce livre. Ce n'est pas un militaire qui « serait » aumônier. Si le padre accompagne le soldat dans ses activités, il sait que Dieu lui-même l'accompagne et qu'il se doit de lui donner un peu de son temps, chaque jour… si c'est possible, par la célébration eucharistique, sinon par l'office, sinon par le chapelet. Puisse-t-il ne jamais s'endormir, même au milieu de ses soldats, sans une belle prière du soir : « Merci Seigneur, pardon pour tout ce qui n'a pas été bien à tes yeux. Que demain soit un jour meilleur pour toi. »

Jean-Yves Ducourneau rappelle l'importance pour le padre dans l'action d'avoir un père spirituel qui le soutient, l'encourage, le fait grandir dans l'amour du Bon Dieu et de ses hommes, nécessité aussi d'être relié à un monastère où il est accueilli à bras ouverts, où il viendra puiser quelques forces intérieures pour mener à bien sa tâche et faire grandir sa force d'âme afin de faire grandir celle de ses soldats, mais aussi pour mieux endurer les coups durs qui peuvent tomber. Le padre Jean-Yves a donné plusieurs exemples de situations délicates où il s'est trouvé, lui comme ses soldats… Puisse, à mon humble niveau, aucun aumônier revivre ces quatre journées après l'attentat du Drakkar à Beyrouth en 1983 ! Dans les heures qui ont suivi, douze jeunes parachutistes ont pu être sortis des décombres, mais il y en avait encore 58 qui appelaient au secours, coincés sous des tonnes de béton. La seule voix qu'ils connaissaient… celle de leur padre… Nous avions sauté ensemble, marché de jour comme de nuit… Sous les décombres, je les encourageais à tenir coûte que coûte, sachant pertinemment qu'ils allaient tous mourir dans une douleur extrême. Trois mois après mon retour de Beyrouth, mon père s'éteignait à l'hôpital du Val-de-Grâce, tellement choqué après avoir vu les images du Drakkar à la télévision : j'avais versé tant de larmes sur les cercueils de mes gamins paras que je n'avais plus de larmes pour mon père. Depuis lors, chaque année, avec les familles, les rescapés, les blessés, nous nous retrouvons pour nous souvenir, prier ensemble sur la tombe de l'un ou l'autre après une messe, pour confier à la tendresse de notre Dieu ces jeunes paras morts pour la France qui ont versé leur sang sur cette terre libanaise que Jésus lui-même à foulée…

Le padre, « *l'homme de Dieu* » pour beaucoup… Il cherche à vivre comme son maître « *doux et humble de cœur* », dans la simplicité et dans l'humilité. Dès le début de son ministère auprès des soldats, il ne pense surtout pas à préparer sa retraite. Il est prêt à partager son « salaire » avec tel ou tel soldat qui est dans un mauvais passage. Comme le Christ, il essaie de vivre sans éclats extérieurs. Il est sensible aux malades, les visite à l'infirmerie comme dans les hôpitaux, toujours prêt à leur apporter ce dont ils ont besoin. Tous les vendredis après-midi, j'entendais : « Bon week-end, padre ! » Mais les week-ends sont bien chargés pour l'aumônier : baptême, mariage, préparation aux sacrements, visites à certaines familles, prier sur les textes de la messe dominicale en vue de l'homélie. Le week-end sera aussi le moment de partager avec ceux qui viennent de s'engager à l'Armée ou avec les soldats qui sont de garde. Le padre ne s'appartient plus, car « *il y a de la demande* » même si celle-ci n'est pas clairement exprimée. Il doit accueillir avec calme et sourire celui qui n'a plus le moral, l'écouter avec patience, le réconforter et l'encourager pour aller de l'avant !

Le padre Ducourneau rappelle que l'aumônier (de tout culte) se doit d'être en bonne condition physique. Il doit faire sienne la spécificité de son unité : para avec les paras, skieur avec les alpins, bon nageur avec les marins… Il doit être capable de porter son sac à dos… sa maison, sa nourriture !

Etre padre auprès des soldats, un grand ministère ! Tout à fait particulier. Comme le souligne l'auteur de ce livre, il va où l'évêque l'envoie, ne choisit pas une affectation plus gratifiante, plus honorable. Il sème à l'infini les semences de l'Évangile, fier d'être l'humble serviteur du Seigneur. Il est patient comme le paysan… il n'est pas sûr de voir les résultats de son ministère. Peut-être, avec la grâce de Dieu, en verra-t-il les fruits après 30, 40 ans ?... Le padre aura déposé l'uniforme, mais il restera tellement présent dans les cœurs de ses soldats qu'il aura aimés comme un père aime ses enfants. Quelle chance d'avoir pu aller dire Jésus-Christ le Sauveur dans ce milieu de la force d'armes… Puisse ces soldats, au contact si amical et paternel de leur padre, faire grandir leur force d'âme !

Padre Yannick Lallemand

Annexes

1) Les papes et la guerre, quelques pensées lumineuses…

– Du pape Nicolas Ier, en 866 : « *La guerre est satanique.* »

– Du pape Benoît XV, en 1915 : « *Il y a, sans nul doute, d'autres voies, d'autres moyens, qui permettraient de réparer des droits, s'il y en a eu de lésés. Qu'ils y recourent, en suspendant leurs hostilités, animés de droiture et de bonne volonté.* »

– Du pape Pie XII, dans son radio-message de Noël 1944 : « *La théorie de la guerre comme moyen apte et proportionné de résoudre les conflits humains est aujourd'hui dépassée.* »

– Du pape Jean XXIII, en 1963 : « *Il devient impossible de penser que la guerre soit le moyen adéquat pour obtenir justice d'une violation de droits.* »

– Du pape Paul VI, en mai 1978 : « *La guerre a toujours été en elle-même un moyen suprêmement irrationnel et moralement inacceptable pour régler les rapports entre les États, demeurant sauf le droit de légitime défense.* »

– Du pape Jean-Paul II, dans son message du Nouvel An 1982 : « *(Même si) les peuples ont le droit et même le devoir de protéger, par des moyens proportionnés, leur existence et leur liberté contre un injuste agresseur, il faut savoir que la guerre est le moyen le plus barbare et le plus inefficace de régler les conflits.* »

– Du pape Benoît XVI, en 2006 : « *La paix apparaît non comme une simple absence de guerre, mais comme la convivialité des citoyens dans une société gouvernée par la justice, société dans laquelle se réalise aussi le bien pour chacun d'entre eux, autant que faire se peut.* »

– Du pape François, en 2015 : « *La guerre est la négation de tous les droits et une agression dramatique contre l'environnement. Si l'on veut un vrai développement humain intégral pour tous, on doit poursuivre inlassablement l'effort pour éviter la guerre.* »

2) Éléments de doctrine de l'Église sur la guerre

À la suite de saint Augustin qu'il cite abondamment, saint Thomas d'Aquin précise les conditions requises pour qu'une guerre, selon lui, soit déclarée « juste » :

1. Il n'est pas du ressort d'une personne privée d'engager une guerre… Puisque le soin des affaires publiques a été confié aux princes, c'est à eux qu'il appartient de veiller au bien public du royaume… De même qu'ils le défendent licitement par le glaive contre les perturbateurs du dedans… de même aussi il leur appartient de défendre le bien public par le glaive de la guerre contre les ennemis du dehors. Saint Augustin écrit : « L'ordre naturel, appliqué à la paix des mortels, demande que l'autorité et le conseil pour engager la guerre appartiennent aux princes ».

2. Une cause juste : il est requis que l'on attaque l'ennemi en raison de quelque faute. Saint Augustin écrit : « On a coutume de définir guerres justes celles qui punissent des injustices quand il y a lieu, par exemple de châtier un peuple ou une cité qui a négligé de punir un tort commis par les siens, ou de restituer ce qui a été enlevé par violence ».

3. Une intention droite chez ceux qui font la guerre : on doit se proposer de promouvoir le bien ou d'éviter le mal. Saint Augustin écrit : « Chez les vrais adorateurs de Dieu les guerres mêmes sont pacifiques, car elles ne sont pas faites par cupidité ou par cruauté, mais dans un souci de paix, pour réprimer les méchants et secourir les bons ». En effet, même si l'autorité de celui qui déclare la guerre est légitime et sa cause juste, il arrive néanmoins que la guerre soit rendue illicite par le fait d'une intention mauvaise. Saint

Augustin écrit : « Le désir de nuire, la cruauté dans la vengeance, la violence et l'inflexibilité de l'esprit, la sauvagerie dans le combat, la passion de dominer et autres choses semblables, voilà ce qui dans les guerres est jugé coupable par le droit. »

Somme théologique II-II q.40 a.1

À la suite de ces explications, l'Église, dans son *Catéchisme* (n° 2307 à 2316), donne des points de repère qu'il apparaît utile de rappeler ici :

Le cinquième commandement (tu ne tueras pas) interdit la destruction ***volontaire*** *de la vie humaine… Chacun des citoyens et des gouvernants est tenu d'œuvrer pour éviter les guerres.*

Aussi longtemps cependant que « le risque de guerre subsistera, qu'il n'y aura pas d'autorité internationale compétente et disposant de forces suffisantes, on ne saurait dénier aux gouvernements, une fois épuisées toutes les possibilités de règlement pacifiques, le droit de légitime défense » (voir Concile Vatican II, Gaudium et Spes [GS] 79, 4).

Il faut considérer avec rigueur les strictes conditions d'une légitime défense par la force militaire… Il faut :

– que le dommage infligé par l'agresseur à la nation ou à la communauté des nations soit durable, grave et certain ;

– que tous les autres moyens d'y mettre fin se soient révélés impraticables et inefficaces ;

– que soient réunies les conditions sérieuse de succès ;

– que l'emploi des armes n'entraîne pas des maux et des désordres plus graves que le mal à éliminer. La puissance des moyens modernes de destruction pèse lourdement dans l'appréciation de cette condition.

De plus, l'Église et la raison humaine déclarent la validité permanente de la loi morale durant les conflits armés. « Ce n'est pas parce que la guerre est malheureusement engagée que tout devient par le fait même licite entre les parties adverses » (GS 79,4).

Enfin, en ce qui concerne le commerce des armes, l'Église précise que « *la production et les commerce des armes touchent le bien commun des nations et de la communauté internationale. Dès lors les autorités publiques ont le droit et le devoir de les réglementer. La recherche d'intérêts privés ou collectifs à court terme ne peut légitimer des entreprises qui attisent la violence et les conflits entre les nations, et qui compromettent l'ordre juridique international* ».

3) Saint Charles de Foucauld, un rayonnement pour le soldat et le padre, par Monseigneur Patrick Le Gal

Le témoignage de Charles de Foucauld touche le militaire et l'aumônier des militaires… Le secret de la fécondité spirituelle du père de Foucauld résidait sans doute dans sa vie d'union au Christ. C'est par sa sainteté de vie plus que par la parole qu'il touchait les cœurs.

Mgr Guérin donnera cet avis sur Charles de Foucauld après une visite pastorale qu'il lui avait faite : « J'ai été édifié plus que je ne puis le dire de toutes les vertus que j'ai admirées en lui : esprit de foi, zèle, charité, mortification, pauvreté, humilité, douceur, rayonnement d'une joie toute céleste. J'ai été heureux de constater l'influence très profonde que ce véritable saint a exercée depuis deux ans sur tous ceux qui le connaissent, européens, officiers ou soldats, unanimes à dire la très respectueuse et toute religieuse vénération qu'ils ont vouée à ce prêtre… si charitable pour tous, surtout pour les petits et les faibles, les pauvres et les esclaves qu'il reçoit, hospitalise, soigne et nourrit avec une dévouement qui n'est pas de cette terre. »

Plus que tout, sa fidélité et sa ferveur eucharistique marqueront ses visiteurs de façon unique. C'est en célébrant l'Eucharistie ou au pied du tabernacle qu'il se « nourrit » quotidiennement et qu'il puise la force d'un rayonnement marquant. On sait que le Général Lyautey, visitant Charles de Foucauld et vivement impressionné par la messe qu'il avait célébrée, aurait déclaré : « C'est la plus haute figure spirituelle que j'ai rencontrée. Nul doute que Foucauld tienne une place essentielle dans l'ordre du monde ». D'autres témoignages viennent conforter ce dernier.

Dans la pauvreté des moyens qui sont souvent son lot et spécialement en opération, dans un relatif isolement, l'aumônier qui se tourne vers Charles de Foucauld saura trouver auprès de Jésus Eucharistie, dans le plus pauvre des oratoires de campagne, la source vive susceptible de redonner courage, confiance et fécondité spirituelle... Sûrement, Charles de Foucauld est-il aujourd'hui encore un maître spirituel et un maître tout court pour contribuer à forger de véritables soldats de la paix en notre monde.

Sentinelles de la paix, p. 229-231

Saint Charles de Foucauld est une figure qui peut inspirer le soldat et le padre ensemble. Lui-même se laissait inspirer par son directeur spirituel en lequel il avait une confiance sans borne et qu'il voyait comme son père dans la foi. Il lui demande d'intercéder auprès de Dieu pour que son âme soit toujours soutenue par sa grâce.

Maintenant, il est bon, pour le soldat et le padre, de lui laisser la parole pour que l'un et l'autre, sur le chemin de la même paix, se tournent vers Dieu pour lui confier, en chaque début d'année, cette recherche jamais achevée de la communion spirituelle, seul moyen de soutenir la *force d'âme* au sein de la *force d'arme*.

Ainsi donc, l'ancien officier devenu prêtre écrit à son directeur spirituel, l'abbé Huvelin, ces mots qui sont aujourd'hui pour tout soldat et tout padre, comme pour tout homme et tout missionnaire : « Demandez au bon Dieu que cette nouvelle année soit employée à vraiment l'aimer et le servir, que j'y fasse le bien que je n'ai pas fait dans la dernière, enfin que je sois un serviteur courageux et fidèle, un fils aimant et très docile, que je fasse sa volonté enfin, cela contient tout[1] ! »

1. Charles de Foucauld-Abbé Huvelin, *Correspondance inédite*, *op. cit.*, p. 19.

4) Temps de parole pour la commémoration de l'attentat contre le Drakkar à Beyrouth (Liban) d'octobre 1983

À l'occasion de cette triste commémoration, j'ai eu l'honneur, en tant que padre déployé au sein de la FINUL, d'être invité, au nom des aumôneries militaires, à donner, devant les autorités politiques et militaires françaises accompagnées des autorités libanaises, un temps de parole d'hommage et de prière interreligieuse, devant la stèle du Souvenir. Je pense qu'elle a toute sa place dans ce livre où se mêlent le bruit des *armes* et le silence des âmes et qui rend hommage à tous nos soldats :

Dieu veut la paix pour tous les hommes. Il a créé le monde pour que l'humanité vive dans la ***liberté*** *de mouvement et d'expression, dans l'*éga-lité *des droits fondamentaux et dans la* ***fraternité*** *universelle, et cela en relation avec sa Divinité. Malgré tout, le Mal peut ouvrir la porte du cœur de l'homme et lui faire croire que le pouvoir et la haine peuvent assouvir ses désirs. Aujourd'hui, 20 ans après le drame qui nous réunit ce matin, notre sang coule dans le sang versé de nos frères si tragiquement disparus, et leur sang sacrifié coule dans nos veines vivantes. Oui, les stigmates de leur départ violent que nous portons gravés en nos cœurs font qu'ils sont victorieux de la mort par notre souhait d'aller, unis, vers l'espérance et la paix, la grâce de Dieu aidant.*

C'est pourquoi, d'un seul cœur, nous prions le Dieu commun aux 3 religions monothéistes. Ce Dieu d'Amour, dont nous évoquons communément la Toute-puissance, invite chacun, selon son chemin spirituel, à la suite de nos 58 camarades présents dans notre mémoire vive à être un Signe visible et vivant de la Paix universelle.

Ensemble, écoutons la Parole du Dieu de ***Moïse*** : *« Ils briseront leurs épées pour en faire des socs de charrues, et leurs lances pour en faire des serpes. On ne lèvera plus l'épée nation contre nation, on n'apprendra plus à faire la guerre. Marchons à la lumière de Dieu » (Isaïe 2, 4-5).*

Ensemble aussi, forts du sacrifice de la vie de nos frères ancrés au plus profond de nous-mêmes d'une manière indélébile, laissons résonner en nous l'appel du Dieu de ***Mahomet*** *: « Quiconque tue une personne non coupable de meurtre… fait comme s'il avait tué tout le genre humain. Quiconque sauve une personne, c'est comme s'il faisait don de la vie à toute l'humanité » (Coran, Sourate V, v.32).*

Ensemble, enfin, marqué par le témoignage du don suprême de la vie de nos frères parachutistes morts sous des coups injustifiables, réalisons ce que le Dieu de ***Jésus-Christ****, qui est allé, par la Croix, jusqu'au bout de l'Amour, inscrit au cœur de notre cœur : « Heureux les doux car ils posséderont la terre, heureux les affamés et assoiffés de la justice car ils seront rassasiés. Heureux les miséricordieux car ils obtiendront miséricorde… Heureux les artisans de paix car ils seront appelés fils de Dieu » (Matthieu 5, 4-9).*

En votre nom, chers frères d'armes disparus, en votre nom, chers rescapés de l'horreur qui êtes présents ici, en votre nom, vous tous mes frères rassemblés autour de cette stèle du Souvenir, j'intercède auprès de notre Dieu, vainqueur du mal et de la mort, vainqueur de la haine et de l'intolérance, par ces mots de la Bible, emplis à la fois de doute et de certitude, d'espérance et de foi : « Le Seigneur est ma lumière et mon salut, de qui aurais-je crainte ?... Si des méchants s'avancent contre moi pour me déchirer, ce sont eux mes ennemis, mes adversaires qui perdent pied et succombent. Qu'une armée se déploie devant moi, mon cœur est sans crainte. Que la bataille s'engage contre moi, je garde confiance. J'ai demandé une chose au Seigneur : habiter sa maison tous les jours de ma vie… Maintenant je relève la tête devant mes ennemis… Ne me laisse pas, ne m'abandonne pas, Dieu mon salut !... Conduis-moi par des routes sûres, malgré ceux qui me guettent. Ne me livre pas à la merci de l'adversaire… Mais j'en suis sûr, je verrai les bontés du Seigneur ! » (Psaume 26).

Prions encore ensemble dans la confiance et la communion de cœur, d'âme, d'esprit et de corps :

Souviens-toi, Seigneur de bonté, de nos 58 frères tombés, il y a vingt ans sur cette terre du Liban meurtri, et dont nous faisons humblement mémoire aujourd'hui, devant toi et devant le monde. Accorde-leur tes biens célestes, ton éternité bienheureuse et ta joie indicible. Soutiens leurs familles éprouvées par ces disparitions brutales et le vide laissé par l'ab-

sence de l'être aimé. Aide nos frères rescapés, dont la cicatrice est encore béante, à retrouver confiance et espérance, afin que leur témoignage soit une contribution effective à la construction d'un monde sans haine. Mets dans le cœur des hommes le désir brûlant de construire la paix pour bâtir un monde où tous ensemble, nous pourrons trouver notre place et vivre en dignité. Bénis chacun de nous pour qu'à l'exemple de nos frères tombés ici au champ d'Honneur, et de tous ceux qui, au fil de l'histoire, ont donné leur vie pour notre liberté, nous soyons confortés et stimulés dans l'accomplissement de notre mission de paix au service des peuples encore désunis. Fais que l'esprit de sacrifice et de don, qui fut le leur avant de tomber dans leur sang, nous encourage sans cesse à poursuivre nos efforts communs pour arriver à la ***liberté****, à l'*égalité, *et à la* ***fraternité*** *universelle, fondements de notre dignité humaine commune à tous.*

Que la « Prière du Para » qu'ils ont récitée de tout leur cœur et qu'ils ont vécue jusqu'au sang versé résonne encore ici dans le silence de notre infini respect : « Donnez-moi mon Dieu ce qui vous reste, ce qu'on ne vous demande jamais… je veux l'insécurité et l'inquiétude, je veux la tourmente et la bagarre… Que je sois sûr de les avoir toujours car je n'aurai pas toujours le courage de vous les demander… Mais donnez-moi aussi le courage, et la force et la foi ».

Oui, mes chers frères d'armes et vous tous qui êtes ici avec nous, qui œuvrez au service de la paix entre les hommes, « que le Dieu de la Paix vous rende aptes à accomplir tout ce qui est bien » (Hébreux 13, 20-21).

Donné à Beyrouth, le 25 octobre 2003.

5) Prière pour les soldats morts au combat

Cette prière a été écrite par le Diocèse aux armées, en hommage aux soldats tués au combat :

Seigneur, Dieu de bonté et de miséricorde,
Qui nous avez envoyé votre Fils Jésus-Christ
Pour nous apporter le Salut et la vie,

Ayez pitié de tous nos frères,
Que vous avez appelés à vous
Dans les circonstances tragiques de la guerre !
Nous vous prions pour ceux qui vont ont connu, aimé et servi :
Donnez-leur ce que, dans toute la force de leur espérance chrétienne,
Ils ont tant désiré durant leur séjour ici-bas.
Nous vous prions pour ceux qui ne vous ont point connu,
Mais qui vous ont cherché toute leur vie,
Dans l'inquiétude et l'angoisse de leur âme,
Et qui ne vous ont trouvé que dans la mort.
Nous vous prions enfin pour ceux qui ne vous ont ni connu,
Ni même cherché, et que, cependant, vous n'avez cessé d'aimer.
Ils vous ont quand même servi
En faisant loyalement et courageusement leur devoir
Jusqu'à l'ultime sacrifice.
Ayez pitié, Seigneur, des uns et des autres !
Ils sont tous vos enfants ;
Donnez-leur à tous la vie éternelle
Dans la lumière et la paix.
Amen.

6) Les saints Patrons d'Armes

Les saints Patrons d'Armes sont des hommes et des femmes, ou des archanges, que l'Église a choisi, en lien avec l'Armée, de donner comme *protecteurs* aux divers services militaires et techniques qui composent l'institution militaire. La date de leur fête respective est ainsi une fête pour les soldats intégrés dans ces différents services et armes. En voici la liste, avec l'attribution *militaire* pour chaque saint et la date de sa fête :

Saint Antoine : Légion étrangère – 17 janvier

Sainte Véronique : ECPAD (photo-cinéma) – 4 février

Saint Georges : Cavalerie-Arme blindée – 23 avril

Sainte Clotilde : ALAT (Aviation légère AT) – 4 juin
Saint Bernard de Menthon : Troupes de montagne – 15 juin
Saint Christophe : Train – 25 juillet
Vierge Marie « Etoile de la mer » : Marine – 15 août
Saint Louis : Aumônerie catholique – 25 août
Saint Joseph de Copertino : Aviateurs/Astronautes – 18 septembre
Saint Maurice : Infanterie – 22 septembre
Saint Michel : Parachustistes-Commandos de l'air – 29 septembre
Saint Gabriel : Transmissions – 29 septembre
Saint Raphaël : Renseignement – 29 septembre
Saint Luc : Service de santé – 18 octobre
Saint Jean de Capistran : Aumôniers – 23 octobre
Saint Martin : Commissariat – 11 novembre
Sainte Cécile : Musiciens – 22 novembre
Sainte Geneviève : Gendarmerie – 26 novembre
Saint Éloi : Matériel-Mécaniciens – 1er décembre
Saint Barbe : Génie/Artilleurs/Sapeurs pompiers/Essence – 4 décembre
Saint Ambroise : Spécialistes EM et Administratifs – 7 décembre
Notre-Dame de Lorette : Equipage d'avion – 10 décembre

7) Des prières de soldats

Il ne faut pas que le lecteur soit surpris par les textes qui suivent. Lors des fêtes d'Armes, où l'ensemble des régiments, bases ou enceintes, rattachés au saint Patron célébré, est rassemblé, il y a une tradition de proposer un office religieux mettant en évidence la prière adressée audit saint Patron. En général, les militaires sont fiers de pouvoir prononcer ces prières. En voici un florilège.

Prière à sainte Clotilde :

Sainte Clotilde, reine de France, protégez et veillez sur tous vos enfants de l'Aviation légère de l'Armée de Terre.
Comme naguère vous avez inspiré à Clovis de se tourner vers le ciel pour implorer la grâce divine,
Obtenez-nous du Seigneur les fruits de l'Esprit.
Que toujours, sur terre et dans les airs
Nous répondions avec empressement aux appels qui nous sont adressés.
Vous dont la vie fut un modèle de prudence et de tempérance,
Rendez-nous audacieux sans être téméraires,
Gardez constante notre espérance au-delà des épreuves.
Sainte Clotilde, ne décevez pas notre attente
Quand nous avons recours à votre glorieuse intercession :
Dans le doute, apportez-nous la confiance;
Dans le danger, apportez-nous la force;
Dans les ténèbres, apportez-nous la lumière.
Vous qui par le passé avez conduit notre pays aux sources de la vraie foi,
Préservez-nous à présent de toute lâcheté et de toute compromission avec les puissances du mal.
Aidez-nous à répondre à toutes nos missions
Comme une invitation à aimer à servir.
Sainte Clotilde, patronne de l'ALAT,
Priez pour nous! Amen.

Prière du fantassin à saint Maurice

Ô saint Maurice,
Valeureux officier de la légion thébaine,
Tu n'as pas craint d'affronter la mort
Plutôt que de renoncer à ta foi.
Tu as su conforter le courage de tes compagnons d'arme,
Qui t'ont suivi sur le chemin des martyrs.
Ecoute aujourd'hui notre prière
Et daigne intercéder en notre faveur auprès du Christ Seigneur
Toi qui es le saint Patron des fantassins.

Que le Christ nous fortifie afin que nous soyons
Endurants dans les longues marches, ardents au combat,
Calmes et déterminés dans l'action.
Que le Christ nous éclaire afin que nous gardions
Un cœur miséricordieux avec les ennemis,
Paisible face à la mort,
Reconnaissant face au don de la vie,
Toujours espérant et fidèle,
Rempli de la joie de servir. Amen

Prière du gendarme

Dieu d'amour, de justice et de paix,
Entends la prière que j'élève vers toi :
Je suis gendarme et je veux être chrétien.
Il me faut être fort, aide-moi à rester juste et paisible
Dans l'accomplissement de mes missions.
Je dois être vigilant face aux hommes
Qui peuvent devenir malfaiteurs, violents, criminels.
Donne-moi la sagesse nécessaire
Pour garder la maîtrise de ma force
À l'encontre du péché et du mal,
Tout en discernant en chacun la présence de ton image.
Et si je dois armer mon bras pour faire respecter la loi,
Garde mon âme dans la sérénité, Seigneur.
Car c'est mon devoir d'assurer la paix, l'ordre et la sécurité,
De sauver des vies menacées, celle des autres ou la mienne.
Ouvre alors, Seigneur, les esprits et les cœurs
À la compréhension de mon service exigeant,
Ceux de mon conjoint et de mes enfants,
Ceux de mes amis et de mes compatriotes,
Ceux même de mes adversaires.
Et s'il me faut aller jusqu'au sacrifice de ma fierté,
De mon bien-être, de ma vie,
Donne-moi une confiance profonde en toi, Seigneur.

Par l'intercession de sainte Geneviève,
Ô Dieu trois fois saint, je t'en supplie :
Soutiens mon service, ranime mon courage
Et fortifie ma foi. Amen.

Prière du légionnaire

Seigneur, je voudrais être de ceux qui risquent leur vie.
Seigneur, vous qui êtes né au hasard d'un voyage,
Et mort comme un malfaiteur,
Après avoir couru sans argent toutes les routes,
Celles de l'exil, celles des pèlerinages,
Et celles des prédications itinérantes,
Tirez-moi de mon égoïsme et de mon confort.
Que, marqué de votre croix, je n'ai pas peur
De la vie rude et dangereuse où l'on risque sa vie.
Mais, Seigneur, au-delà de tous ces risques
D'une vie engagée dans l'action,
Au-delà de toutes ces aventures plus ou moins sportives,
Au-delà de tous les héroïsmes à panache,
Rendez-moi disponible
pour la belle aventure où vous m'appelez.
J'ai à engager ma vie, Seigneur, sur votre parole.
Les autres peuvent bien être sages,
Vous m'avez dit qu'il fallait être fou.
D'autres croient à l'ordre, vous m'avez dit de croire à l'amour.
D'autres pensent qu'il faut conserver, vous m'avez dit de donner.
D'autres s'installent, vous m'avez dit de marcher
Et d'être prêt à la joie et à la souffrance,
Aux échecs et aux réussites,
De ne pas mettre ma confiance en moi, mais en vous,
De jouer le jeu chrétien sans me soucier des conséquences,
Et, finalement, de risquer ma vie en comptant sur votre amour. Amen.

Prière du marin

Au nom du Père qui a séparé les eaux d'avec le ciel et la terre,
Et du Fils qui foule et apaise la tempête,
Et de l'Esprit qui plane au-dessus des océans.
Vierge Marie, Reine des flots, à qui les marins,
Même mécréants, ont toujours été dévots,
Vois à tes pieds tes fils
Qui voudraient se hausser jusqu'à toi.
Obtiens-leur une âme pure comme brise de mer,
Un cœur fort comme les flots qui les portent, une volonté tendue comme voile sous le vent,
Une attention qui veille sans mollir
Comme gabier dans la hune,
Un corps bien armé pour les luttes contre les tempêtes de la vie. Mais surtout, ô Notre Dame,
Ne les laisse pas seuls à la barre,
Fais-leur relever les écueils où ils s'échoueraient
Avant d'ancrer, près de toi, au port de l'éternité. Amen

Prière du parachutiste (André Zirnheld)

Je m'adresse à vous, mon Dieu, car vous seul donnez
Ce qu'on ne peut obtenir que de soi.
Donnez-moi, mon Dieu, ce qui vous reste,
Donnez-moi ce qu'on ne vous demande jamais.
Je ne vous demande pas le repos, ni la tranquillité,
Ni celle de l'âme, ni celle du corps.
Je ne vous demande pas la richesse, ni le succès,
Ni même la santé.
Tout ça, mon Dieu, on vous le demande tellement,
Que vous ne devez plus en avoir !
Donnez-moi, mon Dieu, ce qui vous reste,
Donnez-moi ce que l'on vous refuse.
Je veux l'insécurité et l'inquiétude.
Je veux la tourmente et la bagarre.

Et que vous me les donniez, mon Dieu, définitivement.
Que je sois sûr de les avoir toujours
Car je n'aurai pas toujours le courage de vous les demander.
Donnez-moi, mon Dieu, ce qui vous reste,
Donnez-moi ce dont les autres ne veulent pas.
Mais donnez-moi aussi le courage, et la force et la foi.
Car vous êtes seul à donner
Ce qu'on ne peut obtenir que de soi. Amen

Prière du sapeur-pompier

Seigneur, me voici devant toi, moi, sapeur-pompier.
Donne-moi la force d'être toujours disponible
Pour aller aider et secourir les personnes
En difficulté ou en danger.
Qu'en toute personne qui crie à l'aide,
Je vois l'image du Christ Jésus et mon prochain à secourir.
Si l'angoisse me prend devant l'ampleur d'un sinistre,
Donne-moi le courage d'un vrai soldat du feu,
Prêt à lutter pour assurer la sécurité de tous.
« Sauver ou périr », telle est notre devise,
Seigneur, fais que je puisse sauver beaucoup de personnes,
Sans m'enorgueillir, même au péril de ma vie.
S'il fallait périr, reçois-moi dans ta lumière,
Seigneur Jésus, toi qui as péri pour nous sauver.
J'ose encore te demander de bénir ma famille
Qui souvent s'inquiète quand je suis en service.
Que sainte Barbe, notre Patronne,
Protège mes compagnons et moi-même. Amen

Prière du pilote

Au nom du Père qui a créé l'espace,
Du Fils qui a ouvert le ciel aux hommes,
De l'Esprit qui donne la vie.

Vierge Marie, Notre Dame des ailes,
À qui les pilotes, même enfants prodigues,
Ont toujours fait confiance,
Vois, à tes pieds, tes fils, qui voudraient se hausser jusqu'à toi.
Obtiens-leur une âme pure comme l'azur qui les environne,
Un cœur fort comme les jet-streams qui les portent,
Un corps robuste comme les coursiers qu'ils chevauchent,
Une attention sans faille comme les radars qui les guident,
Une jeunesse d'esprit aussi large que les horizons qu'ils contemplent,
Une passion de servir, puissante comme les poussées qui les propulsent.
Mais surtout, ô Notre Dame des Ailes,
Sois toujours présente à leur navigation,
Fais-les triompher des tempêtes qui dévient leurs trajectoires,
Pour qu'ils atterrissent, un jour, près de toi,
À l'aéroport de l'éternité. Amen.

Prière du soldat

Notre Dame de Lourdes, mère de toutes les réconciliations,
Nous venons vous prier pour la paix :
Donnez-nous d'être forts contre la violence,
Donnez-nous d'être solidaires dans la vérité,
Donnez-nous de savoir nous informer,
Donnez-nous le courage de rester calmes,
Donnez-nous d'ignorer la haine,
Et préparez-nous à pardonner.
Notre Dame de Lourdes, mère de toutes les réconciliations,
Gardez nos cœurs et nos pensées,
Dans le Christ Jésus, le Prince de la paix. Amen.

Prière de l'artilleur à saint Barbe

Cette prière est née au moment de ma présence au sein du 12e régiment d'artillerie (aujourd'hui dissous) durant le 56e mandat de l'ONU de septembre 2003 à février 2004. À l'époque, il n'existait pas de « prière de l'artilleur ». Je me suis donc proposé de rédiger celle-ci :

Seigneur, Dieu de vérité et de paix
Toi qui as créé le monde avec sagesse,
Pose ton regard sur l'Artilleur que je suis.
Donne-moi la force d'accomplir avec sérénité
La mission qui m'est confiée.
Même si je dois connaître le combat,
Même si je dois vivre l'insécurité,
Même si je dois affronter l'inquiétude,
Fais que la volonté de servir
Sois plus forte que la crainte et le doute,
En étant toujours près de moi
Par Ta présence et ton Esprit de Vie.
Que sainte Barbe veille sur ma famille
Qu'elle soutienne mes compagnons d'armes
Qu'elle fortifie ma foi
Et me donne le courage d'aller de l'avant
Pour le service et le succès de la paix.
Amen

Prière du policier

Le policier n'a pas le statut militaire. Cependant, il est au service de la sécurité du pays, et à ce titre, il est porté, comme les autres « soldats » par la prière des aumôniers. Saint Martin est le protecteur des policiers.

Bienheureux Martin, nous venons à toi
Soldat de Dieu, apôtre du Christ,
Témoin de son Évangile et pasteur de son Église.
Nous te prions : tu étais présent à Dieu
Dans le grand silence des nuits solitaires,
Donne-nous de lui rester fidèles dans la foi et la prière.
En marche vers le baptême,
Tu donnas au mendiant la moitié de ton manteau.

Aide-nous à partager avec nos frères.
À travers champs et bois, tu as défié le démon
Et détruit ses idoles.
Prends-nous en ta garde et protège-nous du mal.
Au soir de ta vie,
Tu n'as pas refusé le poids des jours et des travaux.
Fais que nous soyons dociles à la volonté du Père.
Au ciel de gloire, tu jouis de ton repos dans la maison de Dieu.
Nous te confions nos collègues qui sont morts
Victimes du devoir ou en service commandé,
De maladie, d'accident ou de désespoir.
Soulage et guéris ceux qui sont blessés.
Apaise et réconforte tous nos collègues
Qui vivent ces drames.
Veille sur leur conjoint, leurs enfants et leurs familles.
Garde-nous sous ta protection. Amen.

8) Ordre du jour du général de brigade Jean-Michel Guilloton, commandant la base de défense de Poitiers-Saint-Maixent, à l'occasion de mon « adieu aux armes », donné à l'École nationale des sous-officiers d'active de l'Armée de terre, le 1er juillet 2019.

Maréchal des logis, mon père, cher camarade, mon frère, Jean-Yves ;

Cet ordre du jour ne sera pas un panégyrique, l'humilité bien connue de l'homme en souffrirait. Aussi resterons – nous « proches du sol », l'échine courbée vers cet humus d'où naquit, justement, l'homme et auquel, fort naturellement, nous serons tous rendus un jour ! Nous sommes ici pour évoquer ensemble – davantage effleurer tant ample est le sujet – la vie, où plutôt les vies du Père Ducourneau. Nous avons juste besoin de savoir qu'il entra au service de la France le 1er avril 1978, qu'il entra en religion le 1er avril 1986 et qu'il sert ses frères depuis maintenant plus de 41 années.

L'habit de fait pas le moine, dit-on. C'est que l'habit couvre l'homme et, ce qui importe, c'est l'homme et non l'habit. Cet habit, qu'il fut cotte, treillis, brelage, aube, frag[1] *ou chasuble, couvrit donc l'homme en ses multiples avatars, en ses multiples vies. Vies multiples, combinées ensemble en une vie entière « de service », une vie « au service », conférant naturellement plusieurs identités, plusieurs vocations, plusieurs appellations, plusieurs couches autour de l'homme, plusieurs profondeurs en son cœur, plusieurs dimensions en son âme. Chaque homme a une histoire. La vôtre est dense, riche, pleine d'expériences que seul suscite l'engagement envers les autres, et que seule autorise la condition militaire et l'ouverture au monde qu'elle suppose et induit, ne serait-ce qu'au travers du déploiement opérationnel qui, faisant partie intégrante de la mission, est le fond de sac attaché au sacerdoce d'exception qu'est l'aumônerie militaire.*

Aumônier et militaire : deux facettes, l'avers et le revers d'une même médaille, les deux faces d'un même métier, non pas contraires mais intimement mêlées, sans opposition, sans contradiction, en complément naturel l'une de l'autre, liées toutes deux par le service des autres qui en fait le ciment. Le soldat et le prêtre : à l'instar finalement des membres des ordres monastiques du Moyen-âge. A ceci près que, si leur vocation fut la guerre, quand bien même fut-elle sainte, la vôtre n'est pas du même ordre. Bien que soldat, vous êtes avant tout homme de Dieu, homme de paix parmi les gens de guerre, mandaté parmi nous pour nous apporter bien plus que ce qu'apporte un compagnon d'armes, que vous êtes au demeurant. Engagé auprès de nous, pour nous, que nous soyons vieux soldat, jeune chef, mendiant, prisonnier, blessé, pèlerin ou fils prodigue, votre ministère n'eut d'autre finalité que de soulager nos détresses et de nous apporter les réponses fondamentales à la question centrale de notre propre engagement, d'orienter notre cap dans les tempêtes de la vie, de baliser la lampe des lucioles qui nous permettent, après le roulé-boulé réglementaire, de conserver la bonne direction et de retrouver, sans dommage, la chaleureuse fraternité des équipiers.

1. Le brelage est le complément vestimentaire qui permet, notamment, le port des chargeurs de l'arme et le nécessaire individuel au combat. La frag est le gilet pare-balles ou pare-éclats.

Déjà deux facettes et pourtant une troisième qui, au travers de l'écriture et de l'usage du verbe couché sur le papier engage notre réflexion, suscite l'introspection et nous amène à d'autres questions, encore plus essentielles, encore plus actuelles, sur l'accueil de l'autre, sur la compréhension de sa souffrance physique, morale ou psychique, sur le baume que les mots peuvent être, qu'ils soient écrits, lus, simplement dits, priés ou susurrés.

Padre, au cours de vos nombreuse vies, vous n'aurez finalement servi qu'un seul idéal et, naturellement, qu'un seul maître, au travers cependant de nombreux intercesseurs, chacun étant affecté à l'un des nombreux troupeaux dont vous fûtes tantôt l'ouaille, tantôt le berger. Prenons le temps de les convier à partager ces instants en récitant leur litanie : saint Louis au premier chef, mais aussi saint Jean-Marie Vianney et saint Jean de Capistran, saint Eloi et saint Antoine, saint Maurice, sainte Barbe, saint Michel, saint Gabriel et saint Raphaël, sainte Clotilde, saint Martin, saint Eloi, saint Luc, sainte Jeanne d'Arc, saint Maixent, Notre Dame des Képis blancs, le bienheureux Charles de Foucauld et tous les autres… Parmi tous ceux-ci et celles-ci, nombre de soldats, légionnaires, centurions, porte-étendards et chevaliers, croisés, armés, cuirassés et casqués, montés au grand galop de leurs coursiers, en grands manteaux bleus, blancs ou rouges, croix à l'épaule et glaive en main, terrassant le dragon, boutant l'ennemi hors le fief, ou commandant aux armées célestes, ce qui confirme, si on en doutait, la compatibilité naturelle entre l'état militaire et le service d'une cause sacrée.

Padre, pendant toutes ces années à notre service, vous avez été notre père en tout temps, en tous lieux, en toutes circonstances, de Trident à Daman, de Licorne à Pamir[1]*, nous apportant le réconfort de la parole et l'écoute du grand frère, accompagnant pour leur dernier envol nos compagnons d'armes tombés sur la piste, comme en ce 12 février 2009*[2]*. En cela,*

1. Noms donnés aux opérations extérieures. Trident pour le Kosovo et la Macédoine, Daman pour le Liban, Licorne pour la Côte d'Ivoire et Pamir pour l'Afghanistan. On peut rajouter Epervier pour le Tchad et Boali pour la Centrafrique.
2. Mort au combat en Afghanistan du capitaine Sonzogni du 35e RAP de Tarbes que le général Guilloton connaissait bien.

encore une fois en tant que soldat et en tant qu'aumônier, vous avez été doublement un père, deux fois notre frère, finalement notre re-père, notre fanal dans la brume, notre amer dans le gros temps, notre phare dans la tourmente, notre balise dans l'obscurité…

Pour tout cela, padre, merci !

9) Prière finale

Saint Polycarpe écrit aux Philippiens une prière – ou plutôt une bénédiction – qui peut être adressée, aujourd'hui et pour demain, à tout soldat et à tout padre, afin de soutenir la *force d'âme* en plein cœur de la *force d'arme* :

Que Dieu le Père de Notre Seigneur Jésus Christ, et lui-même, le grand prêtre éternel, le Fils de Dieu, Jésus-Christ, vous fasse grandir dans la foi et dans la vérité, en toute douceur et sans colère, en patience et longanimité, endurance et chasteté ; qu'il vous donne part à l'héritage de ses saints, et à nous-mêmes avec vous, et à tous ceux qui sont sous le ciel, qui croient en notre Seigneur Jésus-Christ et en son Père qui l'a ressuscité d'entre les morts. Priez tous les saints. Priez aussi pour les autorités, et pour ceux qui vous persécutent et vous haïssent, et pour les ennemis de la Croix, ainsi le fruit que vous portez sera visible à tous, et vous serez parfaits en lui[1]*. Amen*

1. Saint Polycarpe aux Philippiens. XII, 2, in *Les Pères Apostoliques*, *op. cit.*, p. 236

Remerciements

En tant qu'homme, je remercie ceux qui m'ont aidé à grandir dans la foi, dans l'estime de soi et dans le respect des autres.

En tant qu'ancien sous-officier, je remercie mes formateurs militaires qui m'ont soutenu et encouragé, notamment dans les moments difficiles de doute et parfois de renoncement.

En tant que prêtre de la congrégation de saint Vincent de Paul, je remercie mes responsables du séminaire que je n'ai pas ménagé. Ils m'ont ouvert l'âme pour vivre ce que je suis aujourd'hui.

En tant que padre, je remercie les évêques aux Armées françaises qui m'ont fait confiance depuis 1996, ainsi que mes confrères aumôniers, mes anciens qui m'ont appris, entre autres choses, le dévouement aux soldats, mes contemporains avec lesquels nous avons tant partagé, et enfin ceux qui viennent aujourd'hui pour prendre le relais, que je confie particulièrement à la grâce du Seigneur.

Je n'oublie pas les plus importants. Je remercie les militaires de tous grades, qui m'ont donné le goût de les servir, tant bien que mal, ceux que j'ai accompagnés dans la joie comme ceux que j'ai accompagnés dans la souffrance ou dans la mort. Vous êtes toujours présent dans ma prière…

Qu'il me soit encore permis de remercier chaleureusement le Général d'Armée Bruno Dary, ancien Gouverneur militaire de Paris, ancien commandant de la Légion étrangère et ancien commandant de la

6e BLB, là où j'ai eu l'honneur de faire sa connaissance. Merci à lui d'avoir, si gentiment, apporté son soutien à mon travail, par le biais de sa pertinente préface.

Dans le même ordre d'idée, que soit remercié mon vénérable Ancien, le padre Yannick Lallemand, pour son regard avisé toujours respectueux, pour les conseils que j'ai reçu de lui lorsque j'étais padre au 2e REI, et pour sa postface éclairante.

Bibliographie

Quelques ouvrages sur le fait militaire

Général d'armée Pierre de Villiers, *Servir*, Fayard/Pluriel, 2017.

Michel Goya, *Sous le feu*, Tallandier, « Texto », 2015.

Collectif sous la direction du général d'armée François Lecointre, *Le soldat du XXe-XXIe siècle*, Folio-Gallimard, 2018.

Pierre Servent, *Les guerres modernes racontées aux civils et aux militaires*, Buchet-Chastel, 2011.

Général Barrera, *Opération Serval. Notes de guerre. Mali 2013,* Le Seuil, 2015.

Arnaud Pelleboeuf, *Adieu Tagab*, Les belles lettres, 2022.

Jocelyn Truchet, *Blessé de guerre*, chez l'auteur, 2013.

Collectif à l'initiative de Soldarité-Défense, *Afghanistan, 90 vies pour la France,* Éditions Historien-Conseil, 2016.

Revue *Inflexions*, n° 10, janvier-mars 2009, « Fait religieux et métier des armes », La documentation française.

Claude Nières, *Faire la guerre,* Privat, 2001.

Carl von Clausewitz, *Principes fondamentaux de stratégie militaire*, Mille et une nuits, 2006.

Claude Franc, *Pages de stratégie,* Éditions Pierre de Taillac, 2022.

Général Jean-Philippe Wirth, *La condition militaire. Petit guide*, Dalloz, 2014

Dominique Lormier, *Éloge de l'Armée française*, Éditions Pierre de Taillac, 2018.

Jean-Marc Tanguy, *L'Armée au féminin,* Éditions Pierre de Taillac, 2018.

Renaud de Malaussène, *Une guerre juste ?*, Éditions Alisio, 2019.

Gilles Haberey et Rémi Scarpa, *Engagés pour la France, 40 ans d'OPEX, 100 témoignages inédits*, Éditions Pierre de Taillac, 2018.

Michel Goya, *La chair et l'acier,* Tallandier, 2004.

Gérard Chaput, Christian Vénard et Guillaume Vénard, *La densification de l'être*, Pippa, 2018.

Hubert Leroux et Antoine Sabbagh, *Paroles de soldats (les Français en guerre 1983-2015),* Tallandier, 2015.

Louis Crocq, *Les traumatismes psychiques de guerre*, Odile Jacob, 1999.

Ouvrages sur la spiritualité dans l'Armée

François Casta, *Homme de Dieu, homme de guerre*, L'esprit du Livre, 2009.

Mgr Michel Dubost, *Ministre de la paix*, Éditions Foi Vivante/Le Cerf, 1995.

Mgr Patrick Le Gal, *Sentinelles de la paix*, Parole et Silence, 2010.

Christian Vénard, *Un prêtre dans la guerre*, Tallandier, 2013.

Collectif, *Le militaire chrétien,* guide édité par le Diocèse aux armées, 2014.

Michel de Peyret et Guillaume Berthelot, *Avec le padre,* Bande dessinée, Éditions du Triomphe, 2014.

Jean-Yves Ducourneau, *Les cloches sonnent aussi à Kaboul*, Éditions des Béatitudes, 2011.

Ouvrages d'Église

Catéchisme de l'Église catholique, Mame/Plon, 1992.

Jean-Paul II, encyclique *La question sociale*, 1987.

Pape François, encyclique *Fratelli tutti*, 2020.

Pape François, exhortation apostolique *Gaudete et exsultate*, 2018.

Bible, traduction œcuménique de la Bible (TOB).

Table des matières

DEUXIÈME PARTIE
UNE MISSION...

TROISIÈME PARTIE
UNE PASSION...

Achevé d'imprimer en février 2023
sur les presses de La Manufacture
52200 Langres
Imprimé en France
Dépôt légal : février 2023